*Bausteine zur Jenaer Stadtgeschichte – Band 14*
*Herausgeber: Verein für Jenaer Stadt- und Universitätsgeschichte e.V., Jena
Stadtmuseum Jena*

Birgitt Hellmann · Matias Mieth (Hrsg.)

Bauen und Wohnen in Jena

Konturen, Konflikte und Kontinuitäten 1871–1945

STADTMUSEUM
STÄDTISCHE MUSEEN JENA
JenaKultur

*Birgitt Hellmann · Matias Mieth (Hrsg.)*

# Bauen und Wohnen in Jena

## Konturen, Konflikte und Kontinuitäten 1871–1945

Bausteine zur Jenaer Stadtgeschichte – Band 14

Herausgeber:
Stadtmuseum Jena mit JenaKultur, Verein für Jenaer Stadt- und Universitätsgeschichte e.V., Jena

Redaktion: Birgitt Hellmann

Gedruckt mit Unterstützung
des Vereins für Jenaer Stadt- und Universitätsgeschichte e.V.,
der Heimstättengenossenschaft Jena eG

Umschlag vorn: *Familie Gentner beim Anlegen eines Gartens vor ihrem Haus in der Oskar-Körner-Straße der Gagfah-Siedlung, heute Eduard-Rosenthal-Straße 17, 1936*

Umschlag hinten: *Kinder vor dem Haus der Heimstättengenossenschaft in der Döbereiner Straße 8, 1930*

Klappe vorn: *Frauen und Kinder vor einem Haus der Heimstättengenossenschaft, Philipp-Müller-Straße 15, um 1940*

Klappe hinten: *Familie Schüler vor ihrem Haus am Schlegelsberg in der Ritter-von-Stransky-Straße, heute Eugen-Diederichs-Straße 66, 1936*

Frontispiz: *Mädchen vor den Heimstättenhäusern in der Dreßlerstraße 42 und 44, um 1916*

Bibliografische Information der Deutschen Nationalbibliothek
Die Deutsche Nationalbibliothek verzeichnet diese Publikation
in der Deutschen Nationalbibliografie; detaillierte bibliografische Daten sind im Internet
über ‹http://dnb.d-nb.de› abrufbar.

1. Auflage 2011

ISBN 978-3-942176-35-4

Reihengestaltung, Typografie, Grafiken, Lithografien, Proofing, Produktion:
**Hain-Team** – Bad Zwischenahn (www.hain-team.de)
CtP, Druck, Bindung: Hahndruck, Kranichfeld

Gedruckt auf säurefreiem Papier.

Copyright für diese Ausgabe © 2011 by Stadtmuseum Jena
Alle Rechte, insbesondere das Recht der Vervielfältigung und Verbreitung
sowie der Übersetzung, vorbehalten. Kein Teil des Werkes darf in irgendeiner Form
durch Fotokopie, Mikrofilm, CD-ROM usw. ohne schriftliche Genehmigung des Verlages
reproduziert oder unter Verwendung elektronischer Systeme verarbeitet, vervielfältigt
oder verbreitet werden. Bezüglich Fotokopien verweisen wir nachdrücklich auf §§ 53, 54 UrhG.

## Inhalt

*Sabine Hemberger · Matias Mieth*
Vorwort .................................................... 7

*Katrin Fügener*
Villa oder Miethaus. Privates Bauen in Jena
   von den 1870er Jahren bis zum Ersten Weltkrieg ............. 11

*Katrin Fügener*
Genossenschaftliches Bauen und Kleinsiedlungsbau
   in Jena 1897–1945 ........................................ 41

*Matias Mieth*
»Unter allen thüringischen Städten tritt die Wohnungsnot in Jena
   am schärfsten hervor« – Anfänge der »Wohnungszwangswirtschaft«
   in Jena .................................................. 77

*Angelika Steinmetz-Oppelland*
»Für die Familie eine Heimstätte und für den Menschen
   eine Heimat«– Die Heimstättengenossenschaft Jena
   formt eine Gartenstadt ................................... 103

*Karsten Völkel:*
Die Finanzierung der jungen Wohnungsbaugenossenschaften ........... 137

*Doris Weilandt:*
Der Kampf um Bauaufträge zu Beginn des 20. Jahrhunderts ........... 151

*Rüdiger Stutz:*
Das Jenaer Stadtbauamt zwischen Siedlungsboom
   und Wohnungsnot 1931 bis 1942 ............................ 157

*Ulrike Janetzki:*
Jenaer Siedlungen Gestern und Heute – Veränderungen im Bild ....... 181

*Kathrin Meißner:*
Auswertung der Jenaer Adressbücher zur demographischen
   und gewerblichen Entwicklung Jenas 1871–1945 ............. 193

*Inhalt*

*Katrin Fügener:*
Überblick zum Jenaer Genossenschafts-, Siedlungs-
   und Kleinwohnungsbau. Häuserlisten der Bauträger ................. 207

*Anhang*
Literatur · Quellen ............................................................. 229
Abbildungsverzeichnis ....................................................... 233
Abkürzungsverzeichnis ...................................................... 233
Die Autorinnen und Autoren ............................................... 235
Personenregister ............................................................... 237

*Sabine Hemberger · Matias Mieth*

# Vorwort

Historische Bedeutung wie aktuelle Bezüge des Ausstellungsthemas »Bauen und Wohnen in Jena 1871 – 1945« liegen auf der Hand. Ist Jena doch eine Stadt, die seit dem Aufstieg der Unternehmen Zeiss und Schott im Grunde immer ein »Wohnungsproblem« gehabt hat. Dies trifft zu für Phasen wirtschaftlichen Aufstiegs genauso wie für Krisenzeiten etwa nach dem Ersten Weltkrieg, als Jena zum Zuzugsort für Gegenden wurde, in denen die Zustände noch komplizierter waren. Es betrifft aber immer wieder auch Jena als Universitätsstadt, die ihre Studenten angemessen unterbringen muss. Insofern haben Auseinandersetzungen um adäquaten Wohnraum in Jena eine lange Geschichte.

Allerdings ist das zunächst durchaus keine spezifische Jenaer Situation: Wohnungsnot und Wohnproblem waren seit 1860 »gemeineuropäische Erscheinungen« (Nipperdey). Dabei übertrafen die Investitionen in den Bau von Wohnungen mit 1.190 Millionen Mark deutschlandweit schon 1875 jene in Industrie und Eisenbahnen mit 950 Millionen erheblich. Dennoch blieb der Wohnungsbau in den Städten hinter dem Bevölkerungszuwachs und der Zuwanderung aus den ländlichen Regionen zurück.

Schlechte Wohnbedingungen aber verhindern ein Zuhause, in dem das Leben über Hauswirtschaft und Schlafen hinausgeht. Der Rückgang der Zahl der Haushalte mit Schlafgängern und die leichte Verringerung der Wohndichte nach 1900 zeigten in Deutschland zwar reichsweit die Tendenz zur Einbürgerung der Arbeiter, aber gerade beim Wohnen blieben Klassenunterschiede besonders deutlich sichtbar. Das machte die Entwicklung des Wohnens zum Prüfstein für jenen Fortschrittsoptimismus, der bürgerliche wie marxistische Theorien in der zweiten Hälfte des 19. Jahrhundert prägte.

In den letzen Jahrzehnten des 19. Jahrhunderts diente der Bau von Wohnungen nicht mehr allein und vornehmlich dem Eigenbedarf, sondern der Kapitalanlage und der Alterssicherung, Hausbesitz wurde zur Einkommensquelle. Dies führt einerseits zu einem Aufschwung des privaten Wohnungsbaus, dessen Jenaer Varianten Villa und Miethaus Katrin Fügener im Eingangsbeitrag beschreibt. Der Boden wurde im Zuge dieser Entwicklung zu einem Objekt der Spekulation für die sogenannten »Terraingesellschaften«. Dies trieb die Preise nach oben und wurde viel kritisiert. Aber so begann auf der anderen Seite, jedenfalls in den Städten, die Entwicklung der Deutschen zu dem, was sie heute, international betrachtet, immer noch sind: einem Volk von Mietern.

Allerdings konnte der Wohnungsbau mit der wachsenden Nachfrage in den Städten trotzdem nur im Ausnahmefall mithalten. Kommunen wirkten schon im ausgehenden 19. Jahrhundert auf die Wohnverhältnisse: durch Bauordnungen, Wasserversorgung und Kanalisation, durch medizinisch-hygienische Kontrolle. Aber es dauerte lange, bis die »alterliberale Nichtinterventionspolitik« (Nipperdey) durch eine eigene kommunale Wohnungspolitik abgelöst wurde. Als sich die Lücke zwischen Angebot und Nachfrage durch den Ersten Weltkrieg drastisch vergrößerte, griff man in Jena – wir zeichnen dies in diesem Band nach – ermutigt durch die Novemberrevolution konsequenter als anderenorts zu wohnungszwangswirtschaftlichen Maßnahmen, die im Übrigen auf nationaler Ebene mit zeitweiligen Lockerungen in einigen Kernpunkten in der Bundesrepublik bis in die 1960er Jahre und in der DDR bis zum Ende des Staates beibehalten wurden.

Das Gegenstück zur staatlichen »Zwangsverwaltung« des knappen Gutes Wohnung bildet strukturell schon sehr früh die Förderung individuellen Wohneigentums. Die Förderung des Wohnungseigentums sollte aus »besitzlosen Proletariern verantwortungsbewusste Staatsbürger« machen, so der bundesdeutsche Wohnungsbauminister Paul Lücke noch 1969.

Wohnungsbaugenossenschaften als Raum nicht nur individuellen Eigentümerbewusstseins, sondern solidarischer Selbstorganisation entwickelten sich Ende des 19. Jahrhunderts als alternative Antwort auf die »Wohnungsfrage«, auch zur Vermeidung der exzessiven Ausbreitung von Werkssiedlungen, die die Abhängigkeit der Arbeitenden vom Unternehmen noch vergrößern. Die Baugenossenschaften wurden seit 1889 reichsgesetzlich begünstigt, indem einerseits die unbeschränkte Haftung aufgehoben und andererseits die Möglichkeit für Sozialversicherungsträger geschaffen wurde, ihr Kapital über Darlehen im Arbeiterwohnungsbau anzulegen. Karsten Völkel zeichnet in diesem Band die Finanzierungsmöglichkeiten und -probleme der Jenaer Baugenossenschaft nach.

Inspiriert von der Gartenstadtbewegung, in der ländliche und städtische Lebensform verbunden werden sollte, wurde auch in Jena ein Stück Lebensreform angestrebt. Die in diesen Zusammenhang gehörende Jenaer »Heimstättengenossenschaft«, die bereits 1911 gegründet wurde und damit ausdrücklich nicht zu jener späteren Welle von Heimstättengründungen gehört, die als »Kriegerheimstätten" die Moral der kämpfenden Truppen im Ersten Weltkrieg festigen sollten, wurde innerhalb von 20 Jahren seit ihrer Gründung mit rund 2600 Mitgliedern zur größten Baugenossenschaft Thüringens. Angelika Steinmetz-Oppelland schildert in diesem Band plastisch, auf welche Weise sich in der konkreten Umsetzung der Gartenstadtidee romantisch-ländliche Vorstellungen und Eigentumsorientierung mit der Vorstellung von der bürgerlichen Wohnung als Raum familienzentrierter und individualisierter Alltagsgestaltung verbanden. Dass der entstehende attraktive Auftragsmarkt Konkurrenzkämpfe unter Architekten mit sich brachte, die durchaus mit krimineller Energie geführt wurden, belegen eindrucksvoll die von Doris Weilandt in diesem Band zusammengestellten Aktenfunde, die den Architekten der Jenaer Heimstättengenossenschaft Paul Engelhardt in einem überraschenden Licht erscheinen lassen.

Die in diesem Band nachgezeichneten Anstrengungen im Wohnungsbau hatten in Jena durchaus Erfolge. Anfang 1938 waren von den 18 700 registrierten Jenaer Wohnungen ein Drittel nach 1918 fertiggestellt worden. Diese immense Wohnungszunahme verlief parallel mit einer weiträumigen flächenmäßigen Ausdehnung der Stadt. Die Neubautätigkeit auf peripheren Flächen brachte eine Vielzahl infrastruktureller Probleme mit sich, auf die wir in diesem Begleitband nicht eingehen konnten. Kathrin Meißner ermöglicht im Anhang auf der Basis einer Auswertung der Jenaer Adressbücher aber einen aufschlussreichen Blick auf die zeitlich parallel ablaufenden Verschiebungen im Gewerbeprofil der einzelnen Jenaer Stadtteile.

Mit der Machtergreifung Hitlers endete nicht nur die Weimarer Republik, sondern auch der sehr viel ältere preußisch-deutsche Rechts- und Verfassungsstaat. Rüdiger Stutz untersucht in seinem Beitrag, welche Kontinuitäten und Diskontinuitäten die Tätigkeit des Jenaer Stadtbauamts zwischen 1931 bis 1942 prägten und kommt zu dem Ergebnis, dass die nationalsozialistische Kommunalverwaltung trotz eines teilweise erheblichen Reinzuwachses an Wohnungen dem infrastrukturellen Ausbau Jenas zu einer Garnisonstadt eine höhere Priorität zuordnete als der Bekämpfung der Wohnungsnot.

Der Jenaer Wohnungsmarkt wird heute von Genossenschaften und einer Wohnungsgesellschaft bestimmt, die nur noch teilweise dem Einfluss der Stadtpolitik unterliegt. Wirtschaftliche Grundsätze wie Rendite, Vermeidung von Erlösschmälerungen durch Leerstand und lange Kapitalrefinanzierungszeiträume bei Investitionen unter den Vorzeichen einer unklaren demografischen Entwicklung stehen in scheinbarem Widerspruch zur Aufgabe, bezahlbaren Wohnraum für alle Teile der Bevölkerung – und auch Studierende – zu sichern.

Dennoch muss die Stadt Möglichkeiten der Steuerung suchen, da der Faktor Wohnen sehr viele andere wichtige Bereiche des gedeihlichen städtischen Zusammenlebens tangiert. Der Verkauf von öffentlichen Grundstücken an Investoren sollte daher nicht ausschließlich unter Verwertungsgesichtspunkten, sondern vor allem nach qualitativen Kriterien der Stadtentwicklung erfolgen.

Stadtmuseum und Heimstätten-Genossenschaft Jena eG legen mit diesem Band insofern einen historisch grundierten Diskussionsbeitrag vor, der seine aktuellen Bezüge durchaus nicht verleugnen will. Der Schwerpunkt von Ausstellung wie Katalog liegt dabei auf dem genossenschaftlichen Bauen, da hier die größten Forschungsdesiderata zu verzeichnen waren. Verzichtet wurde dafür auf eine nochmalige Würdigung der avantgardistischen Einzelprojekte auf dem Feld des individuellen Wohnungsbaus im Zeichen der Moderne – dazu sei auf den 2009 durch die Städtischen Museen veröffentlichten Band »In nachbarlicher Nähe – Bauhaus in Jena« verwiesen.

*Sabine Hemberger*      *Matias Mieth*

Katrin Fügener

## Villa oder Miethaus

### Privates Bauen in Jena von den 1870er Jahren bis zum Ersten Weltkrieg

Der Bericht der Gewerbekammer für das Großherzogtum Sachsen-Weimar-Eisenach resümierte 1895/96: »*Die Stadt Jena war bis zur Eröffnung der Saaleeisenbahn im Jahre 1874, wo sie rund 9000 Einwohner zählte, in gewerblicher Hinsicht unbedeutend, viel genannt bloß als Sitz einer berühmten Hochschule und durch die unglückliche Schlacht von 1806 ... Großbetriebe gab es nicht, Handel und Gewerbe waren nach Zahl und Umfang der Geschäfte dem örtlichen Bedürfnisse der langsam wachsenden Stadt angemessen.*«[1] Dieser Einschätzung folgend präsentierte sich auch das Baugewerbe jener Zeit. Die Gesamtzahl der Häuser stieg über mehrere Jahrhunderte nur moderat an. Neubauten wurden entweder als Ersatzbauten für ruinöse oder nicht mehr den Ansprüchen genügende Vorgängerbauten an gleicher Stelle oder innerhalb der »alten« Stadt durch effizientere Grundstücksausnutzung errichtet. Erst mit beginnender Industrialisierung, Aufschwung der Universität und einer neuen Mobilität, basierend auf der Entwicklung der Infrastruktur, entstanden Voraussetzungen und Notwendigkeiten, die überkommenen räumlichen Grenzen der Stadt zu überwinden.

### Modernisierung der Baugesetzgebung

Schon zu Beginn des 19. Jahrhunderts setzten im Großherzogtum Sachsen-Weimar-Eisenach Bemühungen ein, eine strukturierte Bauverwaltung und -gesetzgebung zu schaffen. Diese Anstrengungen sind besonders mit den Namen zweier Oberbaudirektoren, die zu dieser Zeit in Weimar wirkten, verbunden. Clemens Wenzeslaus Coudray und sein Nachfolger Carl Heinrich Ferdinand Streichhan prägten das Bauwesen im Kleinstaat. Neben ihren architektonischen Leistungen sind es vor allem ihre Verwaltungsaktivitäten auf den Gebieten der Gesetzgebung, der Ausbildung im Baugewerbe und der Bewältigung infrastruktureller und bautechnischer Anforderungen, die dem Bauen wichtige Impulse verliehen. Mitte des 19. Jahrhunderts galt für Neubauten oder größere Umbauten eine überschaubare und vorrangig auf die Belange des Brandschutzes bezogene Gesetzgebung, die sich hauptsächlich auf ein 1829 erlassenes »Gesetz zur Sicherung der Feuersbrünste«[2] bezog. Mit der Einführung der Gewerbefreiheit – im Großherzogtum durch Gesetz vom 30. April 1862 – wurde die allmähliche Auflösung der Zünfte besiegelt und das Fehlen von Vorschriften im Sinne eines Baugenehmigungsverfahrens deutlich. Das »Gesetz, betreffend die polizeiliche Beaufsichtigung der Bauten« vom 11. Mai 1869 regelte mit einigen ergänzenden Verordnungen und Bestimmungen[3] aus den Jahren 1873 und 1881 in den folgenden Jahrzehnten die Bautätigkeit im Großherzogtum. Im Wesentlichen schrieb es in baupolizeilicher Hinsicht die Genehmigungspflicht fest. Im § 1 hieß es dazu: »*Jede beabsichtigte Herstellung, Vergrößerung oder Veränderung eines Gebäudes, sowie jede Herstellung neuer oder Abänderung schon bestehender Feuerungs-Anlagen ist … der kompetenten Ortspolizeibehörde zur Prüfung und Genehmigung anzuzeigen.*«[4] Sowohl die baupolizeiliche Aufsicht als auch der Erlass entsprechender baupolizeilicher Vorschriften wurden den Ortsbehörden übertragen. Gleichzeitig wurden alle Orte mit mehr als 2000 Einwohnern verpflichtet, einen Bebauungsplan zu erstellen, der der landesherrlichen Genehmigung unterlag.

Die Stadt Jena reagierte auf die Landesgesetzgebung und arbeitete seit den 1870er Jahren an der Erstellung eines Ortsstatutes und eines Stadtbauplanes. Das »Statut die Einführung des Stadtbauplanes, die Herstellung und Unterhaltung der Kanäle, Straßen und Gehwege und sonstige polizeiliche Vorschriften betreffend« wurde 1881 von Gemeindevorstand und Gemeinderat beschlossen. Auf dieser Grundlage wurden die Anträge auf Bauerlaubnis bearbeitet. Zunächst war es vorrangig der Bauherr selbst, der seinen Antrag bei der städtischen Baupolizei einreichte und um die Erteilung der Genehmigung bat. Bereits im Vorfeld gab es Absprachen mit einem Baumeister oder Architekten der Wahl, der die Wünsche des Bauherren umsetzte und die erforderlichen Baupläne fertigte. In der Kompetenz der Ortsbehörde lagen die Überprüfung der vollständigen Vorlagen sowie die Überwachung der Bauausführung.

Zur Erarbeitung des Bauplans wählte der Gemeinderat einen Ausschuss, in dem u. a. zunächst Carl Uhlitzsch, von 1862 bis 1888 Stadtbaumeister in Jena, der Architekt Carl Timler und Baurat Carl Botz mitarbeiteten. Es dauerte mehr als zehn Jahre, bis der Plan im Staatsministerium genehmigt werden konnte und schon bald nach seiner Unterzeichnung wurden erste Mängel moniert. Um den Bebauungsplan und seine Umsetzung entwickelte sich, begleitet von einer heftigen Zeitungsfehde, eine lebhafte öffentliche Diskussion. Unter dem Druck der Bürgerschaft, vornehmlich

*Villa oder Miethaus*

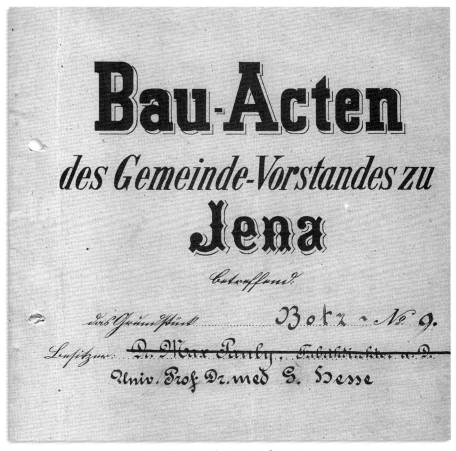

*Titelblatt Bauakte Botzstraße 9, 1897*

des Hausbesitzer-Vereins, wurde der Gemeinderat aufgefordert, einen auswärtigen Sachverständigen einzubeziehen. Der Gründer des Stadtmuseums und Professor für Kunstgeschichte an der Jenaer Universität, Paul Weber, entwickelte sich zum Sprachrohr der Bürger. Im Jahr 1903 beauftragte die Stadt Karl Henrici, Professor an der Technischen Hochschule Aachen, mit der Überarbeitung der Pläne. Schon kurz darauf eskalierten die Meinungsverschiedenheiten zwischen dem Oberbürgermeister, Henrici und Weber in solch einem Umfange, dass das Oberlandesgericht in die Beilegung des Streites einbezogen werden musste. Dabei ging es einesteils um die von Henrici und Weber teilweise öffentlich geäußerten Vorwürfe, der Oberbürgermeister habe absichtlich durch mangelnde Informationen und falsche Darstellungen die Revision und Erweiterung des Stadtbauplanes behindert und verzögert. Oberbürgermeister Singer wiederum warf den beiden Professoren die Täuschung der Bürgerschaft vor und bezichtigte den Aachener Stadtplaner, seine Aufgaben gegenüber der Stadt nicht zu erfüllen. Das Oberlandesgericht entkräftete in einem Schiedsspruch am 22. Dezember 1903 alle Vorwürfe.[5]

Der erste, 1882 genehmigte Bauplan konnte verständlicherweise die sich anbahnende rasante Entwicklung und perspektivische Ausdehnung des Stadtgebietes noch nicht befriedigend berücksichtigen und musste ständig weitergeschrieben und in den folgenden Jahrzehnten auf verschiedene Stadtgebiete ausgedehnt werden. Treffend referierte Paul Weber im Juli 1902 im Jenaer Hausbesitzer-Verein über den Wandel der Stadt: »*Noch nie sind so große und vielseitige Anforderungen unvorbereitet an die Stadtverwaltungen herangetreten, wie in unserer Zeit … Nicht nur einzelne Straßen, ganze Stadtteile gilt es auf einmal neu zu entwerfen. Nach wenigen Jahren schon ist alles ausgebaut, und immer weiter und weiter muß der Stadtbauplan ausholen.*«[6]

Die Veränderungen im Baurecht stellten für den Umbruch von einem langsamen Bevölkerungswachstum innerhalb der »alten« Stadt zum flächenmäßigen Stadtwachstum, der in Jena im Vergleich zu anderen deutschen Städten relativ spät einsetzte[7], ein notwendiges Instrumentarium dar. In den ersten beiden Jahrzehnten nach 1870 blieb der Neubau von Wohnhäusern in Jena noch recht überschaubar. Die Übersicht über die erteilten Bauerlaubnisscheine verdeutlicht die noch untergeordnete Rolle der genehmigten Neubauten im Vergleich zu den Anträgen auf bauliche Veränderungen. Bis 1874 wurden nicht einmal zehn neue Häuser pro Jahr gebaut. Erst 1885 bis 1895 pegelte sich die Zahl der jährlichen Neubauten um 20 Häuser ein. Ein sprunghafter Anstieg entwickelte sich um die Jahrhundertwende, wobei das Jahr 1902 mit 90 baupolizeilich genehmigten Wohnhäusern eine herausragende Stellung einnahm. Zwischen 1910 und 1915 wurden jährlich weit mehr als 100 neue Häuser gebaut, erst in den folgenden Kriegsjahren kam das Bauen fast zum Erliegen (Anhang 1 und 2). Die industrielle und wissenschaftliche Entwicklung der Stadt, steigende Einwohner- und Beschäftigungszahlen in den Firmen Zeiss und Schott und daraus resultierende Impulse für Handel und verschiedene Gewerbe förderten und erforderten einen Bauboom von Wohnhäusern.

Das private Bauen in Jena wird im Folgenden an drei Beispielen erläutert, die sich an den Bedürfnissen eines bestimmten Bauherren- bzw. Mieterklientels orientierten. Zuerst wird der Idealtyp des Wohnens in Form des Einfamilienhauses am Beispiel des Jenaer Villenbaus untersucht. Für die zweite Wohnform, den Bau von modernen Etagenwohnungen, wird die Entstehung des »Damenviertels« exemplarisch beschrieben. Der dritte Teil untersucht die geschlossene Bebauung im Westviertel entlang der Lutherstraße mit Mehrfamilienmiethäusern.

## *Die Villa als Lebensform und Haustyp*

Von der Antike bis in die heutige Zeit wurde und wird der Begriff Villa – wenn auch inhaltlich different – verwendet. In der folgenden Darstellung bezieht er sich im weitesten Sinne auf die »bürgerliche Villa« des 19. Jahrhunderts, die als Einzelwohnhaus für eine Familie in natürlicher Umgebung errichtet wurde. Die Villa jener Zeit war Ausdruck des zunehmenden Wohlstandes des aufstrebenden Bürgertums und Teil seines Strebens, diesen nach außen zu demonstrieren. Neue Ansprüche an das Wohnen wurden formuliert. Das Verlangen nach der Villa im Grünen, die Sehnsucht nach Luft und Licht, Wohnlichkeit und Bequemlichkeit standen im Mittelpunkt der Forderungen. Mit dem Bau einer Villa wurde der Rückzug ins Private und Familiäre verbunden. Wohn- und Arbeitswelt blieben weitestgehend voneinander getrennt. Dennoch spielte der Weg zur Arbeit, zur Schule bzw. die Möglichkeit, am kulturellen Leben teilzunehmen, eine wichtige Rolle. Zunehmend standen auch gesundheitliche und hygienische Aspekte im Vordergrund des neuen Wohnens. Ein Prospekt über die künftige Bebauung des westlichen Stadtteils von Jena aus dem Jahre 1883, mit dem der Architekt Ludwig Hirsch für seine eigenen Bauplätze warb, verdeutlicht sehr anschaulich diese Bestrebungen und Wichtungen: »*Wer nach rastloser Arbeit aus dem Gewühl und Getriebe des großen Lebens einen Ruheplatz sucht, an dem er nicht nur in behaglichem Beschauen seine Tage verbringen, sondern auch eine anregende Gesellschaft in schöner anregender Natur genießen will und nebenbei, was für viele das Wichtigste ist, für seine Kinder tüchtige Bildungsmittel zur Hand haben muss, der findet in Jena viel mehr, was er sucht, als an vielen anderen Plätzen.*«[8] Das Angebot Hirschs galt ausdrücklich sowohl für »Einheimische« als auch für »Neuanziehende«. Wer es sich finanziell leisten konnte, verließ die meist recht engen älteren Stadthäuser, um seinen Wohnsitz an den Stadtrand zu verlagern. Die enorme Stadterweiterung führte allerdings dazu, dass die sogenannten frühen »Vorstadtvillen« binnen weniger Jahrzehnte wieder umbaut waren und im Bereich der erweiterten Innenstadt lagen. Beispiel hierfür ist die Villenbebauung unterhalb des heutigen Westbahnhofes. Der begüterte Pariser Rentier August Louis Philippe Sellier erwarb hier ein größeres Bauareal und beauftragte Architekten aus Berlin und Leipzig mit der Planung großzügiger Villen, die er später verkaufte. Zwischen 1873 und 1875 ließ Sellier am heutigen Villengang und an der später nach ihm benannten Sellierstraße mehrere repräsentative Villen bauen, u. a. das heute nicht mehr existente Haus am Villengang 2a, das

*Blick in die Sellierstraße, 1903*

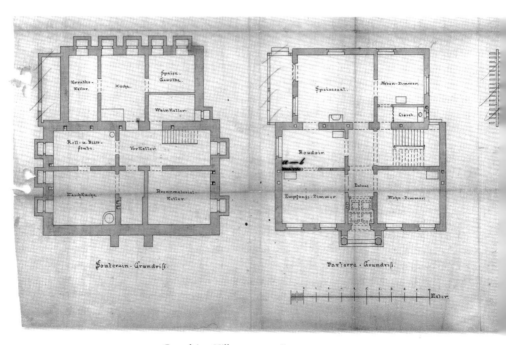

*Grundrisse Villengang 2, 1873*

der Verleger Gustav Fischer lange Zeit bewohnte. Auch der Jenaer Architekt Carl Timler kaufte hier ein größeres, in der heutigen Rathenaustraße gelegenes Bauterrain. Er entwarf in den 1880er Jahren im Auftrag wohlhabender Bürger, hauptsächlich Universitätsprofessoren, Pläne für Villen und veräußerte seine Grundstücke. Im Gegensatz zu Sellier, der seine Häuser bezugsfertig verkaufte, entwarf Timler die Villen im konkreten Auftrag der Bauherren.

Der Jenaer Villenbau ist besonders eng mit dem Namen des Architekten Ludwig Hirsch verbunden. Hirsch agierte als erfolgreicher Architekt und Bauunternehmer. Schon Anfang der 1880er Jahre kaufte er mehr als 30 000 m² ehemaliges Ackerland am Fuße des Landgrafen, das im neu ausgearbeiteten Stadtbauplan als »ganz besonders bevorzugter Platz« ausgewiesen wurde und stellte einen Bebauungsplan für das Areal auf. Die insgesamt 20 Bauplätze, nach Hirsch die gesündesten und bestgelegensten Jenas, waren zwischen 1200 und 1800 m² groß und wurden von ihm zu einem Preis von durchschnittlich 5 Mark pro m² angeboten.[9] Seine Überlegungen zur Bebauung des Areals folgten sehr anschaulich dem damaligen allgemeinen Muster zur planmäßigen Anlegung einer »Villenkolonie«. Zunächst spielte die exponierte Lage, also die spezielle Art von Wohnen in der Landschaft, eine wichtige Rolle in den ersten Planungen Hirschs. Er betonte den malerischen Berghintergrund und den freien Ausblick nach der oberen Hälfte des Saaletals und den Forstbergen, der durch das terrassenartige Ansteigen der Villenbauten erhalten werden sollte. Außerdem bot sich die Größe der Grundstücke zur Anlage schöner Gärten an. Im Laufe der Jahre kaufte Ludwig Hirsch weitere Bauplätze am Südhang unter den Sonnenbergen, so dass, wenn auch inoffiziell, das von der heutigen August-Bebel-Straße, dem Steiger und der Gutenbergstraße eingeschlossene Areal den Namen »Hirschviertel« erhielt. In den 1880er Jahren verkaufte er zunächst einige Baugrundstücke an Interessenten bzw. entwarf mehrere Villen im Auftrag von privaten Bauherren. Ab 1894 trat er gleichzeitig als Bauherr und Architekt auf und spekulierte mit dem Verkauf bezugsfertiger Villen. Die ersten vier Villen entstanden in der Botz- und Schaefferstraße. Es dauerte nicht einmal zehn Jahre und Ludwig Hirschs »Villen-Colonie«[10] zählte 23 repräsentative Bauten. Mit dem Projekt für drei Villen Am Steiger (Am Steiger 13, 14 und 15) wurde die Kolonie im Jahr 1902 vervollständigt.

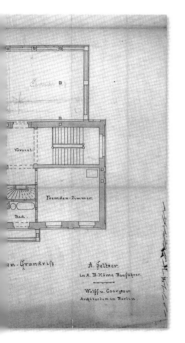

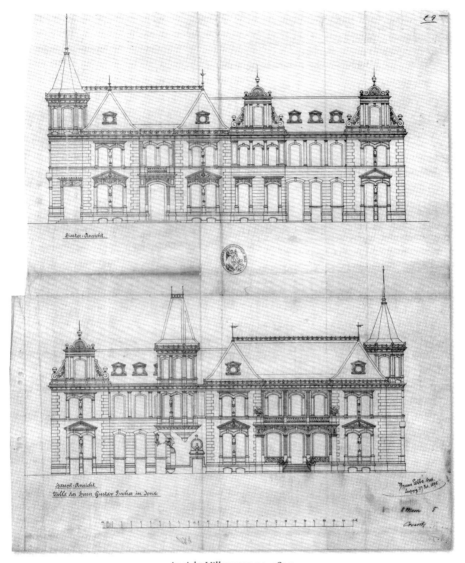

*Ansicht Villengang 2a, 1895*

Hirsch galt als typischer Vertreter des Historismus. Für die teilweise recht üppige Wirkungskunst seiner Fassaden schöpfte er aus Baustilen vieler Epochen. Diese Mischung aus verschiedenen Stilen rief immer wieder die Stimmen der Kritiker hervor. Dennoch entsprach das »Malerische« dem Zeitgeschmack. Mächtige Naturstein-

## Villa oder Miethaus

sockel, Fachwerkgiebel, Säulen, Türmchen, verschiedene Dachneigungen, Loggien und Erker gehörten zu den äußeren Gestaltungselementen. Bezeichnend für die Hirsch-Villen waren ihre großzügig gestalteten Treppenhäuser mit sehr schönen, massiven Holztreppen. Diese ließ der geschäftstüchtige Bauunternehmer als sogenannte Systemelemente herstellen, durch die Bestellung gleichartiger Fabrikate in größeren Stückzahlen konnte er bessere Preise erzielen. Außerdem waren viele Dekorelemente, die mittlerweile serienmäßig gefertigt wurden, kostengünstig zu erwerben. Zur inneren Ausgestaltung der Villen gehörten oft farbige Glasfenster, Ver-

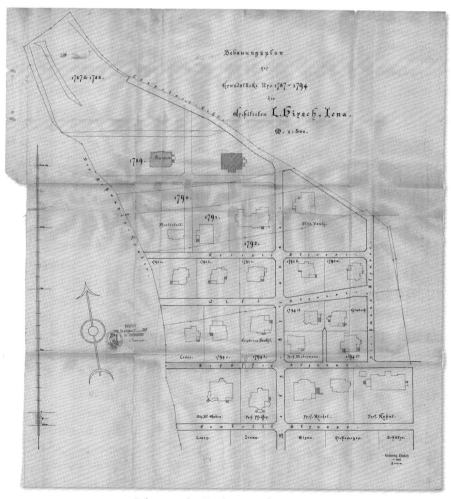

*Bebauungsplan Beethovenstraße 4, 1898*

*Fritz-Krieger-Straße 2, 1901*

täfelungen, Stuck, filigran gefertigte Mosaikböden und Parkett. Farbige Glasfenster zierten häufig das Entrée, die großzügige zweigeschossige Halle der Villen.

Die Villen bestanden in der Regel aus Keller-, Erd-, Ober- und teilweise ausgebautem Dachgeschoss und verfolgten ein wenig differentes Raumprogramm. Eine Ausnahme bildete die für drei Familien konzipierte Villa Beethovenstraße 3, die auch über ein 2. Obergeschoss verfügte. In den Kellern befanden sich in der Regel Waschküche, Kohlenkeller, Gemüse- und meist auch ein Weinkeller. Im Erdgeschoss, der Beletage, lagen die Hauptwohn- und Repräsentationsräume sowie Küche mit Speisekammer. Die Haupträume befanden sich vorwiegend auf einer Seite des Hauses und waren oft untereinander verbunden. Der Salon galt als vornehmster Raum, Wohn- und Esszimmer waren ihm untergeordnet. Bei größeren Anlässen ermöglichten prächtige Flügeltüren, teilweise auch Schiebetüren, die Räumlichkeiten miteinander zu verbinden. Im Obergeschoss folgten mehrere Privaträume wie Schlaf- und Wohnzimmer, Bad und »Closet«. Hier war in der Regel auch die Mädchenkammer

*Wildstraße 2, 1896*

eingerichtet. Das Dachgeschoss war häufig mit einer Stube bzw. einem »Fremdenzimmer« ausgestattet. Da Hirsch erst nach der Fertigstellung seine Häuser bezugsfertig verkaufte, lässt sich die tatsächliche Nutzung der Räume nur entsprechend der Raumbezeichnungen des Architekten in seinen Plänen vermuten, da die künftigen Eigentümer keinen Einfluss auf die Verteilung hatten. Es kann allerdings davon ausgegangen werden, dass zumindest die Haupträume wie Salon, Wohn- und Speisezimmer entsprechend ihrer funktionsbezogenen Gestaltung, Ausstattung und Lage auch so genutzt wurden. Besonders die Räume im Ober- und Dachgeschoss waren disponibel, im »Fremdenzimmer« wurde nicht selten ein Familien-

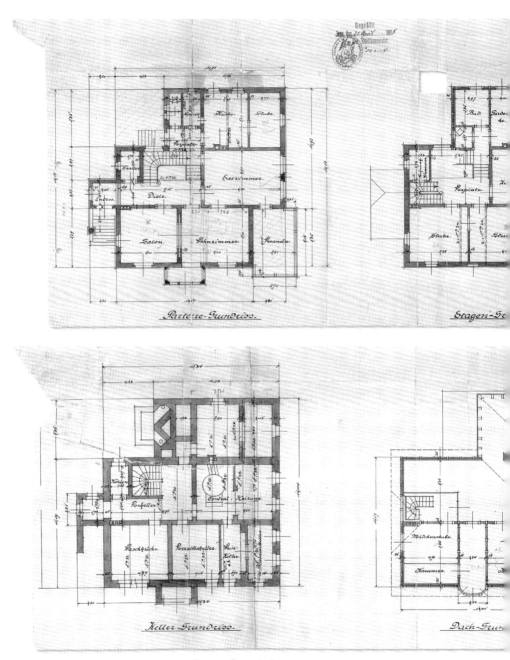

Botzstraße 9, 1898

## Villa oder Miethaus

mitglied untergebracht oder ein Mägdezimmer unter dem Dach eingerichtet.

Ludwig Hirsch verkaufte seine Villen in erster Linie an Universitätsprofessoren, höhere Beamte und wohlhabende Rentiers. Zu ihnen zählten z. B. der Physiker Rudolf Straubel, seit

*Botzstraße 10, 2002*

1901 wissenschaftlicher Beamter in der Firma Zeiss, sowie der ebenfalls bei Zeiss tätige Max Pauly. Positiv wirkte sich auf die Vermarktung seiner Villen auch die Ansiedlung der obersten

Justizbehörde in Jena und der damit verknüpfte Neubau des Oberlandesgerichtes in der nahe gelegenen Erfurter Straße[11] aus. So befanden sich unter den Käufern Oberlandesgerichtsrat Rudolph Greuner und Rechtsanwalt Max Strupp.

Die umfangreiche Bautätigkeit im »Sonnenbergviertel« veranlasste den Gemeindevorstand 1902, neue Vorschriften für die Bebauung eines Teiles der Westvorstadt zu erlassen. Es wurde festgelegt, nur Wohngebäude in offener Bauweise als Einzel- oder Doppelhäuser mit einer Gesamtlänge von maximal 34 m zu genehmigen. Auch die Höhe der Gebäude wurde reglementiert. Mehr als Erdgeschoss, zwei Stockwerke und ein ausgebautes Dachgeschoss waren nicht mehr zulässig. Erstmals wurden auch gestalterische Ansprüche formuliert, um den »einheitlichen Villencharakter« zu wahren. Diese blieben jedoch sehr allgemein und beschränkten sich auf eine »den Forderungen des Villenstils entsprechende architektonische Ausstattung«.[12]

*»Alles in allem blieb aber die Vorstadtvilla eine Reduktion des Eigentlichen. In dieser Gestalt war sie das typische Familienhaus des 19. Jahrhunderts, und wenn man von der Villa sprach, so meinte man in der Regel dieses Vorstadthaus. Sie war der praktische Kompromiss, der die vom Broterwerb geforderte Nähe zur Stadt wie auch den für die Villenidee nötigen Rest an Isoliertheit beinhaltete.«*[13]

## Moderne Miethäuser für das »Damenviertel«

Im Zuge der Urbanisierung entstand der moderne Typus des mehrgeschossigen Miethauses, der sich durch seine Eigentums- und Nutzverhältnisse definierte. Das Mehrfamilienhaus war im Besitz eines Eigentümers, der die einzelnen Wohneinheiten vermietete. Entweder bewohnte er selbst eine der Wohnungen seines Hauses oder er ließ das Gebäude als Renditeobjekt zur kompletten Weitervermietung erbauen. Im 19. Jahrhundert war für das Miethaus auch der Begriff »Stadthaus« – als Pendant zur Villa – gebräuchlich. In der Regel handelte es sich um ein in eine Häuserzeile eingebautes Wohnhaus, so dass es die gesamte straßenseitige Grundstücksbreite ausnutzte. Dabei konnte entweder ein schmaler Vorgarten die Häuser vom Verkehrsraum trennen oder sie waren direkt bis an die Grenze gebaut. Viele Gebäude waren als reine Fassadenhäuser errichtet, d. h. ihre Hauptansicht zur Straße war als dekorative und repräsentative Seite, die Rückseite dagegen einfach ausgeführt. Neben dem großzügigen Stadthaus, das im Vergleich von Grundriss und Raumprogramm der Villa oft nicht nachstand, wurden auch weniger anspruchsvolle Mietwohnhäuser errichtet, für die Begriffe wie Wohnhaus, Familienwohnhaus oder Wohn- und Geschäftshaus verwendet wurden.[14]

Mit dem »Damenviertel« entstand unmittelbar nördlich der Jenaer Altstadt im ausgehenden 19. Jahrhundert ein neues Stadtviertel als planmäßig angelegtes Wohnquartier. Das städtebaulich und architektonisch homogene Viertel am Fuße des Prinzessinnenschlösschens, das bis dahin noch von Wiesen und Feldern umgeben war, wurde nach einheitlichem Plan in geschlossener Blockbebauung errichtet. Die ursprünglichen Straßennamen erinnerten mit nur einer Ausnahme, der St.-Jakob-Straße, an adlige Frauen des Weimarer Herzoghauses. Daraus leitete sich der Name des Viertels ab.

Schon bald meldeten sich kritische Stimmen aus der vertrauten, kleinstädtischen Perspektive heraus zur geplanten Neubebauung. Sie monierten einesteils die Straßenführung als »rechtwinkliges aufgezwängtes Netz« ohne Rücksichtnahme auf bestehende Wegeführungen[15], anderseits die zu hohe Bebauung, die den Blick auf die Berge versperrte[16]. Tatsächlich charakterisierten die regelmäßig angelegten rechtwinkligen Straßenzüge die moderne Planung des Gebietes, wobei besonders zwei konzipierte Sichtachsen dominierten. In Nord-Süd-Ausrichtung war zunächst eine achsiale Verbindung vom »Nollendorfer Hof« über die Sophienstraße bis hin zum Markt angedacht, wobei die Achse über den Fürstengraben bis zum Markt aber nicht durchgesetzt werden konnte. Eine weitere Achse öffnete sich von der Kaiserin-Augusta-Straße (heute Käthe-Kollwitz-Straße) zum Prinzessinnenschlösschen im Griesbachschen Garten. Das Gesamtkonzept des Quartiers umfasste ebenfalls eine Grünplanung. Die heutige Käthe-Kollwitz-Straße als breiteste Straße des Viertels war von Anfang an mit einem mittleren Grünstreifen konzipiert, der als doppelreihige Baumallee angelegt war. Auch die mittig in der St.-Jakob-Straße geplante Baumreihe gehörte zum Konzept. Das Grün der kleinen, oft mit aufwendigen Metallzäunen versehenen Vorgärten war als Schutz gegen Schmutz und Straßenstaub gedacht.

Die ersten Häuser des Viertels wurden entlang der Dornburger und St.-Jakob-Straße gebaut, wobei die planmäßige Errichtung nach 1895 einsetzte und im Wesentlichen bis 1915 abgeschlossen war. In der Folgezeit gab es nur einige wenige bauliche Ergänzungen und Lückenbebauungen. Von 1892 bis 1900 wurden für das »Damenviertel« 46 Wohnhausneubauten genehmigt. Im folgenden Jahrzehnt stellte das Stadtbauamt weitere 136 Bauerlaubnisscheine aus. Bis 1915 waren im Viertel insgesamt 216 neue Häuser entstanden.

Die drei- und viergeschossige Bebauung des Quartiers im Stil der späten Gründerzeit und des Jugendstils wurde von verschiedenen Architekten und Baumeistern ausgeführt. Die meisten Entwürfe stammten vom Baugewerkemeister Otto Linz, der ein Baugeschäft in der Dornburger Straße führte. Danach folgten die Bauunternehmer Carl Gretscher und Karl Bornschein mit 18 bzw. 17 geplanten Häusern sowie Friedrich

*Nördlicher Teil des Damenviertels mit Bauplatz Marienstraße, 1909*

Ilmer (15 Entwürfe), Karl Jahn (13 Häuser) und Hermann Hübscher (12 Neubauten). Auch einige freiberufliche Architekten der Stadt wie Johannes Schreiter, August Weber und Paul Wohlfarth lieferten Pläne für Häuser im »Damenviertel«.

Die Bauakten der einzelnen Häuser gewähren einen guten Einblick in die Vorschriften für die Bebauung des Viertels und die Kontrolle ihrer Einhaltung durch die Baupolizeibehörde. Im Wesentlichen folgte die Fassadengliederung mit Sockel-, Geschoß- und Dachzone einer deutlichen Dreiteilung. Um einen gefälligeren Gesamteindruck zu erhalten, wurden in den Kreuzungsbereichen die Kanten der Eckhäuser gebrochen. Ursprünglich durfte ein Grundstück maximal zu zwei Dritteln bebaut werden, um noch ausreichend Platz für Innenhöfe vorzuhalten. Im Laufe der Jahre entstanden allerdings, vorrangig bedingt durch die gewerblichen Nutzungen, immer mehr Nebengebäude, zum Beispiel Werkstätten in den Innenhöfen. Auch für die Gebäudehöhen gab es Vorschriften, bis zur Traufe durfte ein Haus maximal so hoch sein wie die Straße breit. Ausnahmen bildeten hier ebenfalls lediglich die Eckgebäude, deren Erker oder Türmchen über die übliche Bebauung hinaus ragen durften. Diese allgemeinen und zeitgemäßen Forderungen entsprachen durchaus modernen städtebaulichen Grundsätzen.

Oskar Bandtlow, seit 1905 Stadtbaudirektor in Jena, prüfte die eingereichten Unterlagen sehr intensiv und nahm nicht selten Veränderungen an den Grundriss-

*Blick auf die Sophienstraße in die Kaiserin-Augusta-Straße 18 (heute Käthe-Kollwitz-Straße), um 1915*

zeichnungen und Fassadenentwürfen vor. Dabei achtete er besonders auf auflockernde Fassadendetails unter Berücksichtigung eines harmonischen Gesamtbildes. Abweichungen von den gültigen Bauvorschriften mussten in der Regel als Dispensgesuch beim Großherzoglich Sächsischen Direktor für den 2. Verwaltungsbezirk in Apolda eingereicht werden. Das Einschalten der Oberen Behörde erfolgte aber nicht selten erst unter dem Druck der Bauherren. Sogar im eigenen Hause fanden die Auffassungen des als energisch geltenden Stadtbaudirektors nicht immer den erforderlichen Konsens. Ein diesbezüglicher Konflikt entbrannte beispielsweise 1908 zwischen Bandtlow und dem damaligen Oberbürgermeister Heinrich Singer. Im Gegensatz zum Stadtbaudirektor, der im »Damenviertel« eine teilweise Überbauung der Vorgärten mit Erkern und dergleichen ab dem Erdgeschoss als genehmigungsfähig ansah, lehnte der Oberbürgermeister dies strikt ab. Für ihn stellten die Vorgärten in erster Linie perspektivische Verkehrsbedarfsflächen dar. Die in den Streitfall involvierte Behörde in Apolda legte eindeutig fest, dass nur sie allein über eine Bebauung von Straßenfluchten bzw. Vorgartenlinien entscheiden dürfe.[17]

Bei der Errichtung des »Damenviertels« spielten spekulative Interessen eine entscheidende Rolle. Sie begannen bereits mit dem Grundstückserwerb. Die Aussicht auf gute Gewinnchancen animierte Maurer- und Zimmermeister, die schon bald als Bauunternehmer auftraten, zunächst in Bauland zu investieren. Unter Aufnahme

*Marienstraße 10, 12 (heute Am Planetarium) und Kaiserin-Augusta-Straße 18
(heute Käthe-Kollwitz-Straße), um 1910*

teilweise recht hoher Kredite, meist über Hypothekenbanken, hoffte man auf kapitalkräftige Interessenten und Käufer. Die späteren Veräußerungsmöglichkeiten waren vielfältig. Es wurden einzelne Bauplätze, Häuser im Bau oder nach Rohbaufertigstellung bzw. bezugsfertige Gebäude verkauft. Eine Ausnahme stellte hier der Bauunternehmer Friedrich Ilmer dar, der einen Großteil seiner gebauten Häuser als Eigentümer behielt und die Wohnungen vermietete. Die Hausbesitzer im Damenviertel waren gutsituierte Bürgerliche: wohlhabende Rentiers, Beamte und Lehrer, Baumeister und -unternehmer, Optiker und Geschäftsleute.

Neben der Bodenspekulation sind zahlreiche Bemühungen der Unternehmer überliefert, spezielle Ausnahmeregelungen für ihre Bauten zu erzielen, um eine höhere Rendite zu erwirtschaften. Friedrich Ilmer begründete ein Überschreiten der vorschriftsmäßigen Gebäudehöhe seines Neubaus Am Planetarium 14 mit der Nachfrage nach großzügigen Wohnungen. »*Da herrschaftliche Wohnungen mit großen Räumen*«, so Ilmer, »*in der Nähe des Prinzessinnengartens sehr begehrt sind, hielt ich es, da gegenwärtig ein großer Mangel an derartigen Wohnungen herrscht für meine Pflicht, das Haus mit derartig eingerichteten Wohnungen zu versehen. Um recht geräumige Zimmer zu schaffen ist es dringend notwendig, Vorbauten… bestehen zu lassen.*«[18] Für eine notwendige Überschreitung der Gebäudehöhe führte Ilmer noch weitere Gründe an. Zum einen sollte der Fußboden des Erdgeschosses 0,90 m erhöht von der Straßenoberkante liegen, um ein direktes Einsehen in die Fenster zu verhindern. Zum anderen nannte er für den Charakter der Wohnungen unbedingt dazu gehörende Mindesthöhen der Räume von 3,20 m im Erdgeschoss, 3,30 m in den Obergeschossen und 3,15 m im Dachbereich. Ilmer ging sogar soweit, dass eine Einschränkung der Stockwerkshöhen unmittelbar zu einer erschwerten Vermietung führen würde.[19]

Maurermeister Ilmer spiegelte mit diesen Äußerungen die Wünsche und Wohnansprüche des Bürgertums wider. Ob ein Wohnen in der Villa oder im Stadthaus, als Eigentümer oder Mieter, auf Großzügigkeit und Komfort sollte nicht verzichtet werden. Dennoch sind innerhalb des Viertels sowohl bei der Fassadengestaltung als auch bei den Wohnflächen große Unterschiede nachweisbar. Etagenwohnungen von mehr als 200 m² Wohnfläche wurden primär für die sehr repräsentativen, durchweg als Putzbauten errichteten Häuser in der Nähe der Altstadt, vornehmlich vom Bibliotheksweg bis zur St.-Jacob-Straße, konzipiert. Im nördlichen Teil dagegen entstanden auch schlichtere Bauten mit Backstein- und Klinkerfassaden. Wohnflächen um 100 m² bedienten in diesem Bereich auch kleinbürgerliche Wohnansprüche.

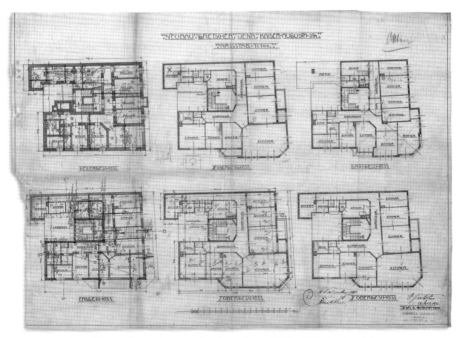

*Grundrisse Kaiserin-Augusta-Straße 15 (heute Käthe-Kollwitz-Straße), 1911*

*Am Planetarium 38–40, um 1910*

Dank des hohen Anteils an originaler Bausubstanz wurde das »Damenviertel« am 23. April 1993 als Denkmalensemble ausgewiesen. In seiner Geschlossenheit präsentiert es in hervorragender Weise die bürgerliche Architektur in Jena um 1900 und vermittelt ein eindrucksvolles Bild der damaligen Stadtentwicklung und Stadtplanung.

## Mehrfamilienmiethäuser entlang der Lutherstraße

Die Wohnungsnot der einfachen Bevölkerungsschichten beschäftigte die Stadt Jena seit den 1880er Jahren in vielfacher Weise. Sowohl Mangel an Wohnraum als auch unzureichende und unzumutbare Wohnungszustände wurden moniert. Eine statistische Erhebung von Wohnungen zum Mietpreis bis 100 Mark, deren Ergebnisse im Verwaltungsbericht des Gemeindevorstandes für das Jahr 1888 veröffentlicht wurden, stellte fest, dass sich unter den 546 untersuchten Wohnungen allein 130 Hofwohnungen und 44 als ungesund eingestufte Wohnungen befanden. Die Durchschnittswohnung für etwa vier Personen verfügte über eine heizbare Stube und ein bis zwei Kammern. In 342 Wohnungen gab es keine Küche und in 106 Fällen wurden die Wohnräume gleichzeitig als Arbeitsstätten genutzt. Ein Großteil der Wohnungen galt als überfüllt.[20] Zu den durchschnittlich hohen Kinderzahlen der Familien gesellte sich das Phänomen der »Schlafgänger«, meist ledige junge Arbeiter, die eine Schlafstelle innerhalb einer Wohnung mieteten und somit zwar das Familienbudget etwas aufbesserten, aber das Problem der Enge der Wohnungen noch verschärften.

Glücklicherweise blieb der Stadt Jena sowohl der Bau von typisch großstädtischen mehrstöckigen Mietskasernen mit ihren lichtarmen Seitenflügeln und Hinterhäusern als auch die Entstehung reiner Arbeiterviertel erspart. Dennoch wurden die Bezeichnungen »Miets- oder Wohnkaserne« auch in Jena für verschiedene neugebaute Straßenzüge in geschlossener Bauweise verwendet. Fehlender preiswerter Wohnraum führte notgedrungen zu Überlegungen, Grundstücke effizienter auszulasten und das neue, einfache Wohnhaus diesen Bedingungen anzupassen. Als Ergebnis entstanden Mehrfamilienhäuser mit wachsenden Geschosszahlen, wobei nun auch die Dachgeschosse teilweise oder komplett ausgebaut und als Wohnraum definiert wurden.

Besondere Kritik in der Bürgerschaft rief die Errichtung des Areals entlang der Lutherstraße hervor. Die lückenlose Bebauung der Straßenzüge hart an der Grundstücksgrenze schloss jegliche Begrünung von vornherein aus. »Ohne einen schatten-

*spendenden Baum, ohne ein einziges Vorgärtchen, zieht sich die erste ‚großstädtische' Straße Jena's lang und öde dahin, und je weiter sie sich fortsetzt in die Kartoffeläcker hinein, desto öder wird sie. In einer Fabrikvorstadt von Leipzig, allenfalls in Bitterfeld oder Apolda glaubt man zu sein,«*[21] so Paul Weber in seiner Einschätzung aus dem Jahr 1902. Der Initiative und Hartnäckigkeit des Bauunternehmers Wilhelm Hoffmann ist es zu verdanken, dass er zumindest in seinen Grundstücken in der Lutherstraße stadtauswärts nach dem Katharinentunnel Vorgärten anlegen durfte. Vom Stadtbaudirektor wurde sein Antrag auf Bauplanänderung allerdings zunächst mit der Begründung abgelehnt, dass die restliche Lutherstraße bereits in geschlossener Bauweise errichtet sei. Erst eine Eingabe in Apolda brachte den nötigen Erfolg für eine Ausnahmeregelung. Im Gegenzug dazu musste Hoffmann für sich und seine Rechtsnachfolger gewährleisten, die Neubauten des ganzen Baublocks gleichmäßig mit Vorgärten auszustatten.[22]

Die Bebauung der Lutherstraße zeigt anschaulich, wie schnell die wachsende Nachfrage nach Wohnraum und der daraus resultierende Bauboom den ersten Bebauungsplan von 1882 in seiner räumlichen Begrenztheit überholen. Auf dem Plan von 1882 endete die Lutherstraße an einer kleinen Kreuzung, von der aus ein Feldweg weiter zum Forst führte. Nur 15 Jahre später wird die Straße im Erläuterungsbericht des Gemeindevorstandes zur Änderung des Bebauungsplanes als eine der größten und verkehrsreichsten Vorstadtstraßen, die »bis zur Talstraße, woselbst in den letzten Jahren eine stattliche Anzahl von Häusern entstanden ist«[23] beschrieben.

Die systematische Bebauung der Lutherstraße setzte um 1885 ein. Mehrere Bauunternehmer spekulierten ähnlich wie im »Damenviertel« mit dem Erwerb von Bauland. Dass Unternehmer Architekten mit der Planung der Neubauten beauftragten, blieb eine Ausnahme. Der seit 1903 als freiberuflicher Architekt in Jena tätige Johannes Schreiter arbeitete beispielsweise mit verschiedenen Bauunternehmern zusammen, die zum Teil größere Bauplätze erworben hatten, diese als Bauherren bebauten und später vermarkteten. Von Oswald Ellinger erhielt der Architekt die meisten Aufträge, für ihn plante er ganze Straßenzüge. Mehrfach erhielt Ellinger Post vom Stadtbaudirektor Bandtlow, weil die Ausführung seiner Projekte nicht den genehmigten Zeichnungen entsprach. Teilweise mussten Fassadenentwürfe revidiert werden, da die zulässige Gebäudehöhe durch den Giebelaufbau überschritten wurde. Als Bauunternehmer und Baumeister traten mit einer Vielzahl von Häusern Wilhelm Giese, Wilhelm Hoffmann, Karl Staude, Adolf Müller u. a. auf. Der einfache Wohnhausbau galt als Domäne der Handwerksmeister.

Die Neubauten wurden vorrangig von Optikern, Lehrern, Kaufleuten, Handwerksmeistern und auch einzelnen Arbeitern erworben, die im Allgemeinen die unteren

*Villa oder Miethaus*

*Blick über die Lutherstraße, 1915*

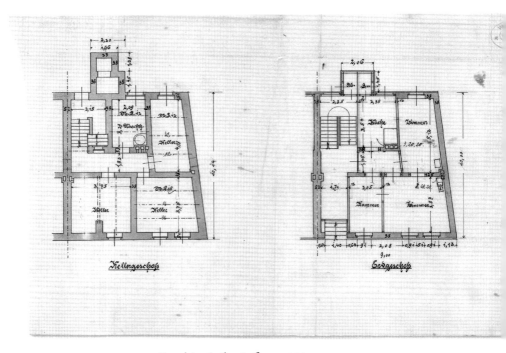

*Grundrisse Lutherstraße 50, 1902*

Geschosse bewohnten. Neben dem oft gewerblich genutzten Erdgeschoss verfügten die Häuser über ein bis zwei Obergeschosse und ein zumindest teilweise ausgebautes, bewohnbares Dachgeschoss. Gewöhnlich war jede Etage für nur eine Wohnung konzipiert, die Geschossfläche mit Fluren und Treppenhaus betrug um die 120 m². Sehr häufig bestanden die Wohnungen aus zwei Zimmern, ein bis zwei Kammern und Küche. Bäder gab es noch nicht und die Toiletten befanden sich oft auf halber Treppe. Die zusätzlich gewonnene Wohnfläche im Dachbereich wurde vornehmlich an Arbeiterfamilien vermietet.

Unzureichende Bestimmungen und große Wohnungsnot trugen dazu bei, dass die Häuser schnellstmöglich errichtet und bezogen wurden. Einige baugesetzliche Regelungen des Großherzogtums wurden mit ihren allgemeinen Formulierungen den aktuellen Bauaufgaben der Stadt nicht gerecht. Laut »Ministerialverordnung betreffend baupolizeilicher Vorschriften vom 7. Juli 1881« war beispielsweise das Beziehen von Neubauten auf neun Monate nach der Rohbauabnahme festgesetzt. Realistisch schätzte Stadtbaudirektor Bandtlow 1907 ein: »*So gut wie diese Bestimmung an sich ist, so wird sie doch in unserer gegenwärtigen Zeit niemals eingehalten, son-*

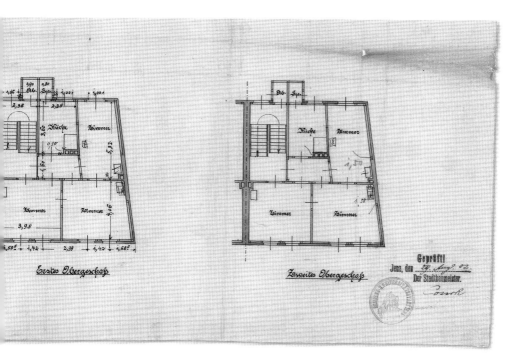

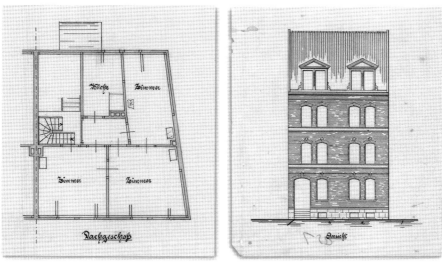

*dern stets werden die Bauten früher bezogen.*«[24] In der Praxis lagen zwischen Baugesuch und Rohbauabnahme oft nur wenige Monate, danach wurde gleich mit dem Innenputz begonnen. Die einfachen Klinker- und Backsteinfassaden ersparten den Außenputz. Weitere Bestimmungen über das sogenannte Fensterrecht bevorteilten zunächst den Bauherren, der zuerst baute. Dieser war nämlich berechtigt, auf seiner Grenze eine beliebige Anzahl von Öffnungen zu errichten, da der Bauplatz neben ihm noch frei war. Anschließend konnte jedoch der später Bauende durch die Errichtung einer Giebelmauer dem Ersten die Fenster ganz zubauen. Der Stadtbaudirektor konstatierte in dieser Angelegenheit, dass die Baupolizei keinerlei rechtliche Handhabe zur Verhinderung solcher Bauten hatte und bedauerte, dass gerade im Bereich der Lutherstraße ganze Straßenzüge so entstanden sind, dass nur kleine Schlüfter von maximal 1 m Breite zur Beleuchtung der Wohnräume vorhanden sind.

Typisch für die Errichtung der Wohnhäuser in Jena war eine Verbindung von Massiv- und Holzbau, wobei die Grund- und Kellermauern und das Erdgeschoss massiv hergestellt wurden, die übrigen Stockwerke dagegen aus Holzfachwerk mit Ziegelsteinvorlage bestanden. In der Regel wurden schwache, im Querschnitt 12x12 cm bis 12x14 cm große Hölzer verwendet, die mit luftgetrockneten Steinen ausgefüllt wurden und nach außen eine Verblendung von gebrannten Ziegeln erhielten. Somit täuschte die Außenfassade einen Massivbau nur vor. Natürlich wurden die besseren Häuser komplett massiv und damit kostenintensiver hergestellt.[25] Beim einfachen Wohnhausbau, für den das Areal Lutherstraße signifikant ist, wurde aus Kostengründen vielfach auch das Erdgeschoss als Fachwerk errichtet. Größte Bedenken äußerte der Stadtbaudirektor bezüglich der Verwendung weißer ungebrannter Backsteine, sogenannter »Tuffsteine«, die aus Süßwasserkalkablagerungen in den Tälern von Ammerbach, Winzerla, Wöllnitz und Wogau hergestellt wurden. Der Behörde in Apolda empfahl er sogar, sie ganz zu verbieten, mit der Begründung, dass diese Steine erfahrungsgemäß nicht aus Tuffsand hergestellt werden, »sondern meistenteils lediglich nur aus dem aus der Baugrube ausgehobenen Sand, Lehm usw. Sie führen damit in Jena mit Recht den Namen ›Dreckstein‹.«[26] Immer wieder kam es bezüglich des Einsatzes dieser Steine zu Auseinandersetzungen der Baupolizei mit den Bauherren. Bestimmungen der Baugenehmigungen, beispielsweise nur gebrannte Ziegel für die Ummauerung des Erdgeschosses zu verwenden, wurden regelmäßig missachtet und geahndet.

Das Tempo der Modernisierung der Baugesetzgebung und der Anpassung des Stadtbauplans entsprach definitiv nicht immer dem rasanten Wachstum der Bautätigkeit. In vielen Fällen wurden exaktere Bestimmungen erst dann erlassen, wenn der Baufortschritt nur noch Spielraum für Schadensbegrenzung einräumte. Da die Wohnungsnachfrage schneller stieg als das Wohnungsangebot, musste folgerichtig der Anteil des Einfamilienhauses zugunsten von größeren Mehrfamilienhäusern mit Miet- und Untermietverhältnissen stark zurückgehen. In den 1870/80er Jahren dominierte in Jena bei der Auftragserteilung für ein neues Wohnhaus noch der Wunsch des Bauherren zum Bewohnen des künftigen Anwesens. Der zunehmende Bedarf an Häusern und größer werdenden Miethausbauten änderte das Bild. Häuser wurden mehr und mehr für einen unbestimmten Abnehmerkreis gebaut und der Wohnhausbau entwickelte sich zum Spekulationsobjekt. Ansätze marktwirtschaftlicher Interessen kündigten sich in der Stadt zuerst beim Villenbau an, setzten sich aber vor allem beim Bau von Mietwohnhäusern durch. Die neuen Bauherren, Bauunternehmer und Architekten, Universitätsangehörige, Lehrer und Beamte, Kaufleute und Handwerker, lieferten den Beweis dafür, dass der Spekulationsbau schnell zu einer Domäne der Bürgerschaft wurde. Viele wohlhabende Stadtbewohner bauten um diese Zeit sogar mehrere Miethäuser. Das Miethaus wurde zum vorherrschenden Wohnhaustyp der Stadt. Zunächst befriedigte allein die private Bautätigkeit die allgemeinen Wohnungsbedürfnisse. Erst allmählich wurde auf kommunaler Ebene der genossenschaftliche Weg als mögliche Alternative dargestellt und diskutiert. Bis zur Gründung der ersten Wohnungsgenossenschaft der Stadt, der Jenaer Baugenossenschaft im Jahr 1897, entstanden Jenaer Wohnhäuser ausschließlich durch die private Bauwirtschaft.

*Anhang 1:*
*Baugenehmigungen und Anteil der Wohnhausneubauten in Jena 1869–1906*[27]

| Jahr | Baugenehmigungen | Neubau Wohnhäuser |
| --- | --- | --- |
| 1869 | 75 | 3 |
| 1870 | 48 | 2 |
| 1871 | 59 | 3 |
| 1872 | 88 | 9 |
| 1873 | 101 | 8 |
| 1874 | 99 | 9 |
| 1875 | 129 | 10 |
| 1876 | 140 | 17 |
| 1877 | 124 | 11 |
| 1878 | 127 | 11 |
| 1879 | 135 | 13 |
| 1880 | 132 | 19 |

| Jahr | Baugenehmigungen | Neubau Wohnhäuser |
|---|---|---|
| 1881 | 138 | 13 |
| 1882 | 158 | 14 |
| 1883 | 160 | 9 |
| 1884 | 136 | 14 |
| 1885 | 141 | 25 |
| 1886 | 153 | 16 |
| 1887 | 177 | 26 |
| 1888 | 133 | 21 |
| 1889 | 151 | 13 |
| 1890 | 130 | 16 |
| 1891 | 130 | 14 |
| 1892 | 121 | 24 |
| 1893 | 147 | 22 |
| 1894 | 137 | 18 |
| 1895 | 118 | 21 |
| 1900 | 146 | 46 |
| 1901 | 173 | 74 |
| 1902 | 175 | 90 |
| 1903 | 151 | 61 |
| 1904 | 165 | 67 |
| 1905 | 160 | 66 (3 Doppelwohnhäuser) |
| 1906 | 187 | 68 (4 Doppelwohnhäuser) |

*Anhang 2:*
*Wohnhausneubauten und Anzahl der Wohnungen in der Stadt Jena 1910–1914*[28]

| Jahr | Neubau Häuser | Wohnungen |
|---|---|---|
| 1910 | 136 | 545 |
| 1911 | 141 | 625 |
| 1912 | 120 | 424 |
| 1913 | 172 | 423 |
| 1914 | 183 | 484 |

## Anmerkungen

1. PILTZ 1897, S. 3.
2. Regierungsblatt für das Großherzogtum Sachsen-Weimar-Eisenach 1829, S. 5767.
3. VOGEL 2009, S. 128 ff.
4. Regierungsblatt für das Großherzogtum Sachsen-Weimar-Eisenach 1829, S. 213.
5. Vgl. Schiedsspruch vom 22. Dezember 1903. In: Beilage zum Jenaer Volksblatt, Nr. 5, 7. Januar 1904.
6. WEBER 1902, S. 3.
7. In vielen größeren deutschen Städten begann diese Phase etwa seit den 1860er Jahren. Joachim H. Schultze verwendet für Jena den Begriff »Spätentwickler«, vgl. SCHULTZE 1955, S. 3.
8. Prospekt über die Bebauung des westlichen Stadtteils von Jena, Jena 1883, S. 1.
9. Ebenda, S. 1 f.
10. Zur »Villen-Colonie« gehören die Häuser: Am Steiger 11, 13, 14 und 15; Beethovenstraße 3, 4 und 6; Blochmannstraße 1; Botzstraße 4, 5, 6, 7, 8 (heute 8/8a), 9 und 10; Fritz-Krieger-Straße 1 und 2; Schaefferstraße 2, 3, 4 (jetzt Botzstraße 4a) und 5; Wildstraße 1 und 2.
11. Heute August-Bebel-Straße 4.
12. Ortsstatut betr. Vorschriften für die Bebauung eines Teiles der Westvorstadt. In: ORTSGESETZE 1909, S. 66 f.
13. BRÖNNER 1994, S. 73.
14. Ebenda, S. 83 ff.
15. WEBER 1902, S. 10 ff.
16. Gerhard Kessler: Städtebauliche Aufgaben in Jena. In: Jenaer Volksblatt, Nr. 41, 8. Februar 1914.
17. StadtAJ, B Vb Nr. 248, Akten des Gemeindevorstandes Jena betr. Baupolizei 1902–1923.
18. BauaktenAJ, Bauakte Am Planetarium 14, Schreiben Friedrich Ilmer an den Gemeindevorstand vom 5. Januar 1913.
19. Ebenda.
20. StadtAJ, B Va Nr. 35a, Verwaltungsbericht des Vorstandes der Großherzoglichen Residenz- und Universitätsstadt Jena für das Jahr 1888, S. 5 f.
21. WEBER 1902, S. 7.
22. Vgl. StadtAJ, B Vb Nr. 202, Bauakten des Gemeindevorstandes Jena betr. Vorgarten Lutherstraße, Eingabe Wilhelm Hoffmann.
23. StadtAJ, B Vc 181a, Erläuterungsbericht zur Abänderung bzw. Ergänzung des im Jahre 1882 genehmigten Stadtbauplanes, S. 3 f.
24. StadtAJ, B Vb Nr. 248, Akten des Gemeindevorstandes Jena betr. Baupolizei 1902–1923, Zuarbeit Bandtlow für die Neubearbeitung der Ministerialverordnung vom 2. Dezember 1907.
25. Vgl. GIESSELMANN 1896, S. 20. Gießelmann gibt hier für die Zeit um 1895 einen Preis für Massivbau von 180 Mark pro m² und für Fachwerk von 150 Mark pro m² an.
26. StadtAJ, B Vb Nr. 248.

27 StadtAJ, Vb Nr. 242, Akten des Gemeindevorstandes Jena betreffend das Verzeichniß der der ausgegebenen Bauerlaubnisscheine 1869–1886; StadtAJ B Vb Nr. 243 Acten des Gemeindevorstandes Jena betreffend das Verzeichnis der ausgegebenen Bauerlaubnisscheine 1887–1899; StadtAJ B Vb Nr. 249, Bau-Akten des Gemeindevorstandes Jena, Gebäude Veränderungen 1888–1929; Lange: Veränderungen, S. 235.
28 BauaktenAJ, Bestand Bauwesen, Stadtbauamt Statistik 1910–1937.

*Katrin Fügener*

# Genossenschaftliches Bauen und Kleinsiedlungsbau in Jena 1897–1945

Das preußische Genossenschaftsgesetz aus dem Jahr 1869 und besonders das reichseinheitliche »Gesetz betreffend die Erwerbs- und Wirtschaftsgenossenschaften« vom 1. Mai 1889 lieferten den gesetzlichen Rahmen für eine Gründungswelle von Baugenossenschaften in Deutschland.[1] In Jena beschäftigte sich der Gemeindevorstand schon seit den 1880er Jahren mit dem Problem fehlender Wohnungen für minderbemittelte soziale Schichten. Der ständig wachsende Bedarf war allein durch den marktorientierten privaten Wohnungsbau nicht zu decken. Seit 1885/1886 gab es in Jena Überlegungen und Initiativen, eine gemeinnützige Baugenossenschaft zu gründen. Auf Initiative der Stadt fand sich 1888 zunächst ein Komitee aus sozial engagierten Bürgern, Unternehmern, Beamten und Wissenschaftlern zusammen, um die Bildung einer Genossenschaft vorzubereiten. Zum Komitee gehörten u. a. der Verleger Gustav Fischer, der älteste Sohn von Carl Zeiss, Roderich Zeiss, Nationalökonom Julius Pierstorff und Oberlandesgerichtsrat Friedrich Krieger. Nach dem Bericht des Gemeindevorstandes standen die Ausarbeitung des Statuts und der öffentliche Aufruf zur Anteilszeichnung bereits im Jahr 1888 kurz vor Abschluss. Jedoch gestalteten sich die Verhandlungen kompliziert und langwierig. »*Die Schwierigkeit eines derartigen Unternehmens gerade hier in Jena liegt hauptsächlich in den ungewöhnlich hohen Baupreisen*«, so der Vorstand, »*welche es kaum ermöglichen, eine mäßige Rentabilität des Unternehmens zu sichern.*«[2] Die anfänglichen Gedanken der Errichtung von Ein- und Zweifamilienhäusern waren bereits zu diesem Zeitpunkt aufgegeben und als erstes Objekt stand nun der Bau eines Achtfamilienhauses auf dem Plan. Dennoch verzögerte sich die Gründung weiter.

Ende 1896 initiierte Ernst Abbe eine Versammlung in der Turnhalle Lutherstraße, die die Gründung einer Jenaer Wohnungsgenossenschaft maßgeblich beeinflusste. In seinem Vortrag »Die in Jena akut gewordene Wohnungsnot« lehnte Abbe den Bau von Werkswohnungen ab. Die Werks- oder Fabrikwohnung stellte für ihn eine Form der Abhängigkeit des Arbeiters von der Firma und deren Geschäftsleitung dar. Abbe plädierte für die Gründung einer gemeinnützigen Baugenossenschaft und sicherte seine finanzielle Unterstützung zu.[3]

## *Von der Gründung der Jenaer Baugenossenschaft 1897 bis zum Ersten Weltkrieg*

Gemeinsam mit Gustav Fischer, dem Juristen Eduard Rosenthal, Unternehmer Otto Schott u. a. suchte Ernst Abbe nach Wegen und Möglichkeiten zum Bau von »gesunden« und billigen Wohnungen für die arbeitende Bevölkerung. Die Initiatoren des Aufbaus einer Wohnungsgenossenschaft waren von Anfang an bemüht, den Genossenschaftsgedanken in die Bevölkerung, besonders die Arbeiterschichten zu tragen und sie somit an einer Beteiligung zu interessieren. Beispielsweise wurde in Jena die Broschüre »Gesunde Wohnungen« von Wilhelm Ruprecht aus Göttingen kostenlos unter den Arbeitern verteilt. Gustav Fischer leitete am 25. Juni 1897 im »Gasthaus zum Engel« die Gründungsversammlung der Jenaer Baugenossenschaft, auf der Eduard Rosenthal über die Möglichkeiten einer Genossenschaft mit beschränkter Haftpflicht zur Lösung der Wohnungsfrage referierte. Eine Abordnung unter Leitung von Metallarbeiter Hermann Leber wertete die Erfahrungen eines Besuches von Wohnungsgenossenschaften in Göttingen und Hannover aus.

Das Ziel der Genossenschaft, die Errichtung billiger, zweckmäßiger und hygienischer Wohnungen, überzeugte viele Arbeiter und Angestellte von einer Mitgliedschaft, bei der auch der genossenschaftliche Aspekt und die damit verbundene Einbeziehung der Mitglieder nicht vergessen werden durfte. Neben finanziellen Mitteln der Stadt flossen kontinuierlich Gelder der Firmen Zeiss und Schott in das Unternehmen, die auch Hilfestellungen im verwaltungstechnischen Bereich leisteten.

Die Mehrzahl der Genossenschaftsmitglieder waren Beschäftigte der Firmen Zeiss und Schott. Bis zur Gründung eigener Wohnungsgenossenschaften blieb auch der Anteil von Beamten und Angestellten relativ hoch. So wurden beispielsweise am 30. September 1901 insgesamt 465 Mitglieder mit 486 Geschäftsanteilen registriert. Von ihnen arbeiten 200 bei der Firma »Carl Zeiss Jena« und 57 in der Glashütte »Jenaer Glaswerk Schott & Gen.«, 68 Mitglieder waren in den Werkstätten der Saalbahn beschäftigt, 40 Arbeiter kamen aus verschiedenen Berufen, 42 waren als selbstständige Gewerbetreibende tätig. Außerdem waren 48 Beamte, kaufmännische Angestellte sowie zehn Universitätsangestellte verzeichnet.[4]

Die ersten Bauten der Jenaer Baugenossenschaft, ausschließlich größere Mehrfamilienhäuser, entstanden am Magdelstieg. Die Genossenschaft erwarb das 1,3 ha

*Inschrift am Haus Magdelstieg 62, 1996*

große Bauland im Südwesten der Stadt für 17 000 Mark. Noch heute erinnert eine Tafel am Haus Magdelstieg 62 an das erste fertiggestellte Gebäude der Genossenschaft, dessen Bau noch im Gründungsjahr 1897 begann. Bis zur Jahrhundertwende wurden weitere Bauten am Magdelstieg errichtet, doch auch der Wunsch nach Wohnhäusern in anderen Stadtteilen wurde laut. Besonders die Arbeiter der Eisenbahnwerkstätten forderten Wohnungen in unmittelbarer Arbeitsplatznähe. Die Baugenossenschaft reagierte 1899 mit dem Kauf eines Grundstückes von 1,1 ha in der Dornburger Straße auf die Wünsche ihrer Mitglieder. Die ersten beiden Genossenschaftshäuser in der Dornburger Straße (Nr. 77, 79) konnten bereits im Jahr 1900 bezogen werden, weitere folgten. Auch die Bautätigkeit am Magdelstieg/Okenstraße wurde fortgesetzt. Einen wahren Bauboom erlebte die Genossenschaft 1914. In diesem Jahr waren Häuser in der Okenstraße, Reinhold-Härzer-Straße, Schleiden- und Lutherstraße bezugsfertig.

Als zweite Wohnungsgenossenschaft wurde 1911 in Jena die Heimstättengenossenschaft gegründet. Sie ist Ausdruck einer in Deutschland weit verbreiteten Heimstättenbewegung, die auf der Suche nach neuen, aufgelockerten Wohnformen dem Mietskasernenbau der großen Städte den Kampf ansagte und besonders das Einfamilienhaus mit Garten in den Mittelpunkt ihrer Ziele stellte. Als Mitglied der Gartenstadt-Gesellschaft formulierte die Heimstättengenossenschaft eine bis dato in

*Okenstraße 21 und 23, um 1910*

Jena noch nicht umgesetzte Bauaufgabe: die Errichtung einer »Gartenkolonie« für Arbeiterschichten unter neuen, ästhetisch ansprechenden architektonischen Gestaltungen. Mit dem Architekten Paul Engelhardt fand die Genossenschaft einen

*Heimstättenviertel im Ziegenhainer Tal, um 1938*

Planer, der über mehrere Jahrzehnte, wenn auch nicht ausschließlich, so doch besonders prägend, die planmäßige Gestaltung der Heimstättenbauten übernahm. Nach dem Scheitern des ersten Bauprojektes in der Löbstedter Flur kaufte die Genossenschaft im Kernbergviertel Bauland. Im Oktober 1913 bezogen die ersten Heimstättenmitglieder ihre damals noch abseits von der Stadt gelegenen Häuser im Ziegenhainer Tal. Bis 1915 wurde der erste große Bauabschnitt vollendet.

In dieser Zeit entschloss sich auch die Stadt zum Kleinwohnungsbau. Im Jahr 1912 beschloss der Gemeindevorstand die Errichtung von Wohnungen nach dem »Ulmer System«. Er folgte damit einem in der Stadt Ulm praktizierten Exempel des Eigenheimbaus für Arbeiter. Auf städtischem Areal errichtete die Kommune Doppelhäuser für je zwei Familien, die durch Abzahlung nach und nach in den Besitz der Bewohner übergehen sollten, wobei sich die Gemeinde das Rückkaufsrecht vorbehielt.[5] Dieses System wurde in Jena mit Hilfe eines Darlehens der Thüringer Landesversicherungsanstalt umgesetzt, wobei die Haustypen hinsichtlich Bauweise, Raumgröße und hygienischen Bedingungen einem Anforderungskatalog der Anstalt entsprachen. Die künftigen Hausbesitzer leisteten eine Anzahlung von mindestens 700 Mark und vereinbarten eine langjährige Mietzahlung. Neben den eigentlichen Baukosten, für den ersten Bauabschnitt ca. 7100 Mark pro Haus[6], wurden

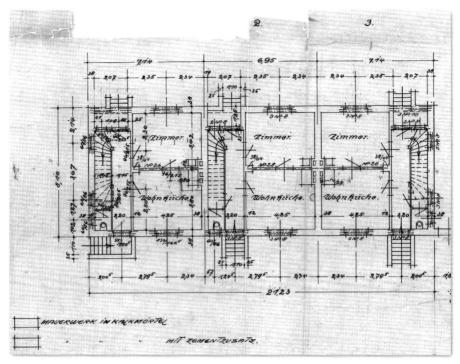

Diese und nächste Seite: *Grundriss und Vorderansicht Am Steinborn 20, 22, 24, 1913*

die Kosten für Grunderwerb sowie Straßen- und Kanalherstellung umgelegt. Die Stadt Jena erkannte, dass nicht nur ein großes Interesse für derartige Wohnhäuser vorhanden war, sondern dass sich in der Kommune vor allem eine Käuferschicht entwickelte, die sich diese Häuser auch leisten konnte. Das Wohnen im eigenen Haus bedeutete eine gewisse Bindung an die »Scholle« und setzte ausreichende, regelmäßige Einkünfte voraus. »*Als nahezu ideale Anwärter erwiesen sich die oberen Schichten der Arbeiterklasse, deren sozial überdurchschnittlich gute Situation aus ihrem Spezialistentum erwuchs.*«[7] Zu den ersten Hausbesitzern der »Steinbornkolonie«, die in drei Bauabschnitten errichtet wurde, gehörten Mechaniker, Dreher, Optiker, Schlosser und Werkzeugmacher.[8] Bis 1914 wurde der erste Teil der Siedlung mit insgesamt 62 Häusern gebaut. In unmittelbarem Anschluss entstanden 68 Häuser des zweiten Bauabschnittes, deren Fertigstellung sich allerdings durch den Ausbruch des Ersten Weltkrieges verzögerte.

Die folgenden Jahre des Ersten Weltkrieges zwangen die Genossenschaften, ihre Bautätigkeit ruhen zu lassen. Unter großen Anstrengungen war man bemüht, be-

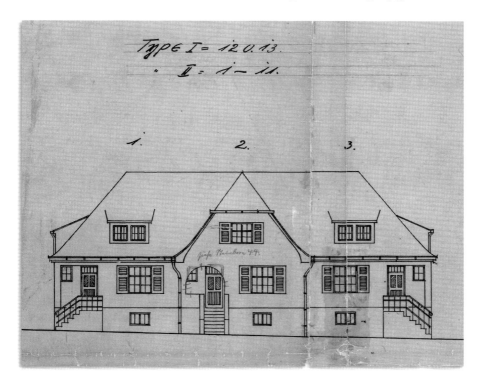

reits begonnene Häuser zu vollenden. Das genossenschaftliche Bauen erreichte bis dahin besonders besserverdienende Arbeiterschichten und Angestellte. Trotz Realisierung zahlreicher Bauprojekte durch die Jenaer Baugenossenschaft, die Stadt und die Heimstättengenossenschaft bis 1914/15, blieb die Wohnungsnot in Jena relevant.[9] Ein Bericht vom 19. Mai 1919 als Folge einer Wohnungserhebung in der Stadt belegt diese Misere.[10] Die Erhebung verzeichnete 491 wohnungslose Familien und registrierte das Fehlen von ca. 800 Wohnungen in Jena. Vom 1. Juli 1914 bis Ende Mai 1919 war die durchschnittliche Jahresmiete für eine Jenaer Wohnung von 437 auf 494 Mark gestiegen. Nicht nur die Mieten, auch die Baupreise hatten sich enorm erhöht, so dass Neubauten nicht mehr zu den Bedingungen der Vorkriegszeit errichtet werden konnten. Dennoch drängte die große Wohnungsnot überall zum Weiterbauen.

Katrin Fügener

## Wohnungsbau in der Weimarer Republik 1918/19–1933

Wie bereits von der bürgerlichen Wohnungsreformbewegung vor 1900 gefordert, wurde der Wohnungsbau der Weimarer Republik Teil der staatlichen Sozialpolitik. Die Weimarer Reichsverfassung vom 11. August 1919 garantierte die Sicherung einer Wohnung für jeden Bürger.[11] In dieser Zeit wirkten eine Vielzahl staatlicher Interventionen auf den Wohnungsbau, die zum großen Teil auf kommunaler Ebene durchgesetzt wurden und bis zur Befreiung von Gebühren reichten. Das für die ersten Jahre charakteristische reine Subventionsverfahren wurde seit 1920 durch eine Baukostenzuschussregelung auf Darlehensbasis abgelöst, die bis Ende 1923 galt. Danach wurde die sogenannte Hauszinssteuer auf Mieten zur Mitfinanzierung des Wohnungsbaus herangezogen. Eine Reihe von Förderprogrammen existierten für spezielle Bevölkerungsschichten, z. B. für Beamte und Angestellte von Reich, Ländern und Kommunen, für Kriegshinterbliebene und Kriegsbeschädigte.[12] In der Phase bis 1923 dominierten für den Wohnungsbau vor allem nachkriegsbedingte güterwirtschaftliche Probleme, die Jahre ab 1924 dagegen waren von Finanzierungsschwierigkeiten geprägt, die aus der Inflation und der Stabilisierung der Mark resultierten.

Bis zu Beginn des Ersten Weltkrieges gab es in Deutschland kaum Träger des gemeinnützigen Wohnungsbaus speziell für Angestellte. Die vorhandenen Wohnungsgenossenschaften orientierten zwar vorwiegend auf die Interessen von Arbeitern, hatten dennoch vielfach Angestellte in ihren Mitgliederbestand aufgenommen. Erst während des Krieges entstanden deutschlandweit erste Beamtenbaugenossenschaften. Am 23. Februar 1918 wurde in Jena der Beamtenwohnungsverein gegründet.[13] Seine Mitglieder durften satzungsbedingt nur in Ausnahmefällen Nichtbeamte sein und setzten sich vor allem aus Reichs- und Thüringer Staatsbeamten, Beamten der Stadt Jena sowie Angestellten der Firmen Zeiss und Schott zusammen.[14] Ähnlich der formulierten Aufgaben der bereits entstandenen Wohnungsgenossenschaften wollte der Beamtenwohnungsverein »gesunde« und zweckmäßig eingerichtete Wohnungen zu billigen Preisen in neuerbauten, gekauften oder gemieteten Häusern an seine Mitglieder abgeben.

Die erste Baugruppe, 14 zusammenhängende Häuser mit insgesamt 44 Wohnungen, wurde 1919/1920 in der Dornburger Straße nach Entwürfen des Jenaer Architekten Paul Wohlfarth errichtet. In den Jahren 1921–1924 sah sich der Beamtenwohnungsverein außerstande, neue Häuser zu bauen. Er zog es in der Inflationszeit vor, Neubauten der Stadt für die Dauer von 30 Jahren zu mieten. Auf diese Weise konnten insgesamt 17 Häuser mit 118 Wohnungen von Beamten be-

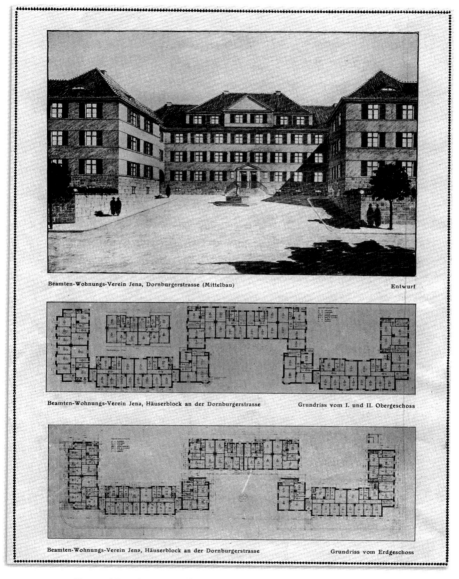

*Entwurf Dornburger Straße 49, 51, 53, 55, 57, 59 von Paul Wohlfahrt, aus: Dokumente Deutscher Baukunst, 1919*

zogen werden. Mitte der 1920er Jahre setzte der Verein seine Bautätigkeit im Westviertel fort. Die Bauten des Beamtenwohnungsvereins wurden in einer zeitgemäßen, anspruchsvollen Architektur mit hohem Wohnkomfort errichtet und fanden auch außerhalb Jenas große Anerkennung. Es war sicher kein Zufall, dass der 35. Verbandstag des Reichsverbandes Deutscher Baugenossenschaften e. V. im Mai 1931 in Jena stattfand und über die hier entstandenen Neubauten folgendes berichtete: »*In diese Häuser sind Massivdecken mit Linoleumbelag auf Korkestrich eingebaut worden. Alle Wohnungen haben Badeeinrichtungen, einige auch Warmwasser-Sammelheizung. Für die Hälfte der Wohnungen sind heizbare Bodenkammern vorhanden. Die Flächengrößen und die gegenwärtigen Mietpreise betragen: bei den Vierzimmerwohnungen durchschnittlich 95 $m^2$ und 800 RM jährlich, bei den Dreizimmerwohnungen durchschnittlich 75 $m^2$ und 650 RM jährlich.*«[15] Im Vergleich zu anderen Wohnungsgenossenschaften baute der Beamtenwohnungsverein vorwiegend mittlere und größere Wohnungen und entsprach somit den Bedürfnissen seiner Mitglieder. Die Baugruppe »Am Schweizerhöhenweg« nach Plänen des Büros Schreiter & Schlag steht heute unter Denkmalschutz.

Ebenfalls 1918 wurde in Berlin die Gemeinnützige Aktien-Gesellschaft für Angestellten-Heimstätten (Gagfah) gegründet, die allerdings in Jena erst in den letzten Jahren der Weimarer Republik mit einer überschaubaren Anzahl von Bauten am Friesweg, in der Johann-Griesbach-Straße und am Spitzweidenweg in Erscheinung

*Häuser des Beamtenwohnungsvereins Ecke Katharinenstraße / Johann-Friedrich-Straße, 1928*

Wohnungen in der Rosenstraße 14, 12, 10 und Golmsdorfer Straße 16, 18, 20, 22
der Jenaer Baugenossenschaft, um 1930

trat. Ihre Weimarer Niederlassung initiierte dann im »Dritten Reich« den Bau einer großen Siedlung in Jena-Ost.

Die Jenaer Baugenossenschaft aktivierte nach Kriegsende ihre Bautätigkeit im Südviertel. Seit Anfang der 1920er Jahre setzte eine enge Zusammenarbeit mit den Architekten Johannes Schreiter und Hans Schlag ein, die für die folgenden Jahre exemplarisch wurde. Nach Plänen des Büros Schreiter & Schlag baute die Genossenschaft jetzt auch im Ostteil der Stadt, in der Golmsdorfer-, Beutnitzer-, Rosen- und Schlippenstraße. Um einen großen Innenhof entstand hier zwischen 1921/22 und 1926/27 ein Häuserkomplex aus dreigeschossigen Gebäuden mit ausgebauten Dachgeschossen, der sich aus mehreren Achtfamilienhäusern zusammensetzte.< Auch der Jenaer Architekt Heinrich Fricke entwarf Anfang der 1920er Jahre einige Häuser für die Baugenossenschaft. Sie wurden 1921 in der Talstraße bezogen. Neue städtebauliche Anforderungen, berechtigte Wünsche und Vorstellungen der Genossenschaftsmitglieder und sicher auch die Ausführung der Bauten der Heimstättengenossenschaft und des Beamtenwohnungsvereins führten in der Jenaer Baugenossenschaft zu Überlegungen, künftige Häuser zeitgemäßer und moderner zu gestalten. Im Jahresbericht 1928 verwies der Vorstand auf den gewachsenen Einfluss der Genossenschaft auf das Stadtbild und die damit verbundene Möglichkeit und Notwendigkeit, künftige Siedlungsgebäude baukünstlerisch zu gestalten. Die Jenaer Baugenossenschaft entschloss sich aus diesem Grund, einen beschränkten Wettbewerb unter den Architekten auszuschreiben. Die Pläne der Architekten Schreiter & Schlag, die sich bei der Ausschreibung durchsetzten, überzeugten in ihrer Gestaltung. So wurden jetzt von der Baugenossenschaft im Bereich des oberen Magdelstieges Siedlungshäuser in offener Bauweise errichtet, die dem zeitgemäßem Wohnungsstandard entsprachen, über Gemeinschaftsanlagen für die Genossenschaftsmitglieder verfügten und seit den 1930er Jahren auch mit Bädern ausgestattet waren.

Mit Hilfe von staatlichen und kommunalen Baukostenzuschüssen sowie Geldern der Ernst-Abbe-Stiftung nahm die Heimstättengenossenschaft ihre Bautätigkeit im Ziegenhainer Tal wieder auf. Die gestiegenen Baupreise waren sicherlich eine der Hauptursachen, die Idee des Einfamilienhauses zunächst aufzugeben und zum Bau von Mehrfamilienhäusern überzugehen, deren Errichtung 1919 entlang der damaligen Schützenstraße, heute Friedrich-Engels-Straße, begann. Ab 1927 entstand eine

*Fertiggestellte Häuser der Jenaer Baugenossenschaft
Döbereinerstraße 30 / Moritz-Seebeck-Straße 4, 6, 8, um 1930*

neue Heimstättensiedlung am »Lichtenhainer Oberweg«. Dieser südliche Standort wurde besonders durch die benachbarten Ansiedlungen der Firma Carl Zeiss und der Glaswerke attraktiv und entsprach den Wünschen zahlreicher Genossenschaftsmitglieder nach Wohnungen in Arbeitsplatznähe. Ein vorteilhafter Grundstückserwerb von der Carl-Zeiss-Stiftung trug wesentlich zur Realisierung dieser Pläne bei, jedoch verzögerten nicht bewilligte staatliche Hauszinssteuerdarlehen die Baupro-

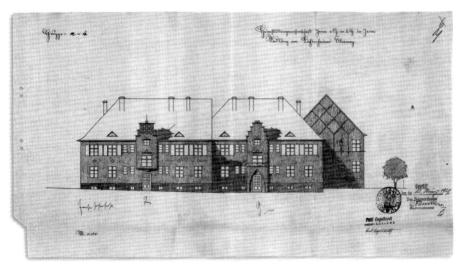

*Entwurf für den Bau des Hauses Ernst-Pfeiffer-Straße 7 und 9 von Paul Engelhardt, 1927*

jekte. Einige Häusergruppen entstanden bis 1929, die geplante Weiterführung der Siedlung nach einheitlichem Plan des Architekten Paul Engelhardt mit Anschluss an die Bauten der Jenaer Baugenossenschaft wurde erst ab 1938 realisiert. Zunächst konzentrierte sich die Genossenschaft erneut auf die Erweiterung der Siedlung im Ziegenhainer Tal. Innerhalb von 20 Jahren hatte sich die Heimstättengenossenschaft mit rund 2600 Mitgliedern zur größten Baugenossenschaft Thüringens entwickelt. Sie verfügte 1931 über einen Gesamtgrundbesitz von 14,66 ha Land, von dem mehr als 7 ha bebaut waren.[16]

Finanzhilfen für gemeinnützige Kleinsiedlungsvereine, Kriegsopferfürsorge oder die besonders während der Weltwirtschaftskrise praktizierte Arbeitsbeschaffung durch Siedlung sind weitere Beispiele staatlicher Förderung, die vorrangig den Kleinwohnungsbau für Arbeiter- und kinderreiche Familien, Kriegsinvaliden und sozial benachteiligte Schichten stützte. Wohnbauten in geringerem Umfang wurden in Jena beispielsweise von der Gemeinnützigen Reichsbund-Kriegersiedlung GmbH gebaut.

Zwischen 1926 und 1929 trat sie als Bauherrin einiger sog. »Reichskriegerheimstätten« im Norden und Südwesten der Stadt auf, die sich zum größten Teil aus Kapitalabfindungen für Kriegsdienstbeschädigte finanzierten. Der im Juli 1920 gegründete Gemeinnützige Kleinsiedlungsverein Wilhelmshöhe erwarb ein Grundstück am Hausberg, auf dem zunächst 30 Familien angesiedelt werden sollten.[17] Gegenüber dem Gemeindevorstand erklärte der Verein im Februar 1921: »*Das Hauptgewicht haben wir bei unserem Bauvorhaben von vornherein darauf gelegt, uns alle nur erdenklichen Sparsamkeitsmöglichkeiten zu Nutze zu machen und unsere Häuschen so billig wie nur irgend möglich herzustellen.*«[18] Die Vereinsmitglieder beteiligten sich maßgeblich an der Errichtung der Häuser, die nach genossenschaftlichen Grundsätzen vermietet wurden bzw. unter bestimmten Bedingungen und Wahrung des Vorkaufsrechts des Vereins auch käuflich erworben werden konnten. Selbst für Entwurf und Bauleitung wurden eigene Mitglieder verpflichtet. Ausdrücklich verzichtete der Verein auf Anschluss an die Kanalisation, »*da sämtliche Abfallstoffe, menschliche und tierische, sowie sämtliche Abwässer zur Düngung des zu jeder Wohnung gehörenden Gartens (ca. 700 – 800 m²) dringend benötigt werden.*«[19] Aus dem Kelleraushub wurden vor Ort luftgetrocknete Steine gewonnen, deren mindere Qualität schon wenige Jahre nach Erbauung der Häuser zur Monierung baulicher Mängel führten. Die architektonische Ausbildung und Anordnung der Häuser entsprachen zwar den Vorstellungen der Bauberatungsstelle der Stadt, allerdings wurden starke Bedenken hinsichtlich der Lage außerhalb des Ortsbebauungsplanes und fehlender Zufahrtswege geäußert.[20] Die ersten Doppelwohnhäuser des gemeinnützi-

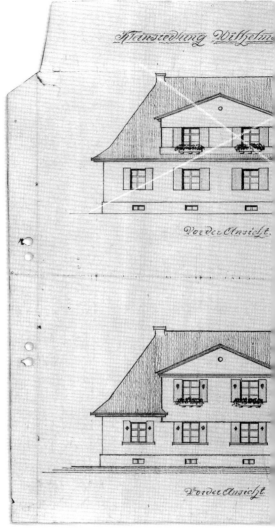

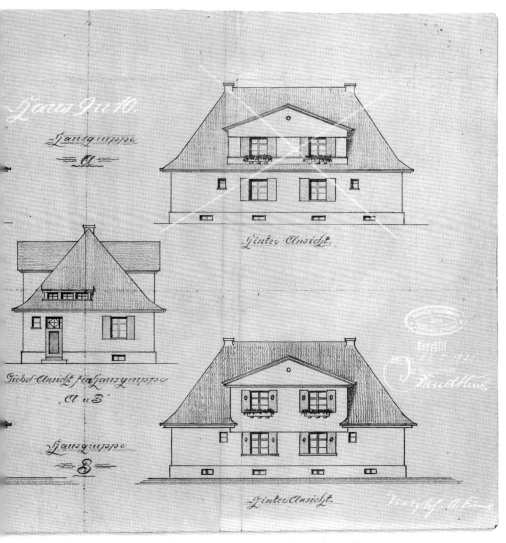

*Entwurf für den Bau des Hauses Schlendorfer Straße 2 und 4, 1921*

gen Vereins entstanden ab 1921 in der Schlendorfer Straße und Am Gänseberg. Jede Wohnung erhielt einen eigenen Eingang an der entgegengesetzten Seite des Hauses. Im Erdgeschoss befanden sich eine Küche und zwei Zimmer, das Dach wurde mit zwei Schlafzimmern ausgestattet. Im kleinen Anbau waren ursprünglich Waschhaus und Stall untergebracht.

Die Weltwirtschaftskrise stürzte auch den Wohnungsbau in eine Misere. Die öffentlichen Zuschüsse wurden radikal gekürzt und die bis dato für den Bau von Wohnungen eingesetzten Einnahmen der Hauszinssteuer anderweitig verwendet. Im Jahr 1931 wurde das sogenannte Stadtrandsiedlungsprogramm verabschiedet, welches mit geringen Subventionen den ländlichen Siedlungsbau in Selbsthilfe förderte. Für maximal 3000 Reichsmark (RM) sollten Einfachsthäuser für Erwerbslose mit Landzulage zur Eigenversorgung und Kleintierhaltung errichtet werden. Pro Siedlerstelle waren Reichsdarlehen in Höhe von 2500 RM in Aussicht gestellt. In Jena entstanden Erwerbslosensiedlungen u. a. in der Burgauer Ringwiese, am Jenzig und in der Ammerbacher Flur. In der »Grünen Aue« und »Burgauer Ringwiese« siedelten sich jeweils 40 Erwerbslose in 20 Doppelhäusern an.

Die Grundstücke der »Vorstädtischen Kleinsiedlung Sonnenblick«, dort wurden insgesamt 10 Doppelhäuser errichtet, nahmen Flächen zwischen 1000 und 1500 m² ein. Die Bauten bestanden in der Regel aus drei Wohnräumen von lediglich 34 m² Wohnfläche, die als ausreichend für das Aufstellen von fünf Betten befunden wurden. Küche und Kammer lagen nebeneinander im Erdgeschoss, der Waschkessel stand im Hausflur. Direkt von der Küche führte eine Treppe ins Dachgeschoss, wo ein oder zwei Schlafzimmer eingerichtet waren. Am Keller zu ebener Erde schloss sich ein Stallgebäude an. Die Gesamtkosten der Doppelhaushälfte betrugen 2850 RM zuzüglich 150 RM für weitere Einrichtungskosten, zu denen u. a. eine Ziege, sieben Hühner, Saatgut, Obstbäume und Gartengeräte gehörten. Neben dem Reichsdarlehen von 2500 RM beteiligte sich die Stadt mit einem Zuschuss von 200 RM an den Gesamtkosten. Die fehlenden 300 RM musste der Siedler in Eigenarbeit aufbringen. Er schloss mit der Gemeinde einen Mietvertrag ab, in dem er sich verpflichtete, den Mietzins in gleichen monatlichen Raten an die städtische Kämmereikasse zu zahlen. Kosten für Grundsteuer, Gebäudeversicherung, Strom und Wasser sowie andere öffentliche Abgaben trug der Siedler. Gleichzeitig verpflichtete er sich, die Siedlerstelle so zu bewirtschaften, dass der Eigenbedarf der Familie an Obst und Gemüse vollständig sowie an Fleisch- und Milchprodukten teilweise gedeckt war.

Die einfachen Bauten der Stadtrandsiedlungen verfehlten ihre propagandistischen Wirkungen nicht. Natürlich waren sie nicht in der Lage, die Probleme von Massenarbeitslosigkeit und Wohnungsnot zu lösen und die Bautätigkeit entscheidend anzukurbeln, dennoch ermöglichte das Programm unteren sozialen Schichten den Zugang zu Wohneigentum. Die dafür aufzubringenden Kosten lagen häufig sogar unter den Mietkosten einer Stadtwohnung. Das Wohnen im »Grünen« sowie die teilweise Möglichkeit der Eigenversorgung wurden von den Siedlern positiv aufgenommen.

**Finanzierungsplan.**
für die Erwerbslosen-Kleinsiedlung im Gembdental.

a.) Gesamtkosten lt. ausführlichem Kostenanschlag    2.850.- RM
    Weitere Einrichtungskosten

| | |
|---|---|
| 1 Ziege | 22.- |
| 7 Hühner | 30.- |
| Geräte | 10.- |
| Pflanzen, Saatgut, Beerensträucher, Obstbäume | 28.- |
| Dünger | 35.- |
| Material zur weiteren Einrichtung d. Stalles | 25.- |

                                                                150.- RM
                                         Gesamtkosten    3.000.- RM

b.) **Aufbringung dieser Kosten**

| | |
|---|---|
| Eigenarbeit des Siedlers | 300.- RM |
| Anteil der Stadt | 200.- RM |
| erbetenes Reichsdarlehn | 2.500.- RM |
| zus. | 3.000.- RM |

c.) **Ausführungszeit und Verteilung der Gesamtkosten.**

Bauzeit 6 Monate. Während des Frühjahrs wird der Siedler mit seiner Familie ausser der Arbeit an dem Haus die Gartenbearbeitung vornehmen, damit er noch im Jahre 1932 ernten kann.

Das Reichsdarlehn wird benötigt:

| | | | |
|---|---|---|---|
| Am 1.I.1932 | 30 % bei Baubeginn | 750.- RM |
| Am 1.II.1932 | 50 % | 1250.- RM |
| Am 30.6.1932 | den Rest | 500.- RM |
| | | 2500.- RM |

d.) **Jährliche Belastung des Siedlers.**
  1.) Als **Pächter**

| | |
|---|---|
| Grundstückspacht bei 1000 qm Grösse jährl. | 15.- RM |
| Verzinsung von 200.- Baukostenanteil der Stadt zu 7 % | 14.- RM |
| 2500.- RM Reichsdarlehn zu 3 % | 75.- RM |
| | 104.- RM |

Da wir voraussichtlich in den meisten Fällen kinderreiche Familien unterbringen werden, erfolgt ein Zinsnachlass von                                    40.- RM
Demnach Belastung für den grössten Teil der Siedler während der ersten 3 Jahre                     64.- RM

  2.) Als späterer **Eigentümer**

| | |
|---|---|
| Erbbauzins jährl. für das Grundstück einschl. Stadtanteil an den Baukosten | 25.- RM |
| 2500.- RM Reichsdarlehn 4% Verzinsung 1% Tilgung | 125.- RM |
| | 150.- RM |

Auch die endgültige Belastung ist für Jenaer Verhältnisse ausserordentlich mässig. Die mittlere Belastung der z.Zt. Erwerbslosen durch Miete beträgt 22.- RM monatl. = 264.- RM jährlich.

*Finanzierungsplan der Erwerbslosensiedlung Gemdental, 1932*

Katrin Fügener

## Wohnungs- und Siedlungsbau im Nationalsozialismus

Ab 1933 setzte die nationalsozialistische Wohnungspolitik den Kleinsiedlungsbau der Weimarer Republik fort. Die vorstädtischen Kleinsiedlungen mit ihrer geförderten Nutzgartenwirtschaft und Kleintierhaltung dienten der Arbeitsbeschaffung im Siedlungsbau. Besonders gut in Jena ablesbar ist eine Verlagerung des Schwerpunktes der Wohnungspolitik von den anfänglichen Stadtrandsiedlungen für Erwerbslose auf die Wohnraumbeschaffung für vollbeschäftigte Industriearbeiter. Erst ab 1936 beschritt die Wohnungspolitik des »Dritten Reiches« neue Wege. Die Tendenz verlagerte sich wieder vom Siedlungshaus zur städtischen Mietwohnung. »*Trotz aller Bemühungen um eine Wahrung des sozial- und agrarromantischen Images rückten die billigen und einfach gebauten, oft mehrgeschossigen ›Volkswohnungen‹ in den Vordergrund.*«[21]

Mit dem politischen Umbruch 1932/33 zeichneten sich neue Wege in der Wohnungspolitik der Firma Carl Zeiss ab. Zeiss hatte bis dato keine Werkswohnungen errichtet, sondern den Bedarf an Mietwohnungen ausschließlich durch die Förderung der bestehenden Wohnungsgenossenschaften gedeckt, besonders der Jenaer Baugenossenschaft und der Heimstättengenossenschaft, aber auch des Beamtenwohnungsvereins.[22] An dieser Förderung der Jenaer Wohnungsunternehmen wurde bis Anfang der 1930er Jahre festgehalten, obwohl es auch früher schon Stimmen für die Gründung einer eigenen Zeiss-Wohnungsgenossenschaft gab. Überliefert ist z. B. eine von 320 Zeiss-Angehörigen unterschriebene Liste vom 30. August 1907 mit dem Antrag auf Errichtung einer Zeiss-Baugenossenschaft, die der Geschäftsleitung übergeben wurde.[23] Es waren wohl vor allem sozialpolitische Gründe, die die Geschäftsleitung von diesem Vorhaben zunächst abhielten. Ernst Abbe sah im Bau von Werkswohnungen eine unnötige Abhängigkeit der Arbeiter von der Firma. Besonders seine unmittelbaren Nachfolger Siegfried Czapski und Rudolf Straubel führten diese »Abbeschen Prinzipien« in der Geschäftsführung weiter.

Im Mai 1933 informierte die Zeiss-Geschäftsleitung erstmals über den geplanten Bau von 40 Eigenheimen westlich der Ammerbacher Straße. Weitreichende Baupläne der Firma unter Berücksichtigung der steigenden Nachfrage der Beschäftigten nach Siedlerstellen führten zu Überlegungen einer Institutionalisierung der Siedlungstätigkeit. Ende 1934 teilte die Geschäftsleitung mit, dass ein Siedlungsbüro unter Leitung von Friedrich Schomerus eingerichtet worden sei. Nach längeren Verhandlungen mit den Behörden wurde am 13. Mai 1935 die Carl Zeiss-Siedlung GmbH gegründet.

Dem Appell der neuen Reichsregierung an die Wirtschaft folgend, sah die Zeiss-Geschäftsleitung im Neubau von Kleinwohnungen eine Möglichkeit, Arbeitsplätze zu schaffen und insbesondere gut ausgebildete Facharbeiter zu binden. In einem am 13. Juli 1935 in Halle gehaltenen Vortrag vor den mitteldeutschen Industriellen unter-

*Ammerbacher Straße, im Hintergrund der Nelkenweg, um 1935*

*An der Ringwiese, um 1936*

*Tulpenweg, um 1933*

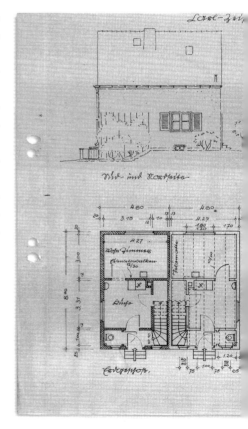

strich Friedrich Schomerus: »*Wenn jetzt der deutsche Industrielle aufgerufen wird, den Wohnungsbau und insbesondere die Ansiedlung industrieller Arbeiter tatkräftig zu fördern, so sticht das wohltuend ab gegen eine frühere Zeit, insbesondere die Vorkriegszeit, in der jede Betätigung des Unternehmertums auf dem Gebiet des Wohnungsbaus als eigennützig verdächtigt und von der Öffentlichkeit weitgehend abgelehnt wurde …*«[24]. Interessanterweise war es auch Friedrich Schomerus, der 1908 in seiner Publikation »Wege und Ziele der Baugenossenschaften«[25] dem Bau von Fabrikwohnungen den Kampf ansagte und nun den Siedlungsbau ganz im Sinne der neuen Regierung propagierte.

Im Zusammenhang mit dem Antrag der Carl Zeiss-Siedlung GmbH auf Anerkennung der Gemeinnützigkeit berichtete Stadtbaurat Lüers im Juni 1935 dem Thüringischen Wirtschaftsministerium, dass es in Jena fünf gemeinnützige Bauvereine gebe, die alle besondere Arbeitsgebiete erfüllten.[26] Lüers unterstützte den Antrag und betonte gleichzeitig, dass der hohe Wohnungsbedarf der Stadt nicht allein durch die bestehenden Vereine gedeckt werden kann. Dabei verwies er auf die besonderen Möglichkeiten der Siedlung GmbH, Kleinsiedlungen für Zeiss-Angehörige zu errichten, die möglichst schnell in den Besitz der Siedler übergehen sollten. »Die Carl Zeiss-Siedlung GmbH tritt demnach eigentlich nur als Zwischenträger auf,« so Lüers, »der die Finanzierung besorgt, die Häuser baut und sie dann in das Eigentum der Siedler überleitet.«[27] Den anderen Bauvereinen sprach er für diese Art der Trägerschaft die Eignung mehr oder weniger ab.

Von 1933 bis August 1939 baute die Firma Carl Zeiss mit Hilfe von Firmengeldern, Reichsdarlehen und anderen Anleihen sowie mit eigenem Kapital insgesamt 559 Häuser bzw. Wohneinheiten in der Ammerbacher und Winzerlaer Flur einschließlich Beutenberg. Die heutige »Ernst-Abbe-Siedlung« trug damals den Namen »Grenzlandsiedlung«. Zur Benennung hieß es in einem 1935 gedruckten Merkblatt für die

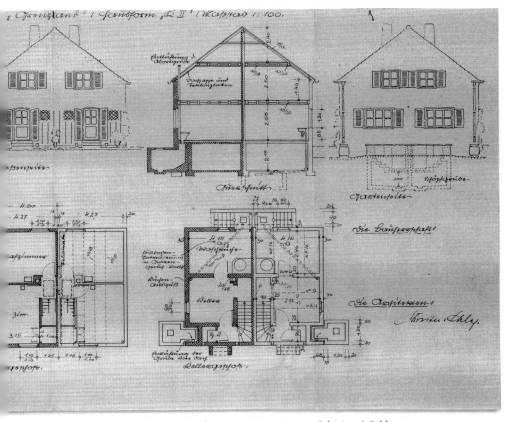

Plan der Hausform »KII« Ringwiese von Schreiter & Schlag, 1933

Siedler: »Der Name der Siedlung ... soll das Bewußtsein an unsere Volksgenossen diesseits und jenseits der Reichsgrenzen wachhalten.«[28]

Ende 1936 legte die Carl Zeiss-Siedlung GmbH den Plan für eine Wohnsiedlung mit insgesamt 288 Bauten (543 Wohnungen in 253 Doppelhäusern, 34 Einfamilienhäuser und ein Geschäftshaus) am Schlegelsberg in Jena-Ost vor. Nach Entwürfen von Schreiter & Schlag waren im Anschluss an die Gagfah-Siedlung und die städtische »Kolonie« der Bau eines kleinen, mittleren und großen Haustyps mit je vier Wohnräumen und Küche für den kleinen und mittleren und sechs Wohnräumen für den großen und Einfamilienhaustyp geplant. Zur Festlegung der Haustypen hatte die Gesellschaft Umfragen über gewünschte Wohnflächen und mögliche Eigenkapitalbeteiligung unter den Werksangehörigen durchgeführt. Die früher rein landwirtschaftliche Nutzfläche am Schlegelsberg, vorwiegend aus hügeligem Gelände bestehend, erschwerte die Bauausführung. Im Vorfeld der Bebauung entbrannte zwischen der Geschäftsführung der Siedlung GmbH und der Stadt eine teils heftige Diskussion über die Beteiligung der Stadt an den Straßenbaukosten. Die Gesellschaft beantragte am 30. November 1936 bei der Stadt die Aufstellung eines Fluchtlinienplanes für den Schlegelsberg, dessen Existenz die Beteiligung der Stadt an den Straßenbaukosten zu einem Fünftel festgeschrieben hätte und verwies in diesem Zusammenhang auf die von ihr ohne Bebauungsplan errichtete »Grenzlandsiedlung«, die »*nicht die Straßenführung und Anordnung erhalten hat, die wünschenswert, ja nach heutigen städtebaulichen Anschauungen, notwendig gewesen wäre.*«[29] Stadtbaurat Lüers wies die Unterstellungen, die Stadt wolle ihre gesetzlichen Verpflichtungen nicht erfüllen, entschieden zurück und begründete aus städtebaulichen und wirtschaftlichen Gründen die Notwendigkeit, eine künftige Bebauung zunächst auf erschlossenes, reichlich vorhandenes Bauland zu lenken. »*Es wäre ein Wahnsinn und vom städtewirtschaftlichen Standpunkt aus nicht vertretbar*«, so Lüers, »*wenn die Stadt nicht einen gewissen Zwang ausüben würde, zunächst einmal die vorhandenen Werte – Straßen, Kanäle und Versorgungsleitungen, die zum Teil noch brach liegen, auszunutzen. Dem sind die übrigen gemeinnützigen Baugesellschaften, die die Stadt hat, auch willig gefolgt. Der Jenaer Baugenossenschaft, der Heimstättengenossenschaft, dem Beamtenwohnungsverein und auch der Gemeinnützigen Wohnungsfürsorge A. G. sind bestimmte Bezirke innerhalb der genehmigten Bebauungspläne zugewiesen worden, damit an diesen Stellen die Stadt endlich einmal fertig wird.*«[30] Nachdem die Gemeinde im März 1937 in Verbindung mit der erteilten Baugenehmigung für den ersten Bauabschnitt der Siedlung für zunächst 120 Häuser ihre Beteiligung an den Straßenbaukosten abgelehnt hatte, schaltete die Siedlungsgesellschaft im April das Thüringische Ministerium des Innern ein. Schlussendlich einigte man sich auf die Festlegung eines Pauschalbetrages: pro Siedlerstelle zahlte die Gesellschaft der Stadt 620 RM zur Anlegung sämtlicher Straßen und Fußwege. In der Zeit von Juni 1937 bis Dezember 1942 baute die Carl Zeiss-Siedlung GmbH am Schlegelsberg 382 in das Eigentum der Siedler übergehende Häuser, acht Miethäuser mit je 40 Wohnungen und vier Geschäftshäuser mit je fünf Wohnungen.[31] Die ursprünglich als Bau 255 bis 288 geplanten Häuser zwischen Franz-Gresitza- und Franz-Liszt-Straße wurden Ende der 1930er Jahre von der Gagfah errichtet.

Ein drittes großes Siedlungsgebiet der Carl Zeiss-Siedlung GmbH entstand mit der sogenannten »Feuerwehr-Siedlung« am Forst. Hier wurde ab 1939 im Bereich der Tatzendpromenade, Fritz-Reuter-Straße und Scheidlerstraße eine »Miethausko-

*Siedlung Schlegelsberg, um 1941*

lonie im Grünen« errichtet. Die übergroße Mehrheit der Bauten der Carl Zeiss-Siedlung GmbH plante das bekannte Jenaer Architekturbüro Schreiter & Schlag, vor Baubeginn liefen aber auch zum Teil schon verschiedene Planungsvorbereitungen, an denen beispielsweise der Architekt Ernst Pfeiffer beteiligt war. Mit einem Bauvolumen von fast 950 Eigenheimen und mehr als 150 Wohnungen entwickelte sich die Siedlung GmbH in wenigen Jahren zu einem der größten Wohnungsunternehmen der Stadt.

Im Norden und Osten der Stadt errichtete die »Gagfah« in den 1930er Jahren mehr als 300 Häuser. Die örtliche Bauausführung für die Typenbauten, die aus der eigenen Entwurfsabteilung der Gesellschaft stammten, wurde von den Jenaer Architekten Paul Engelhardt, Heinrich Fricke und Ernst Pfeiffer übernommen. Ein für 1936 eingereichtes Projekt für insgesamt 170 Heimstätten, die als Doppelhäuser des Typs »Thüringen« in Jena-Ost ausgeführt werden sollten, wurde zunächst aufgrund seiner »unerträglich langweiligen Wirkung« von der Baupolizeibehörde untersagt. »Ich habe nichts dagegen, dass sämtliche Heimstätten in der Baumasse gleichmässig gestaltet werden«, so Stadtbaurat Lüers. »Es muss im Einzelnen aber eine sorgfältig ausgedachte verschiedenartige Durchbildung erfolgen.«[32] Die Gagfah reagierte auf die Gestaltungsvorschläge der Behörde und führte u. a. eine Reihe von Heimstätten als reine Putzbauten mit teilweise verschalten Giebeln aus. Die Häuser der »Marschler-Siedlung«, benannt nach dem Thüringischen Ministerpräsidenten und Finanz- und Wirtschaftsminister Willy Marschler, wurden nach einem Auswahlverfahren nur an systemtreue »Volksgenossen« vergeben. Laut Verfügung Marschlers ordnete die Gagfah in einem Schreiben vom 30. Januar 1935 an den Stadtvorstand Jena an, bei der Vergabe der »Heimstätten« nur kinderreiche Familien mit mindestens zwei bis drei Kindern zu berücksichtigen. Außerdem hieß es in dem Schreiben: »*Die Bewerber müssen arischer Abstammung sein und eine anständige politische Gesinnung haben.*«[33] Jeder Interessent hatte einen entsprechenden Fragebogen auszufüllen.

Am 1. Februar 1935 gründeten die Stadt Jena und die Firmen Carl Zeiss sowie das Jenaer Glaswerk Schott & Gen. die »Jenaer Gemeinnützige Wohnungsfürsorge Aktiengesellschaft (WOFAG)«. Zeiss und die Glaswerke beteiligten sich gemeinsam an der Aktiengesellschaft mit einer Hälfte des Kapitals, die andere Hälfte übernahm die Stadt. Die Wohnungsgesellschaft verpflichtete sich, hauptsächlich durch den Bau und die Betreuung von Kleinwohnungen zur Linderung der Wohnungsnot in Jena beizutragen, wobei wiederum die Wohnungssituation der Beschäftigten der beiden beteiligten Firmen, aber auch die Unterbringung von Bediensteten der Deutschen Wehrmacht und verschiedenen Beamten eine wichtige Rolle spielten. Noch im Jahre 1935 begann das umfangreiche Bauprogramm der Gesellschaft. Zunächst

*Bau der Gagfah-Häuser Eduard-Rosenthal-Straße, um 1941*

wurde in der Zwätzener Flur gebaut, von Juni bis November 1935 errichtete die WOFAG eine Siedlung am Heiligenberg (sog. N. S. Kämpfersiedlung) mit insgesamt 58 Einfamilienhäusern. Nach Plänen der Architekten Ernst Pfeiffer und Alfred Bunnenberg entstanden Häuser in drei verschiedenen Typen mit Wohnflächen zwischen 65 und 71 m². In der Regel verfügten sie über fünf Räume einschließlich Küche. Die Wohnungsfürsorge AG entwickelte eine rege Bautätigkeit in verschiedenen Stadtteilen, besonders in Jena-Ost und im Norden, baute aber auch – im Gegensatz zu den anderen Baugesellschaften – einige zentrumsnahe Häuser. Zwischen 1935 und 1939 stellte die WOFAG für rund 800 Wohnungen Bauanträge. Viele der Wohnungen waren als sogenannte »Volkswohnungen« konzipiert. Die einfachen Wohnungen in Mehrfamilienhäusern überschritten kaum Wohnflächen von 50 m². In Jena-Ost entstanden beispielsweise in der Brändströmstraße 20 Häuser mit insgesamt

*Siedlung Am Heiligenberg im Bau 1935 (oben) und nach der Fertigstellung um 1940*

100 Wohnungen nach Plänen des Architekten Paul Engelhardt. Hier verfügten die Mieter einer Dreiraumwohnung über nicht mehr als 35,70 m² Wohnfläche, die Vierraumwohnungen waren nicht größer als 44,80 m².[34] Ebenfalls im Ostteil der Stadt baute die WOFAG eine Kleinhaussiedlung für kinderreiche Familien in der Eisenberger Straße. Vom Thüringischen Landesamt für Rassewesen wurde die Stadt im März 1935 darauf hingewiesen, dass die »Heimstätten« nicht nur an kinderreiche Familien schlechthin zu vergeben seien, sondern »*dass zur rassischen Ertüchtigung unseres Volkes Vergebung von Einfamilienheimstätten … nur an erbgesunde kinderreiche Familien nach dem Willen unseres Führers … erfolgen darf.*«[35] Die Stadt wurde weiter-

*Eisenberger Straße 29–35, 1960*

hin aufgefordert, sich die Weimarer Erfahrungen bei der Vergabe der »Sauckel-Marschler-Heimstätten« zu Nutze zu machen und die Siedler nach erbbiologischen Gesichtspunkten auszuwählen.

Nach 1933 setzten auch die etablierten Wohnungsunternehmen ihre Bautätigkeit fort. Es dauerte allerdings nicht lange, bis die Gleichschaltung der Nationalsozialisten die Verwaltungsapparate der Genossenschaften erreichte. In der Heimstättengenossenschaft mussten Vorstand und Mitglieder des Aufsichtsrates ihre Ämter niederlegen. Sie wurden neu besetzt. Ähnlich wurde auch in den anderen Unternehmen verfahren.[36] In der Baugenossenschaft durfte das gewählte Aufsichtsratsmitglied Reinhold Woitzan sein Amt nicht ausführen, da er kein Mitglied der NSDAP war.[37]

Die Baugenossenschaft konzentrierte sich Mitte der 1930er Jahre zunächst wieder auf Neubauten in Jena-Ost. Für die Bebauung des Areals am Wenigenjenaer Platz mit insgesamt sechs Häusern wurde ein Reichsbaudarlehen bewilligt. Pläne für sämtliche Häuser der Baugenossenschaft, die von 1935 bis 1939/40 fertiggestellt wurden, stammten vom Büro Peters und Zimmermann. Auf Wunsch des damaligen Oberbürgermeisters Armin Schmidt sah die Baugenossenschaft von weiteren Bauvorhaben in Jena-Ost ab und konzentrierte sich erneut auf eine Bebauung im Südviertel nahe der Schottwerke. Hier sollten in Kürze 400 Wohnungen in dichter Bauweise durch eine Lückenschließung im Areal Gustav-Fischer-Straße errichtet werden.

*Häuser der Baugenossenschaft in der Schlippen- und Golmsdorfer Straße in Jena-Ost, um 1935*

*Genossenschaftliches Bauen und Kleinsiedlungsbau in Jena 1897–1945*

*Luftaufnahme des Südviertels mit Häusern der Jenaer Baugenossenschaft, der Fichte-Schule und des Südwerkes, 1930*

Schmidt betonte das städtische Interesse an der Bebauung dieses Geländes und sicherte der Genossenschaft weitgehende Hilfe zu.[38] Bis 1940 baute die Baugenossenschaft in diesem Viertel. Die letzten Häuser wurden in der Gustav-Fischer-Straße, Oken- und Rolfinkstraße bezogen. Dann ruhte die Bautätigkeit mehr als 15 Jahre.

Im Jahresbericht des Beamtenwohnungsvereins für 1932 wurde ein Nachlassen der Wohnungsnachfrage konstatiert, aber gleichzeitig auf den Bedarf preisgünstiger Wohnungen hingewiesen. Der Verein sah sich zu dieser Zeit finanziell außerstande, neue Häuser zu errichten. Nach umfangreichen Begehungen aller Gebäude durch eine entsprechende Wohnungsbesichtigungskommission wurden lediglich notwendige Instandsetzungsmaßnahmen durchgeführt. Von 1934/35 bis 1938 baute der Verein eine überschaubare Anzahl von Mehrfamilienhäusern in der Dornburger Straße, Pfälzerstraße, Schützenhof- und Freiligrathstraße. Die Projekte stammten von verschiedenen Jenaer Architekten.

Das generelle Bauverbot ab Frühjahr 1943 brachte auch den Jenaer Wohnungsbau zum Erliegen. Eine Ausnahme bildeten lediglich die sogenannten »Behelfsheime«, gartenlaubenähnliche Bauten zur Unterbringung von Luftkriegsbetroffenen. Sie wurden meist in Stadtrandnähe bzw. in angrenzenden Dörfern errichtet. Mitte 1944

*Baubescheinigung Wilhelm-Rein-Straße 2, 1936*

befanden sich in Jena rund 200 Behelfsheime u. a. am Ortsausgang Ammerbach, in Göschwitz und Am Bornberg in Lobeda im Bau. Die dafür notwendigen Baumaterialien wurden durch einheimische Firmen produziert, z. B. Zementdachziegel oder

Schlacke-Hohlblocksteine durch ansässige Steinmetzbetriebe. Nach Kriegsende standen vor allem die Beseitigung der Kriegsschäden und notwendige Instandsetzungsmaßnahmen auf der Tagesordnung der Kommunen und Wohnungsunternehmen. Der gravierende Mangel an Baumaterial und Arbeitskräften erstickte jegliche Neubauaktivitäten. Erst ab Mitte der 1950er Jahre setzte ein erneuter Wohnungsbau ein, das industrialisierte Bauen gewann zunehmend an Bedeutung.

## Zusammenfassung

Das wohnungspolitische Engagement der Stadt Jena wuchs mit der Erfahrung, dass allein durch das ausschließlich wirtschaftlich orientierte private Bauen die Probleme von Wohnungsnot, Sozialhygiene und Armenpflege nicht lösbar waren. In der Entwicklung des sozialen Wohnungsbaus spielte die Gründung gemeinnütziger Wohnungsgenossenschaften eine entscheidende Rolle, wobei die Gründungsinitiativen und Organisationsformen wesentlich von bürgerlichen Ideen und Interessen geprägt waren, die von weitsichtigen Unternehmern und Stifterpersönlichkeiten finanziell unterstützt wurden. Besonders die Jenaer Baugenossenschaft und die Heimstättengenossenschaft, später auch die Stadt selbst als Bauherr organisierten in dieser ersten Phase den gemeinnützigen Wohnungsbau, der sich nicht unmittelbar an die ärmsten Schichten, sondern vor allem an mittelständische Arbeiterschichten bzw. spezielle Facharbeiterkreise und Angestellte richtete.

In der Weimarer Republik entwickelten sich die Baugenossenschaften und gemeinnützigen Wohnungsbaugesellschaften zum Hauptinstrument der staatlichen Wohnungsbaupolitik. Es wurden sowohl Strukturen der vorhandenen Gesellschaften weiter genutzt und tendenziell demokratisiert als auch neue errichtet. Eine Vielzahl von Gesetzen und Förderprogrammen unterstützte den Bau von Wohnungen, der verstärkt auf spezielle Berufs- und Bevölkerungsschichten zielte. Bis Ende der 1920er Jahre entstand in Jena ein umfangreiches Netz wohnungspolitischer Initiativen, neben den Genossenschaften, der Kommune als Bauherr, Heimstätten und einzelnen Fürsorgegesellschaften auch reine Selbsthilfeunternehmen von Wohnungssuchenden. Verallgemeinernd folgten sie den Interessen unterschiedlicher Zielgruppen und parteipolitischer Richtungen. Staatliche Förderung und Gemeinnützigkeitsregelung legten Wohnungsstandards fest, griffen in Belegungen ein und begünstigten Selbsthilfemaßnahmen.

Das ursprüngliche Leitbild der bürgerlichen Wohnungsreformpolitik, das freistehenden Kleinhaus im Grünen, konnte nur bedingt umgesetzt werden. Gravierende

Wohnungsnot, hohe Bau- und Bodenpreise sowie unterschiedlich bedingte Finanzierungsschwierigkeiten führten auch zum Bau von Reihen- und größeren Mehrfamilienhäusern und schließlich zum Bau einfacher »Volkswohnungen«. Trotz etwas kleinerer Grundrisse unterschieden sich die Kleinhäuser der Erwerbslosensiedlungen der Weimarer Republik rein baulich kaum von den später errichteten »Heimstätten« der Nationalsozialisten, verfolgten jedoch völlig verschiedene politische Zielsetzungen. Im »Dritten Reich« wurden Häuser für »rassisch-wertvolle« und politisch zuverlässige »Volksgenossen« und Facharbeiter gebaut und nicht mehr in Selbsthilfe erstellt.

Der umfangreiche Wohnungs- und Siedlungsbau in Jena stand in unmittelbarem Zusammenhang mit der Entwicklung der Schottwerke und der Firma Carl Zeiss und einem anhaltenden Wohnungsmangel bis in die 1940er Jahre. Der rasante Aufstieg des Unternehmens Zeiss führte bereits vor dem Ersten Weltkrieg zu einem enormen Wohnungsbedarf. Wohnansprüche und finanzielle Möglichkeiten gut bezahlter Facharbeiter bestimmten die Initiativen der Baugenossenschaften. Als wichtiger Produzent von Rüstungs- bzw. kriegsrelevanten Gütern hielt der Zuzug von Arbeitskräften und damit der Bedarf ihrer Unterbringung nicht nur in den kriegsvorbereitenden Jahren, sondern vor allem auch während des Zweiten Weltkrieges an. Dieser Umstand führte dazu, dass im Gegensatz zu anderen Städten in Jena auch in den Kriegsjahren mit entsprechenden Ausnahmeregelungen weiter gebaut werden konnte.

Laut Friedrich Schomerus waren von den 18 700 Anfang 1938 registrierten Jenaer Wohnungen allein 33,4 % nach 1918 fertiggestellt worden.[39] Diese immense Wohnungszunahme verlief mit einer weiträumigen flächenmäßige Ausdehnung der Stadt, die Neubautätigkeit auf peripheren, zum Teil städtebaulich noch nicht bearbeiteten Flächen, brachte eine Vielzahl infrastruktureller, versorgungstechnischer und natürlich auch stadtbilderhaltender Probleme mit sich.

## Anhang 1:
### Zuschüsse und Darlehen für städtische und Genossenschaftsbauten 1919/1920[40]

| Bezeichnung der Bauten | Gesamtkosten | Zuschüsse bzw. Beihilfedarlehen | | |
|---|---|---|---|---|
| | | Reich/Land | Gemeinde | Fa. Zeiss |
| *Städtische Bauten:* | | | | |
| Am Steinborn | 2 045 176 | 1 110 609 | 285 934 | 285 934 |
| Doppelhaus Ostfriedhof | 184 285 | 124 482 | 20 747 | 20 747 |
| Felsenkellerstr. | 330 132 | 213 549 | 35 592 | 35 591 |
| Felsenkellerstr. | 1 441 760 | 481 140 | 360 190 | 360 190 |
| *Genossenschaftsbauten:* | | | | |
| *Heimstätten-Genossenschaft:* | | | | |
| F.-Engels-Str. 69–83 | 1 849 199 | 1 078 064 | 204 908 | 204 908 |
| F.-Engels-Str. 53–67 | 3 007 766 | 994 950 | 900 000 | 450 000 |
| *Jenaer Baugenossenschaft:* | | | | |
| Am Birnstiel | 375 170 | 221 934 | 34 080 | 34 080 |
| Talstr. | 1 425 626 | 480 810 | 469 513 | 234 760 |
| *Beamtenwohnungsverein:* | | | | |
| Dornburger Str. | 3 002 901 | 1 444 146 | 491 068 | 231 315 |
| **Zusammen:** | **13 572 015** | **6 149 684** | **2 802 032** | **1 857 525** |

## Anhang 2:
### Vergleich gemeinnütziger Bauvereine in Jena: Stand 1935[41]

| Bauverein | Mitgliederbestand | Wohnungsbestand | Wohnungssuchende Mitglieder |
|---|---|---|---|
| Jenaer Baugenossenschaft | 2250 | 751 | 600 |
| Heimstättengenossenschaft | 1259 | 559 | 700 |
| Beamtenwohnungsverein | 443 | 225 | 218 |
| Kleinsiedlungsverein Wilhelmshöhe | 138 | 54 + 17 (im Bau) | keine |

## Anmerkungen

1. Im Jahre 1889 gab es in Deutschland 38 Genossenschaften, 1918 zählte man bereits 1506, vgl. GROSSHANS 1991, S. 21.
2. StadtAJ, B Va Nr. 35a, Verwaltungsbericht des Vorstandes der Großherzoglichen Residenz- und Universitätsstadt Jena für das Jahr 1888, S. 5.
3. Vgl. CZA, Wohnungsfürsorge und Siedlungswesen, Arch. Nr. 24.
4. Angaben dazu liefern die Jahresberichte, vgl. Jahresbericht der Jenaer Baugenossenschaft e. G. m. b. H. für das Geschäftsjahr vom 1. Oktober 1900–30. September 1901, erstattet in der Generalversammlung am 12. Dezember 1901.
5. Vgl. REMER 1998, S. 12 ff.
6. Vgl. StadtAJ, B Va 35a, Verwaltungsbericht des Amtes 1 betr. den städtischen Kleinwohnungsbau.
7. Ebenda, S. 18.
8. Vgl. Bauakten der einzelnen Häuser.
9. Vgl. dazu den Beitrag von Matias Mieth in diesem Band, S. 77–102.
10. Vgl. ThHStA Weimar, Carl-Zeiss Jena III/ 1656, Bericht vom Mai 1919 über die Wohnungserhebung und Wohnungsnot in Jena. Als Ergebnis dieser Erhebung wurde folgender Wohnungsbestand registriert (30. Mai 1919): 11 902 selbständige Haushalte, 44 470 Zimmer und Kammern (davon 33 120 heizbar), 10 521 Küchen, 920 gesondert gemeldete Bodenkammern, 2811 Bäder und 9026 eigene Toiletten.
11. Vgl. § 155 der Weimarer Reichsverfassung vom 11. August 1919.
12. Ausführlich dazu WITT 1979, S. 385–407.
13. Heutige Wohnungsgenossenschaft 1918 eG mit Sitz Dornburger Straße 51.
14. 1930 setzte sich der Mitgliederbestand folgendermaßen zusammen: 48,7% Reichsbeamte (Reichsbahn, Reichspost, Finanz- und Zollamt); 23,6% Thüringer Staatsbeamte (Lehrer, Justiz, Polizei, Universität, Vermessungsamt und Sonstige); 9,7% Beamte der Stadt Jena und 18% Angestellte der Firmen Zeiss, Schott und Sonstige. Vgl. dazu: Beamten-Wohnungsverein Jena, e. G. m. b. H., Jahresbericht 1930, Jena 1931, S. 3.
15. Beamten-Wohnungsverein Jena, e. G. m. b. H., Jahresbericht 1932, S. 52.
16. Vgl. SÄNGER 1931, S. 36 und 40.
17. Vgl. Stadtwohnung – Heimstätte – ländliche Siedlung, in: Jenaische Zeitung vom 14. Januar 1921.
18. Vgl. BauaktenAJ, Bauakte Schlendorfer Straße 2, Bl. 1.
19. Ebenda.
20. Ebenda, Baubescheid der Bauberatungsstelle der Stadt Jena vom 2. März 1921.
21. HEIDEN 1995, S. 349.
22. Vgl. Zuschüsse 1919/1920 im Anhang 1.
23. CZA, Personalabteilung, Arch. 1466.
24. SCHOMERUS 1935, S. 450.
25. Vgl. SCHOMERUS 1908, S. 23.
26. Vgl. Anhang 2.

27 ThHStA Weimar, Thüringisches Wirtschaftsministerium Nr. 1725, Bl. 19v.
28 Merkblatt für die Siedler des Abschnittes 1/35 in der Carl-Zeiss-Siedlung »Grenzland« in: CZA, 111/856,18505, Pkt. II.
29 BauaktenAJ, Bestand Bauwesen, Carl Zeiss-Siedlung GmbH, Siedlung Schlegelsberg, Schreiben der Carl Zeiss-Siedlung GmbH an den Oberbürgermeister vom 30. November 1936, Bl. 8.
30 Ebenda, Schreiben Stadtbaurat Lüers an die Carl Zeiss-Siedlung GmbH vom 21. Dezember 1936, Bl. 10.
31 Vgl. »Zehn Jahre Carl-Zeiss-Siedlungstätigkeit 1933–1943«. Sonderdruck aus Zeiss-Werkzeitung Nr. 3, Mai 1943.
32 BauaktenAJ, Bauakte Franz-Gresitza-Straße 2, Brief des Stadtbaurates Lüers an Architekt Fricke.
33 BauaktenAJ, Bestand Bauwesen, Gagfah Eisenberger Straße, Schreiben der Gagfah vom 30. Januar 1935 an den Stadtvorstand Jena.
34 Vgl. 5 Jahre Gemeinnütziger Wohnungsbau der Jenaer Gemeinnützigen Wohnungsfürsorge AG, Jena.
35 BauaktenAJ, Bestand Bauwesen, Gagfah Eisenberger Straße, Schreiben Thüringisches Landesamt für Rassewesen vom 8. März 1935 an den Magistrat Jena, Abt. Hochbauverwaltung.
36 Vgl. auch Beamten-Wohnungsverein Jena, e. G. m. b. H., Jahresbericht 1932, S. 3.
37 Vgl. 100 Jahre Jenaer Baugenossenschaft, S. 18.
38 Vgl. BauaktenAJ, Bauakte Gustav-Fischer-Straße 15, Bl. 67 ff.
39 CZA, Allgemeine Drucksachen 1939–1943, Nr. 3330, Friedrich Schomerus: Der Wohnungsbau in Jena, 25. August 1939.
40 CZA, Nr. 3559, Gemeindevorstand Jena: Wohnungsfürsorge (1918–1932), Zusammenstellung über die Aufbringung der Mittel für die 1919 und 1920 errichteten Kleinwohnungsbauten. Stadtbauamtmann Lochmann vermerkte handschriftlich auf der Liste, daß auch die Genossenschaftsbauten der Post bzw. der Eisenbahn von den aufgeführten Stellen unterstützt wurden.
41 ThHStA Weimar, Thüringisches Wirtschaftsministerium Nr. 1725, Bl. 19 r. + v.

*Matias Mieth*

## »Unter allen thüringischen Städten tritt die Wohnungsnot in Jena am schärfsten hervor«[1]

*Anfänge der »Wohnungszwangswirtschaft« in Jena*

Wohnungspolitik wird traditionell in zwei Bereiche gegliedert: Die Baupolitik stimuliert und beeinflusst die Wohnungsproduktion; die Bestandspolitik umfasst die Regulierung des Mietrechts, des Mietpreisrechts und die öffentliche Bewirtschaftung – »Vergabe« – von Wohnraum.[2]

Die Ergebnisse des Wohnungsbaus prägen das Stadtbild und sind auch museal gut darstellbar. Administratives Handeln dagegen ist wenig sinnlich und kaum zur Präsentation im Museum geeignet. Das Leben der Menschen dagegen prägt es mit sofort einleuchtender Intensität.

Während die Wohnungsbauförderung nach wie vor kaum umstritten ist, gilt insbesondere die staatliche Zuweisung von Mietern, auch als »Wohnungszwangswirtschaft« bezeichnet, mittlerweile als überholt, wenn nicht als Relikt stalinistischer Planwirtschaft. Aus Grundsatzbeschreibungen von wohnungspolitischen Handlungsoptionen ist sie mittlerweile verschwunden.[3] Dabei erschien sie am Anfang des vergangenen Jahrhunderts weiten Teilen der politischen Klasse als unvermeidbar.

### Die »Arbeiterwohnungsfrage« – Kampf gegen die Bodenspekulation

Die klassische Sozialpolitik knüpfte im Deutschland des 19. Jahrhunderts an der Erwerbssphäre an, obwohl die Wohnungsprobleme für große Teile der Bevölkerung seit dem Beginn der Industrialisierung nicht minder bedrängend waren. Während der Schutz der Industriearbeiter vor Unfall und bei Krankheit gesetzlich seit den 1880er Jahren auf Grundlage des Versicherungsprinzips geregelt wurde, blieb das Wohnen im Kaiserreich weitgehend den Mechanismen des Marktes unterworfen. Dieser Markt war eindeutig von der Macht der Anbieter geprägt. In den dicht bevölkerten Wohnbezirken der Großstädte, den Arbeitervierteln, war die Wohnungsnot am größten. Oft wurde der ohnehin schon enge Wohnraum noch an Untermieter oder sogenannte Schlafstellenmieter abgegeben, die nur einen Schlafplatz, jedoch keinen Raum mieteten.[4]

Abgesehen von vereinzelter kommunaler Förderung des gemeinnützigen Bauens und dem Erlass städtischer Wohnungsordnungen, die einen bescheidenen »Mindestluftraum« für den Bewohner einer Wohnung festlegten, gab es bis zum Ersten Weltkrieg keine staatlichen Interventionen auf diesem Feld.[5] Dabei war die Diskussion über die »Arbeiterwohnungsfrage« in Deutschland bereits seit den 1840er Jahren virulent. Die Wohnungsfrage stand allerdings zunächst nicht im Zentrum der marxistischen Arbeiterbewegung und damit der Sozialdemokratie, ihre Lösung wurde hier von der Abschaffung des Privateigentums quasi »en passant« mit erwartet.

Am einflussreichsten unter den bürgerlichen Reformansätzen[6] waren dabei letztlich jene Bewegungen, die den Staat zum Kampf gegen die Bodenspekulation aufriefen, der Staat sollte Eigentum an Boden sozialisieren, um Eigentum an Kleinhäusern zu fördern.

## *Die Situation vor dem Ersten Weltkrieg: die Stadt Jena stellt einen Wohnungsinspektor ein*

Wenn auch nicht ganz überraschend, so doch in gewisser Weise paradox, wurde die »Schuld« an der Wohnungsnot in Jena am Vorabend des Ersten Weltkrieges auch dem »rapiden Aufschwung … der beiden Weltfirmen Schott und Zeiß« zugeschrieben und daraus die Verpflichtung abgeleitet, »in angemessener Weise zur Bekämpfung des Wohnungselendes beizusteuern.« Zwar hätten sich beide Firmen, wenn auch die Firma Schott nur »in recht bescheidenem Umfange«, bereits engagiert, indem man den Baugenossenschaften Darlehen überwies und auch den städtischen Wohnungsbau förderte durch Maßnahmen, die der Stadt die Aufbringung der Baugelder erleichterten. Zugleich waren Teile der Öffentlichkeit aber der Auffassung, dass die Tatsache, dass zurzeit »mindestens 700« Arbeiter der beiden Firmen außerhalb Jenas Wohnung nehmen müssten, eindeutig belege, dass diese Anstrengungen bei weitem nicht ausgereicht hätten. Eingeklagt wurde das soziale Engagement eines Ernst Abbe: »Unter Abbes Leitung würde das Zeißwerk bei den heutigen Verhältnissen sicherlich ungleich mehr getan haben«.[7]

Zugleich fanden sich vor dem Ersten Weltkrieg in Jena aber schon seit Jahren auch Forderungen an die Kommunalverwaltung, auf dem Wohnungsmarkt koordinierend tätig zu werden. So beantragte der zweite Bürgermeister Dr. Müller für die Kommission zum städtischen Arbeitsnachweis am 1. Dezember 1911 bei Gemeindevorstand und Gemeinderat die Einrichtung eines städtischen Wohnungsnachweises. Zur Begründung wurde auf den Fall eines Studenten verwiesen, dem vom Wohnungsnachweis der Wohnungseigner zwar 22 Wohnungen angeboten worden waren, von denen aber 20 schon besetzt waren. Die übrigen zwei unbesetzten waren »geradezu Höhlen«. Der Student verließ Jena und zog nach Halle. Es sei zudem schon vorgekommen, dass »gerade besser gelernte Arbeiter Jena verlassen haben, weil sie wohl Arbeit, aber keine Wohnung finden konnten.«[8] Nennenswerte Unkosten würden durch den neuen kommunalen Wohnungsnachweis nicht entstehen, da einfach die angemeldeten Wohnungen durch Anschlag in dem neuen Zimmer des Arbeitsnachweises bekannt gegeben werden sollten. Der Hausbesitzer-Verein verwies dagegen auf seinen eigenen, nach Meinung der Hausbesitzer mit Erfolg geführten Wohnungsnachweis. Dr. Neuenhahn, Herausgeber der Jenaischen Zeitung und Mitglied im Vorstand des Hausbesitzervereins, hatte bereits erklärt, er werde den städtischen Wohnungsnachweis bis aufs Äußerste bekämpfen, weil er durch ihn einen großen Teil der Anzeigenaufträge verlieren würde.

Im Mai 1913 diskutierte man im Jenaer Gemeindevorstand erneut die Wohnverhältnisse in Jena samt der daraus »der Volksgesundheit drohenden schweren Gefahren«. Als Mittel zur Abhilfe käme neben einer gesunden Boden- und Bebauungspolitik die Wohnungsaufsicht in Frage. Beide Faktoren müssten sich ergänzen. Nachdem man nunmehr in Jena von städtischer wie privater Seite die Bereitstellung von Kleinwohnungen in größerem Umfange in die Hand genommen habe, erscheine es an der Zeit, mit Nachdruck auch an die Beaufsichtigung der bestehenden Wohnungsverhältnisse heranzugehen[9]. Vorgeschlagen wurde deshalb die Anstellung eines – zunächst im Hauptamt angesiedelten – Wohnungsinspektors, »weil durch das Wohnungselend die großen Volksübel, die Tuberkulose, die Säuglingssterblichkeit, der Alkoholismus und die sittlichen Schäden der Jugend zum größten Teil verursacht werden.« Zum Ziel der Wohnungsaufsicht erklärte man nicht mehr und nicht weniger als »die Schaffung ausreichender, gesunder und sittlich einwandfreier Wohnungen für alle Kreise des Volkes.« Am 3. Juli 1913 entschied sich der Gemeindevorstand für die Anstellung dieses Wohnungs-Inspektors, der sich um die »Beschaffenheit und Benutzung der Wohnungen (Lage, Luftraum, Zufuhr von Licht und Luft in die Wohn-, Schlaf- und Arbeitsräume, Zahl und Anlage der Aborte, Schlafstellenwesen)« zu kümmern habe. Dieser soll »in Zivil auftreten, um der Sache möglichst den Charakter der Wohlfahrtsbestrebung auch nach außen zu wahren.«[10] Zur Durchführung der Wohnungspflege sei es erforderlich, »dass das Leerstehen und die wieder erfolgte Vermietung von Wohnungen gemeldet wird, damit besonders bei Feststellung der Überfüllung von Wohnungen die Zuweisung geeigneter Wohnungen durch die Zentrale des Wohnungsamtes möglich ist.« Zwar seien »spezielle Gesetze über Wohnungspflege ... im Reich und im Staat bisher nicht ergangen«[11], verwiesen wird aber auf parallele Diskussionsprozesse im Berliner Reichstag und auf die Regelungen über Wohnungsaufsicht in verschiedenen Teilen Deutschlands. Ein Landesgesetz, wie z. B. in Hessen, Bayern, Württemberg, Baden, Hamburg bestehe »in Weimar nicht.« Es bliebe also nur die Möglichkeit, »durch Erlaß eines Ortsstatus gesetzliche Grundlagen zu schaffen.« Stolz resümierte man im schließlich dem Stadtrat vorgelegten Antrag, Jena ginge »als erste Stadt unseres Bundesstaats auf diesem Gebiete bahnbrechend vor.«[12] Die entsprechende Vorlage, von Bürgermeister Lerch unterzeichnet, wird dem Stadtrat zur Entscheidung vorgelegt und angenommen. Der Wohnungsinspektor verkörpert hinfort das städtische Wohnungsamt.

## *Deutschland nach 1914 – kriegswirtschaftliche Zwangsmaßnahmen*

Das staatliche Handeln auch der kleinen »Bundesglieder« wie Thüringen orientierte sich bereits seit der Gründung des Deutschen Reiches 1871 am dominanten Preußen. Dort wurde nach jahrzehntelangen Auseinandersetzungen und als Ergebnis der bürgerlichen Diskussionen um die verschiedenen bürgerlichen Reformbestrebungen am 28. März 1918, als der Krieg alle Aufmerksamkeit auf sich zog, ein preußisches Wohnungsgesetz beschlossen. Das Gesetz wollte einerseits widerstrebende Gemeinden zur Erschließung von Bauland für die Errichtung von Kleinwohnungen zwingen und stärkte die Planungs- und Enteignungsrechte der öffentlichen Hand. Es machte andererseits die polizeiliche Aufsicht über Ausstattung und Benutzung kleiner Mietwohnungen zur Aufgabe der Gemeinden. Erst in der zweiten Kriegshälfte war das Gesetz um ein drittes wesentliches Element erweitert worden: eine Staatsanleihe zur Förderung gemeinnütziger Bauvereinigungen in Höhe von 20 Mio. Mark.[13]

Denn im Ersten Weltkrieg war die Wohnungsfrage in neuer Weise aktuell geworden. Schon das Notgesetz zum Schutz der infolge des Krieges an der Wahrnehmung ihrer Rechte behinderten Personen vom 4. August 1914 gewann insofern Einfluss auf Mietverhältnisse, als dadurch alle Rechtsstreitigkeiten unterbrochen wurden, wenn eine Partei Kriegsteilnehmer war. Der Schutz galt für Mieter wie für Vermieter und machte es insbesondere dem Vermieter unmöglich, eine Räumung der Wohnung durch den Mieter, sofern dieser Kriegsteilnehmer war, zu erreichen.

Der Krieg, in dem der Wohnungsbau nahezu gänzlich eingestellt werden musste[14], ebnete einem weitergehenden staatlichen Interventionismus die Bahn. Vorbereitet worden war dieses direkte staatliche Engagement auch durch die Idee der »Kriegerheimstätte«, die die Moral der kämpfenden Truppen hatte festigen sollen. Auf Initiative der Bundes Deutscher Bodenreformer war 1915 der Hauptausschuss für Kriegerheimstätten gegründet worden, dessen Sprecher Adolf Damaschke wiederholt betonte, dass dank der Aussicht auf eine gute Wohnung der Soldat nicht nur pflichtgemäß kämpfen werde, »sondern wie ein Mann, der seine eigene Heimstätte verteidigt, in der er sich mit Kindern, die gesund an Leib und Seele sind, in Sicherheit des Ertrages seiner Arbeit freuen kann«. Die Namensgebung für die neuen Gesellschaften mit staatlicher Beteiligung, die »Heimstätten« (bis 1924 wurden davon in Preußen 14 gegründet), rekurrierte auf diese Kriegspropaganda.[15] Die Jenaer »Heimstättengenossenschaft« gehört allerdings ausdrücklich nicht in diesen Begründungszusammenhang, sie wurde bereits 1910 ins Leben gerufen.

Der Stillstand der Bautätigkeit hatte seine Ursachen darin, dass viele Bauarbeiter eingezogen worden waren, Baustoffe für Kriegszwecke benötigt wurden und die entsprechenden Investoren sich den »blühenden Kriegsindustrien«[16] zuwandten. Die militärischen Stellen erließen schließlich sogar Bauverbote. So führte die Zusammenballung der in der Kriegsindustrie beschäftigten Personen an den entsprechenden Produktionsstandorten, der Zustrom von Flüchtlingen und der Wegfall von Auswanderungen zu einem Missverhältnis zwischen Angebot und Nachfrage und zu zahlreichen Kündigungen unbequemer, namentlich kinderreicher Familien.

Hatte man bis dahin die Warnungen der Reformer vor einer Wohnungskrise als Zweckpropaganda in den Wind geschlagen, so prognostizierten statistische Erhebungen im Winter 1917/18 plötzlich einen erheblichen Fehlbestand an Wohnungen bei Rückkehr der Soldaten. Der Baumarkt war von Rohstoffen und Arbeitskräften leergefegt, und bei Kriegsende wurde eine Inflationswelle erwartet, die die Baukosten ins Unermessliche treiben würde. Zu befürchten war, dass die private Bauwirtschaft in den ersten Jahren voraussichtlich überhaupt nicht investieren würde, da die langfristig zu erzielenden Mieten in keinem Verhältnis zu den Baukosten stünden.[17]

Es kam zu einem Aufschwung der Reformbewegung. Mit dem Deutschen Wohnungsausschuss bildete sich eine Art Reformkartell, dessen Einfluss auch durch die bevölkerungspolitische Propaganda für die Bedürfnisse der Kinderreichen gestärkt wurde. Die »Bodenreformer« gewannen bis hin zu Ludendorff stark an Zulauf.[18] Das veranlasste schließlich den Gesetzgeber, Maßnahmen zu ergreifen, es kam zur Bundesratsverordnung zum Schutze der Mieter vom 26. Juli 1917. Man wollte sicherstellen, dass bestimmte Wohnungssuchende – etwa heimkehrende Soldaten – nach

Kriegsende trotz der Wohnungsnot untergebracht werden konnten. Die entsprechenden Maßnahmen sollten später fortfallen.[19] In dem Maße jedoch, in dem der Mangel anhielt, weiteten sie sich zur dauerhaften Regulierung.

Mit der Bekanntmachung zum Schutze der Mieter vom 26. Juli 1917 und der zugehörigen Anordnung vom 15. September 1917 griff das Reich erstmals in den marktwirtschaftlichen Preisbildungsprozess bei Mietwohnungen ein.[20] Auf der Basis der sogenannten Friedensmiete (vom 1. Juni 1914) mit Zuschlägen für Zinsen, Betriebskosten und die Kosten für die Instandhaltung wurde ein für die Vermieter verbindlicher Mietpreis festgesetzt.[21] Der 1918 eingesetzte und alle wohnungspolitische Kompetenzen vereinigende Reichs- und Staatskommissar Coels von der Brügghen – dessen Kompetenzfülle auch künftige deutsche Regierungen bis hin zum Bundesbauministerium nicht mehr aufgaben – setzte den Wohnungsmarkt noch im Sommer 1918 mit einer Verordnung über die zwangsweise Festsetzung der Mieten[22] und den Schutz der Mieter gegen Räumung praktisch außer Kraft und konzipierte das dann von der Republik eingeführte Enteignungsrecht für den sozialen Wohnungsbau. Viele dieser Eingriffe waren im Kern kriegswirtschaftliches Notrecht, etwa das Einfrieren der Miethöhe, weil viele Mieter die Kosten kriegsbedingt nicht mehr zahlen konnten, ferner der Kündigungsschutz für die Familien der Einberufenen.[23] Hier jedoch begann jene »Wohnungszwangswirtschaft«, die zukünftige Jahrzehnte deutscher Wohnungspolitik prägen sollte.

## *Die Geburt des Jenaer Mieteinigungsamtes aus dem Geiste des Burgfriedens*

Seit Kriegsbeginn war in der Arbeit der städtischen Rechtsauskunftsstelle, wie Oberbürgermeister Fuchs rückblickend am 19. Februar 1918 berichtete, unter den behandelten Rechtsgebieten zunehmend das Mietrecht in den Vordergrund getreten, »denn je länger der Krieg dauert, desto schwieriger w(u)rden die Wohnungsverhältnisse«. So war »aus der Rechtsauskunftsstelle heraus das Mieteinigungsamt entstanden«[24]. Schon unmittelbar nach Kriegsbeginn hatte das Reich, durchaus auch im Geiste des Burgfriedens, die Bildung derartiger Mieteinigungsämter möglich gemacht.[25] Das neue »Einigungsamt der Stadt Jena für Miets- und Hypothekenangelegenheiten« stellte sich am 1. September 1915 in einer Broschüre mit einem Vorwort des Vorsitzenden Prof. Karl Rauch der städtischen Öffentlichkeit vor.[26] Enthalten war neben den reichsgesetzlichen Regelungen auch die kommunale Verfassung des Einigungsamtes vom 1. Juni 1915. Vorsitzender des Einigungsamtes sollte der jeweilige Leiter der Städtischen Rechtsauskunftsstelle sein. Da diese Position wegen des Krieges unbesetzt war, sollte er während des Krieges durch den Leiter der Geschäftsstelle des Städtischen Hilfsvereins vertreten werden. Das Statut des Hilfsvereins sah auch die Gewährung von Mietbeihilfen vor, die aber von einem entsprechenden Entgegenkommen des Vermieters abhängig gemacht wurden.[27]

Die Vertretung der Streitparteien durch berufsmäßige Rechtsbeistände war nicht zulässig. Befriedigt stellte Oberbürgermeister Fuchs fest, dass auf der Basis der den Mieteinigungsämtern seit dem Erlass der Bundesratsverordnung vom 27. Juli 1917 zugestandenen Zwangsbefugnisse »nur ein verschwindend kleiner Teil« der Streitigkeiten »wirklich zwangsweise entschieden« werden musste.[28]

Die Beisitzer im Mieteinigungsamt wurden bis zur Novemberrevolution zu einem Drittel aus Hausbesitzern, zum zweiten Drittel aus dem Kreis der Hypothekengläubiger und zum letzten Drittel aus Mietern ernannt. Deutlich ist, dass die vier Mieter unter den zwölf durch den Gemeindevorstand zu ernennenden Beisitzern in der Minderheit waren. Schaut man sich die Zusammensetzung des ersten Mieteinigungsamtes genauer an, so fällt zudem auf, dass die Beisitzer sämtlich eher den begüterteren Schichten angehörten: Der ursprünglich vorgesehene Prof. Karl Rauch wurde als Vorsitzender durch Prof. Friedrich Lent[29] vertreten. Aus dem Kreis der Hausbesitzer hatte der Gemeindevorstand vier Handwerksmeister ausgewählt.[30] Die Hypothekengläubiger vertraten Universitäts-Buchdruckereibesitzer Dr. Gustav Neuenhahn, Fabrikant Gustav Netz, Rentner Gustav Schmidt und Rechtsanwalt Witzmann. Als Vertreter der Mieter hatte der Gemeindevorstand Prof. Dr. Glaue, Optiker Hädrich, Gastwirt Hoffmann und Werkmeister a. D. Fritz Müller berufen.

Dass das Gremium zunächst völlig ehrenamtlich und ohne jede Aufwandsentschädigung arbeiten musste, hat seine Funktionsfähigkeit offenbar nicht befördert, es kam zu häufigen Wechseln in der Besetzung.[31] Am 27. Februar 1918 übernahm schließlich Oberlandesgerichtsrat Richard Deinhardt den Vorsitz. Deinhardt hatte sich als Begründer der »Vereinigung der Freunde des Güteverfahrens« schon in seinem 1916 erschienen Beitrag »Das rechtliche Güteverfahren – eine sittliche Forderung aus den Ideen von 1914«[32] aus nationalkonservativen Gründen für die Mieteinigungsämter eingesetzt. Das macht seine Ernennung genauso einleuchtend wie die Tatsache, dass er am 9. April 1919, nach der Novemberrevolution, bereits wieder um Entlastung bat.[33] Bezeichnend für die eine vergleichbare konservative Abwendung von den Mieteinigungsämtern mag eine schriftliche Äußerung von Rechtsanwalt Wagner vom 8. August 1919 sein: Er interpretiert die Schaffung der Weimarer Republik – durchaus im eigenen Interesse – wie folgt: »Ich habe bisher dieses Amt als Ehrenamt aufgefasst. Eine unentgeltliche Arbeit dürfte jedoch jetzt nicht mehr zeitgemäß sein.«[34] Schließlich werden die kommunalpolitischen Schlussfolgerungen gezogen: Seit September 1922 wurde pro Sitzung eine Vergütung gezahlt.[35]

## Novemberrevolution und das Recht auf eine gesunde Wohnung

Bei Kriegsende fehlten in Deutschland etwa vier Jahresproduktionen an Wohnungsneubauten.[36] Schon aus Gründen der Absicherung des inneren Friedens wollte man sicherstellen, dass bestimmte Wohnungssuchende, wie z.B. heimkehrende Soldaten, trotz der Wohnungsnot untergebracht werden konnten. Die Reichsregierung erließ am 23. September 1918 eine »Bekanntmachung über Maßnahmen gegen Wohnungsmangel«. In Städten, in denen infolge starken Mangels an Mieträumen außergewöhnliche Missstände auftraten – den sogenannten Wohnungsnotstandsbezirken –, konnten die Gemeinden zu Eingriffen in die private Verfügung über den Wohnraum ermächtigt werden. Sie konnten anordnen, »*daß der Verfügungsberechtigte*

*a) unverzüglich Anzeige zu erstatten hat, sobald eine Wohnung (…) oder sonstige Räume unbenutzt sind,*

*b) ihrem Beauftragten über die unbenutzten Wohnungen und Räume, sowie über deren Vermietung Auskunft zu erteilen und ihm die Besichtigung zu gestatten hat.*«[37]

Zudem wurde den Kommunen die Möglichkeit einer Zuzugssperre eingeräumt: Mietverträge mit Zuziehenden waren nur dann gültig, wenn das Mieteinigungsamt bzw. das Wohnungsamt diesen vorab zustimmte.[38]

Auf der Grundlage der Mieterschutzverordnungen vom 26. Juli 1917 und vom 23. September 1918 konnten die Landesbehörden zudem anordnen, dass ein Mietverhältnis nur mit vorheriger Genehmigung des Mieteinigungsamtes kündbar war. Für die Mieter war damit eine außergerichtliche Kontrollinstanz geschaffen, die über die Rechtmäßigkeit von Zinserhöhungen und Wohnungskündigungen entschied.

Aber auch die Auswahl der Mieter wurde vom Vermieter auf die Kommune übertragen: § 4 der »Bekanntmachung über Maßnahmen gegen Wohnungsmangel« vom 23. September 1918 legte fest: »*Hat die Gemeindebehörde dem Verfügungsberechtigten für eine unbenutzte Wohnung oder für andere unbenutzte Räume, die zu Wohnzwecken geeignet sind, einen Wohnungssuchenden bezeichnet und kommt zwischen ihnen ein Mietvertrag nicht zustande, so setzt auf Anrufen der Gemeindebehörde das Einigungsamt … einen Mietvertrag fest.*«

Die Wohnungsmangelverordnungen gaben den Gemeinden nach dem Ermessen der Landeszentralbehörde die Befugnis, unbenutzte (Wohn)-Räume durch Zuweisung von Wohnungssuchenden selbst zu belegen. Die Verteilung des vorhandenen Wohnraums wurde damit der öffentlichen Hand übertragen, der freie Wohnungsmarkt ausgeschaltet. Um eine Verringerung des Wohnungsbestandes zu verhindern, durfte zudem der Abbruch von Gebäude(teile)n und die Vereinigung mehrerer Wohnungen untersagt sowie die Benutzung von Wohnräumen zu gewerblichen Zwecken verboten werden. Weil die Wohnungsnot nicht abnahm, wurden die Bestimmungen, auf deren Grundlage die Vergabe freier Wohnungen geregelt werden sollte, noch verschärft.[39] Artikel 2 des Gesetzes über Maßnahmen gegen Wohnungsmangel vom 11. Mai 1920 ermächtigte die Gemeindebehörden mit Zustimmung des Reichsarbeitsministers »*zu Eingriffen in die Freizügigkeit sowie die Unverletzlichkeit der Wohnung und des Eigentums, soweit solche Eingriffe zur Behebung oder Milderung der Wohnungsnot dringend erforderlich sind.*«

Diese Maßnahmen schufen ein ausschließliches, den privaten Wohnungsnachweis ausschaltendes Zuweisungsrecht der gemeindlichen Wohnungsämter, das zunächst nur für ganze Wohnungen, mit Verschärfung der Not auch für einzelne leere bzw. möblierte Zimmer galt. Schließlich griff eine Reihe von Gemeinden zur Beschlagnahme einzelner, im Verhältnis zur Bewohnerzahl überzähliger Räume, um sie durch Umbauten und Einrichtung von Kochgelegenheiten als Teilwohnungen in Gebrauch zu nehmen. Wo solche Abtrennungen nicht möglich waren, mussten zwei, auch drei Haushaltungen in einer Wohnung untergebracht werden, wobei der Hauptwohnungsinhaber auch gezwungen werden konnte, Küche, Abort, Flur, Keller, Speicher usw. durch die Untermietpartei mitbenutzen zu lassen.

Grundlage für die Realisierung des Zuweisungsrechts der gemeindlichen Wohnungsämter war der »amtliche Wohnungsnachweis«, d. h. die Erfassung frei werdenden, leerstehenden oder sonst vergabefähigen (Wohn)Raums über die Meldepflicht für Hauseigentümer bzw. Vermieter. Den örtlichen Wohnungsämtern war die Aufgabe übertragen, den geringen Bestand verfügbarer Wohnräume nach Kriterien ›sozialer Gerechtigkeit‹ zu verteilen. Beim Agieren der kommunalen Wohnungsämter, deren Hauptaufgabe zunächst die Bekämpfung von drohender Obdachlosigkeit von Familien war und die sich in Jena neben, anderenorts aus den Mieteinigungsämtern entwickeln sollten, waren logischerweise statt der Zahlungsfähigkeit der Wohnungsinteressenten vorrangig soziale Gründe für die Wohnungsvergabe ausschlaggebend. Die Wohnungsvergabe beruhte fast überall auf sogenannten ›Vormerkungslisten‹, in welche die Wohnungssuchenden eingetragen wurden, wobei Unterschiede im Grad der Dringlichkeit der Vormerkung üblich waren. Als vordringlich Wohnungssuchende galten »Deutsche, die unter den Einwirkungen des Krieges ... geflüchtet oder vertrieben worden sind«[40], aber auch kinderreiche Familien, Kriegsbeschädigte und Lungenkranke.[41]

Die Sozialdemokratie sah diese Entwicklung durchaus nicht als Fehlentwicklung an: Während der Erste Weltkrieg in der Wohnungspolitik quasi den »liberalen Damm«[42] gebrochen hatte, formulierte ja auch die Weimarer Verfassung im Sommer 1919 in § 155 das staatliche Ziel »jedem Deutschen eine gesunde Wohnung und jeder Familie eine bedarfsgerechte Wohn- und Wirtschaftsheimstätte«[43] zu sichern.

## Folgen der Novemberrevolution: von der neuen Rolle des Jenaer Wohnungsamtes

Wohnungspolitik war in der Weimarer Republik grundsätzlich Reichssache. Die Länder hatten die Möglichkeit, bei der Ausgestaltung von Wohnungsfürsorge und Finanzierung einzugreifen. Bei der praktischen Umsetzung der staatlichen Wohnungspolitik hatten jedoch die Kommunen eine Schlüsselstellung inne, so dass sie bei der Vergabe der Mittel zur Wohnungsbauförderung, der Auswahl der Bauträger, der Belegung der Wohnungen wie auch bei städtischer Siedlungspolitik und Stadtplanung eigene Akzente setzen konnten.

Die Wohnungssituation nach dem Krieg war erwartungsgemäß auch in Jena bitterernst. Stadtrat Hädrich schätzte in der Beilage zum Jenaer Volksblatt vom 25. Oktober 1919 ein: »*Unter allen thüringischen Städten tritt die Wohnungsnot in Jena am schärfsten hervor. ... Die Wohnungsherstellung von privater Seite ruht fast völlig. Nur die Baugenossenschaften und die Stadt bemühen sich, Abhilfe zu schaffen.*«[44] Gerade musste vom Stadtrat die Errichtung von 133 Notwohnungen auf einem Gelände rechts des Gembdenbaches beschlossen werden.[45]

Die Stadt Jena machte deshalb von den neuen Möglichkeiten der Wohnungszwangsbewirtschaftung offensiv Gebrauch. Für das Wohnungsamt berichtete dessen Leiter Schröer 1919, dass im bisherigen Jahresverlauf bis zum 6. Oktober in Jena durch das Wohnungsamt »*674 dünnbelegte Wohnungen festgestellt worden, von denen in 123 Fällen Notwohnungen, in 140 Fällen möblierte Räume abgetrennt wurden*«, um diese Wohnungssuchenden zur Verfügung stellen zu können.[46]

Diese Wohnungssituation hat sich in Jena mindestens bis zum Jahr 1920 trotzdem weiter verschärft. Das belegen sicherlich nicht ganz leicht zu bewertende Statistiken[47] genauso wie beispielhafte Situationsdarstellungen: So wohnte der ehemalige Zivilgefangene Walter Schmidt, von Beruf Schlosser, im Herbst 1919 seit seiner Heimkehr aus

»Unter allen thüringischen Städten tritt die Wohnungsnot in Jena …«

## Betr. Maßnahmen gegen die Wohnungsnot.

In Ergänzung unserer Verfügung vom 18. Juni wird mit Ermächtigung des Staatsministeriums in Weimar auf Grund der bestehenden Reichsverordnung vom 23. Sept. 1918, 22. Juni und 31. Juli 1919 folgendes bestimmt:

1. Das **Wohnungsamt untersagt**, daß ohne seine vorhergehende Zustimmung **mehrere Wohnungen zu einer** vereinigt werden.

2. Jeder Abschluß von **Mietsverträgen über Läden und Werkstätten** ist vom Vermieter dem W.-A. innerhalb einer Woche nach Vertragsabschluß anzuzeigen. Die Anzeige muß Namen des früheren und jetzigen Mieters, Umfang des Mietobjektes (einschließlich Wohnräume und Zubehör), Höhe des alten und neuen Mietzinses enthalten.

Uebersteigt der vereinbarte Mietzins den Betrag, der für Läden oder Werkstätten der gemieteten Art unter Berücksichtigung der Nebenleistungen des Vermieters üblich und angemessen ist, so kann das W.-A. binnen einer Woche nach Eingang der Anzeige und der Mieter innerhalb zweier Wochen nach Vertragsabschluß beim M.-E.-A. **die Herabsetzung auf eine** angemessene Höhe beantragen.

3. Die Vermieter von Läden und Werkstätten können ein Mietverhältnis **nur mit vorheriger Zustimmung des M.-E.-A.** kündigen, insbesondere wenn die Kündigung zum Zwecke der Mietsteigerung erfolgt.

4. Der **Verkauf von Wohnhäusern** ist vom bisherigen Eigentümer dem W.-A. spätestens binnen 3 Tagen nach Kaufabschluß und wenigstens eine Woche vor Räumung der dem Käufer zu überlassenden Wohnungen oder Räume unter Mitteilung des Namens und Berufes (Straße und Hausnummer) des Käufers anzuzeigen.

Zum Beziehen jeder durch den Verkauf **freiwerdenden** Wohnung ist die **Genehmigung des W.-A.** erforderlich.

5. In Streitfällen, die sich aus den vorstehenden Maßnahmen ergeben, sind **Beschwerden beim M.-E.-A.** anzubringen. Soweit nicht ausdrücklich anders verfügt ist, haben **Einsprüche innerhalb einer Woche** zu erfolgen. Einsprüche, die nach Ablauf dieser Frist eingehen, bleiben unberücksichtigt. Die Entscheidungen der M.-E.-A. sind **unanfechtbar**.

6. Es ist verboten, durch **öffentliche Bekanntmachungen** in Zeitungen usw. oder sonstige Mitteilungen, die für einen größeren Personenkreis bestimmt sind,
   a) **Belohnungen** für den Nachweis von Mieträumen oder den Abschluß von Mietverträgen über Mieträume auszusetzen,
   b) Mieträume unter einer **Deckadresse** (Buchstabenadresse und dergleichen) anzubieten,
   c) Mieträume anzubieten unter **Aufforderung zur Abgabe von Preisangeboten**,
   d) **Mietwohnungen** unter der **Bedingung des gleichzeitigen Erwerbes von Einrichtungsgegenständen** anzubieten.

7. Es ist verboten, sich **für den Nachweis** oder die Vermittlung von Mieträumen **Vermögensvorteile** versprechen oder gewähren zu lassen, die den vom W.-A. hierfür **festgesetzten Satz** übersteigen.

Außer einer Schreibgebühr von höchstens 30 Pfg. für jede angemeldete **Wohnung** dürfen nicht mehr als 10 Pfg. für jede angefangenen 100 Mk. des geforderten **Jahresmietzinses** erhoben werden, für den Nachweis einzelner **Räume** (möbliert oder leer) dürfen neben einer Schreibgebühr von je 20 Pfg. höchstens 30 Pfg. verlangt werden, wenn die **Monatsmiete** (ohne Frühstück oder sonstige Nebenleistungen) nicht mehr als 30 Mk. beträgt, und höchstens 50 Pfg., wenn diese Monatsmiete 30 Mk. übersteigt.

9. Jede von auswärts **zuziehende** oder innerhalb Jenas **umziehende Familie** bezw. jeder neuzuziehende oder umziehende **Haushaltungsvorstand**, der in Jena einen eigenen Haushalt führt, muß vor An- oder Umweldung dem Einwohnermeldeamt seinen **Meldezettel im W.-A. zur Bestätigung** vorlegen; der neuabgeschlossene **Mietvertrag** ist dabei mit vorzuzeigen. Die Eintragung beim M.-E.-A. und die Aushändigung von Lebensmittelkarten erfolgt nur, wenn der betreffende Meldezettel einen entsprechenden **Vermerk des W.-A.** trägt.

Wer den vorstehenden Verordnungen, die mit **heutigem Tage in Kraft treten, zuwiderhandelt** oder eine ihm obliegende Anzeige nicht rechtzeitig oder unvollständig erstattet oder wissentlich unrichtige Angaben macht, wird mit Geldstrafe bis **1000 bezw. zu 10 000 Mk.** oder **entsprechender Haft** bestraft.

Jena, den 30. August 1919.

Der Gemeindevorstand (Wohnungsamt).
gez. Hädrich.

## Bekanntmachungen
### der Gemeindeverwaltung Jena.

### Städt. Futterverteilung.

Montag, den 8. September, nachm. von 2½–6 Uhr, wird im städtischen **Marstall**

**Pferdefutter**

verkauft und zwar:
**Eiweiß-Strohkraftfutter, Lupinenschrot,** entbittert, **Wicken mit Gerste, Kartoffelschnitzel.**

### Die Grasnutzung

(zweiter Schnitt) in den Anlagen auf der **Rasenmühleninsel** und im **großen Paradies** soll am Freitag, den 12. September 1919, abends 5¼ Uhr öffentlich meistbietend gegen Barzahlung verkauft werden.

Treffpunkt 5¼ Uhr bei der **Schützenbrücke**. Die näheren Bedingungen werden daselbst bekannt gegeben.

### Holzlesezeichen

werden in der nächsten Zeit **neu ausgegeben**. Bedürftige hiesige Arme können sich deshalb bis **zum 15. ds. Mts.** unter Vorlage der Steuerveranlagung im Armenamt, Löbdergraben 28, Zimmer 12, melden. Die früher ausgegebenen Holzzeichen sind hierbei zurückzugeben.

*Verfügung des Gemeindevorstandes Jena vom 30. August 1919 in der Jenaischen Zeitung* dem Kriege in einem Hinterhaus in der Kollegiengasse 23 gemeinsam mit Mutter, Frau und Kind in einem einzigen Raum.[48] Anfang 1920 mussten die Militärbaracken neben der Nordschule zur Aufnahme wohnungsloser Familien eingerichtet werden. In den ersten Jahren nach dem Krieg stand die Wohnungsproblematik deshalb auf der lokalpolitischen Agenda ohne Frage sehr weit oben. Dabei mussten langfristige Lösungsansätze wiederholt mit kurzfristigen Maßnahmen zur Bewältigung direkter Kriegsfolgen konkurrieren: Auseinandersetzungen gab es etwa im April 1919 um die Nutzung von Kasernenanlagen: der sozialdemokratische Stadtrat Hädrich wollte sie für Familienwohnungen nutzen, der schon seit der Vorkriegszeit amtierende Stadtbaudirektor Bandtlow reklamierte Bedarf für Lazarettzwecke.[49] Akute Notmaßnahmen wie der Bau der Notwohnungen im Gembdental drohten langfristig angelegte Maßnahmen wie den bereits 1913 begonnenen Wohnungsbau nach dem »Ulmer System« in Jena-Ost zu gefährden.[50] Dringend wurden alternative Finanzierungsquellen für den Wohnungsbau gesucht: so wandte sich Oberbürgermeister Fuchs schriftlich an das deutsche Generalkonsulat in New York und bat um Großspenden durch die deutschstämmigen Quäker in den USA für eine zu gründende gemeinnützige Deutschamerikanische Gesellschaft zur Bekämpfung der Wohnungsnot in Jena.[51] Auf der Jah-

*Kollegiengasse 23a, 1925*

resversammlung des Deutschen Vereins für öffentliche Gesundheitspflege im September 1922 forderte Fuchs in einer Debatte zur Bekämpfung der Wohnungsnot und ihrer Folgen eine »besondere Arbeitsstunde in den Betrieben, deren Ertrag dem Wohnungsbau zugeführt wird.«[52]

Das 1915 gebildete Mieteinigungsamt arbeitete in dieser Zeit relativ kontinuierlich weiter. Dabei fällt allerdings auf, dass sich das Jenaer Mieteinigungsamt nach der Novemberrevolution paritätisch aus Hausbesitzern und Mietern zusammengesetzte und die Mitglieder durch den Stadtrat gewählt wurden – ohne Zweifel ein Erfolg für die Mieterseite.[53] Als Vertreter der Mieter wurden jetzt Arbeiter und Handwerker und nicht mehr die bis 1918 üblichen Honoratioren bestimmt.[54] Der Hausbesitzerverein dagegen beklagte in den Anfangsjahren der Weimarer Republik wiederholt, dass seine Personalvorschläge bei der Besetzung des Mieteinigungsamtes übergangen wurden.[55] Überhaupt wirft der Hausbesitzerverein in diesen Jahren dem Gemeindevorstand und dem Mieteinigungsamt wiederholt Einseitigkeiten vor. So beklagten die Hausbesitzer in einer Besprechung bei Oberbürgermeister Fuchs am 1. November 1921, dass das Mieteinigungsamt die Mieten bei privaten Hausbesitzern nur in Ausnahmefällen erhöhe. Dagegen hätten die Genossenschaften ihre Miete um 80 bis 100, die hiesigen Baugenossenschaften ihre Miete um 40 Prozent erhöht.[56] Insgesamt scheinen die Einzelentscheidungen des Mieteinigungsamtes aber selten infrage gestellt worden zu sein und insofern durchaus Akzeptanz gefunden zu haben.

Eine neue Rolle spielte als wohnungspolitischer Akteur seit der Novemberrevolution das Wohnungsamt. War die Tätigkeit des Wohnungsamtes vor der Novemberrevolution im Wesentlichen durch Überwachung der Einhaltung von gesetzlichen Bestimmungen gekennzeichnet, so übernahm dieses Amt jetzt eine wohnungs- und auch sozialpolitische Leitfunktion. Gerade in den Anfangsjahren der Republik wurde auch in Jena zum Teil zu Lasten der Hausbesitzer der proklamierte Sozialstaatsanspruch demonstrativ umgesetzt.

Bis zum Jahre 1921 wuchs die Zahl der im Wohnungsamt Beschäftigten auf dreizehn an.[57] Zugleich wurde es durch Beschluss des Gemeinderats am 20. November 1919 aus dem Sozialbereich aus- und dem Stadtbauamt angegliedert.[58] Dies kann durchaus als ein Versuch der Verzahnung von Sozialpolitik einerseits und Stadtentwicklungspolitik andererseits gewertet werden, sollte das Wohnungsamt doch einerseits die Zuweisung von Wohnraum sozial gerecht strukturieren, andererseits aber auch die Bereitstellung von Wohnraum vorantreiben.

Wie war dem Jenaer Wohnungsamt diese Aufgabenfülle zugewachsen? Auf Grund der Bundesratsverordnung vom 23. September 1918 und »im Einverständnis mit dem

*Kollegiengasse 23, 1925*

Arbeiter- und Soldatenrat« wurde am 6. Dezember 1918 durch den Dezernenten des Polizeiwesens, Stadtrat Hädrich, im Namen des Gemeindevorstands eine Polizeiverordnung erlassen, die Informationspflicht der Besitzer oder Vermieter über leerstehende Räume und Besichtigungserlaubnis vorsah. Der Gemeindevorstand konnte für diese Räumlichkeiten dann einen Wohnungssuchenden als Mieter festlegen. Kam kein Mietvertrag zustande, konnte das Mieteinigungsamt einen Mietvertrag festsetzen.

Vermieter und Hausbesitzer hatten zudem zum Wohnen geeignete, aber nicht genutzte Räume dem Gemeindevorstand zur Herrichtung als Wohnraum zu überlassen. Es wurde verboten, diese Räume zu anderen Zwecken zu verwenden und überhaupt Teile von Gebäuden ohne Genehmigung des Wohnungsamtes abzubrechen. Bei Zuwiderhandlungen drohten den Hausbesitzern und Vermietern eine Geldstrafe bis zu 1000 Mark.

Begründet wurde diese Verordnung mit der »immer mehr zunehmende(n) Wohnungsnot in Jena« und dem »Umstand, dass immer wieder bislang unbekannt gebliebene Leerwohnungen auftauchen«. Ziel war kurzfristig, »über sämtliche ... geeignete Räume zu Gunsten Obdachloser verfügen zu können«, langfristig aber »den Wohnungsmarkt in geregelte Bahnen zu leiten«.[59] Das Jenaer Wohnungsamt verfügte hinfort – getragen vom politischen Mehrheitswillen – Zwangseinquartierungen in leerstehende oder von relativ wenigen Personen bewohnte Wohnungen. Großwohnungen wurden zwangsgeteilt.

Unabhängig vom (ehrenamtlich besetzten) Mieteinigungsamt existierte seit 1919 neben dem (hauptamtlich besetzten) Wohnungsamt ein Wohnungsausschuss. Die Wahl einer solchen ehrenamtlichen Wohnungskommission, die die Arbeit des Wohnungsinspektors unterstützen sollte, war schon 1914 vorgesehen gewesen, in Anbetracht der Krieges aber möglicherweise nicht zustande gekommen. In einem Schreiben vom 1. Oktober 1919 hatte der sozialdemokratische Wohlfahrtsdezernent Hädrich die Bildung eines Wohnungsausschusses aus fünf Personen gefordert[60]: neben ihm als Dezernenten sollten zwei Mitglieder des Gemeinderates, ein Hausbesitzer und ein Mieter die Arbeit des Wohnungsamtes steuern und kontrollieren.[61]

Das Wohnungsamt befand sich bis 1919 in der ehemaligen Hilfsschule Grietgasse 17, ab 1920 am Lutherplatz 7. Es konnte sich wie zu erwarten nicht über mangelnden Publikumszuspruch beklagen: es musste wiederholt dazu auffordern, von Besuchen Wohnungssuchender im Amt abzusehen. Die Wohnungsgesuche wurden in die Kategorien sehr dringlich, dringlich, berechtigt oder zurückgestellt eingeordnet, die Mitarbeiter versuchten mit Bekanntmachungen, die Antragsteller von wiederholter Vorsprache im Amt zwecks bevorzugter Bearbeitung der Anträge abzuhalten: »Vorsprache erbringt keine Beschleunigung.«[62] Schon daraus wird deutlich, dass die

> **Mietschrauberei in Jena ohne Ende.**
> Aus unserem Leserkreis geht uns folgende Zuschrift zu: Als vor etwa drei Jahren die Bautätigkeit in Jena dem ungewöhnlich starken Zuzug nicht mehr zu genügen vermochte und der Wohnungsmangel sich fast zur Wohnungsnot steigerte, da blühte der Weizen der hiesigen Hausbesitzer, und nicht wenige haben diese Konjunktur in der rücksichtslosesten Weise ausgebeutet. Ein Herr erzählte mir, er sei vom selben Wirt innerhalb zweier Jahre dreimal gesteigert worden, und als er darüber schließlich entrüstet seinen Unwillen äußerte, antwortete jener kaltlächelnd: „Ich krieg's eben, sind Sie's nicht, so ist's ein anderer!" — In einem anderen Falle wurde
>
> Druck und Verlag von G. Neuenhahn.

Arbeit des Amtes, gemessen an den mit seiner Schaffung verbundenen Hoffnungen, nur Teilerfolge zeitigen konnte.

## Zwischen Ideal und Illusion – Wohnungszwangswirtschaft im Jenaer Praxistest

Die Wohnungsvergabepraxis des Jenaer Wohnungsamtes war offenbar von Anfang an massiven Umgehungsversuchen der Vermieter, aber natürlich auch potentieller Mieter ausgesetzt. So drohte Stadtrat Hädrich bereits am 27. Januar 1919 in einer Bekanntmachung des Wohnungsamtes all jenen Vermietern mit »Strafmaßnahmen«, die leerstehende Wohnungen unter »Deckadresse, ohne Namen oder Straßenangabe in den Tageszeitungen veröffentlichen, mit der Absicht, Wohnungssuchende zu Preisangeboten in jeder Höhe zu reizen.«[63] Schon am 8. März 1919 musste diese Mahnung wiederholt werden, gedroht wurde jetzt »mit schärfster Strafe« und der Ankündigung, das Wohnungsamt werde »nötigenfalls auch vor zwangsweiser Einquartierung nicht zurückschrecken.«[64] Am 30. März 1919 wurde bekanntgegeben, dass »Vermieter von Wohnräumen ein Mietverhältnis rechtswirksam nur mit vorheriger Zustimmung des Einigungsamtes kündigen können.«[65] Am 30. August 1919 sah sich das Jenaer Wohnungsamt, nunmehr schon unter Androhung einer Geldstrafe von bis zu 10 000 Mark, zur Veröffentlichung eines zweiten Maßnahmepakets veranlasst. Unter der Überschrift »Maßnahmen gegen Wohnungsnot II« hieß es:

»1. Das Wohnungsamt untersagt, dass ohne seine Zustimmung mehrere Wohnungen zu einer vereinigt werden.
2. Jeder Abschluss von Mietverträgen über Wohnungen, Läden und Werkstätten ist vom Vermieter dem Wohnungsamt innerhalb einer Woche nach Vertragsabschluss anzuzeigen. Übersteigt der Mietzins (die übliche Höhe …) so kann das Wohnungsamt … und der Mieter … beim Mieteinigungsamt die Herabsetzung beantragen.«
Weiterhin wurde verboten, in Zeitungen
»a) Belohnungen über den Nachweis von Mieträumen auszusetzen
b) Mieträume unter einer Deckadresse anzubieten
c) Mieträume anzubieten unter Aufforderung zur Abgabe von Preisangeboten
d) Mietwohnungen unter der Bedingung des gleichzeitigen Erwerbs von Einrichtungsgegenständen anzubieten.«

Zugleich wurde versucht, nicht genehmigte Umzüge innerhalb Jenas und natürlich den Zuzug nach Jena zu unterbinden[66]: Die Eintragung beim Einwohnermeldeamt und die Aushändigung von Lebensmittelkarten sollte nur noch erfolgen, »wenn der betreffende Meldezettel einen entsprechenden Vermerk des Wohnungsamtes trägt.«[67] 1920 wurde festgelegt, dass bei Umzügen der Führer des Transportes einen Umzugsausweis bei sich zu führen hat, durch den die Zustimmung des Wohnungsamtes zu dem betreffenden Umzug bestätigt wird.[68] Schließlich versuchte das Wohnungsamt auch die Öffentlichkeit im Sinne seiner Zielsetzungen zu mobilisieren: am 24. April 1920 gab es bekannt, dass »es in Zukunft bei unberechtigter Verweigerung der Hergabe entbehrlicher Räume oder grundloser Verzettelung von Räumungen die Namen der in Betracht kommenden Wohnungsinhaber öffentlich bekannt geben« werde.[69]

*Wagen der Spedition von Paul Gold am kleinen Paradies, um 1905*

Die Besitzer größerer Wohnungen versuchten, die einmal hingenommene Zwangsbelegung mit Untermietern bald wieder zu umgehen. Am 4. Mai 1920 gab das Wohnungsamt bekannt, dass »bei der Nachprüfung der hiesigen Großwohnungen« auch »einige hundert Einzelzimmer« beschlagnahmt worden waren, »die an Aftermieter weitergegeben werden sollen.« Allerdings sind »nach Wegzug der ersten Untermieter die Räume nicht allenthalben wieder an neue Untermieter vermietet worden.« Wiederum wird damit gedroht, »in aller Kürze eine zwangsweise Belegung dieser Räume« durchzuführen.[70]

Jena war mit der hier geschilderten Praxis kein Einzelfall: In den sogenannten Wohnungsnotstandsbezirken konnten die Gemeinden schon seit September 1918 in ganz Deutschland zu Eingriffen in die private Verfügung über den Wohnraum ermächtigt werden. Auch die Genehmigungspflichtigkeit von Umzügen war schon in der reichsweit gültigen Wohnungsmangelverordnung vom 23. September 1918 möglich gemacht worden. Allerdings kann man mit guten Gründen annehmen, dass der Jenaer Gemeindevorstand konsequenter als andere Thüringer Kommunen vorging. So ließ das Thüringer Ministerium des Innern durch das Landeswohnungs- und Siedlungsamt auf Betreiben der Stadt Jena am 29. Juni 1921 die Umwandlung von Wohn- in Geschäftsräume untersagen.[71]

Andererseits wies das Thüringer Innenministerium das Wohnungsamt Jena am 7. Mai 1920 darauf hin, dass die gemachten Vorschläge zur Erfassung verfügbaren Wohnraums »über den Rahmen der von uns für Thüringen gemäß § 5 des neuen Wohnungsgesetzentwurfs aufzustellenden allgemeinen Richtlinien für Beschlagnahme von Wohnraum« hinausgingen und nur innnerhalb dieses Rahmens akzeptierbar seien.[72]

Denn die Wohnungsnot drohte aus Sicht der Jenaer Stadtspitze für die Stadt insbesondere dann existenziell zu werden, wenn sie die Zukunft der Jenaer Universität gefährdete. Ein zunächst interner Bericht über die »Kritische Lage in der Wohnungsnot der Studierenden« stellte daher zu Beginn des Sommersemesters 1922 äußerst besorgt fest, dass Studierwillige in den letzten Tagen »Jena wieder in Scharen verlassen, wie jeder in den letzten Tagen auf den Bahnhöfen selbst beobachten konnte.«[73] Verfasst wurde deshalb ein von Oberbürgermeister Fuchs, Gemeinderatsvorsitzendem Pitt, Rektor Bauch und für das Akademische Wohnungsamt durch Prof. F. Slotty unterzeichneter »Warn- und Mahnruf an alle Schichten der Bevölkerung«, weil »weniger Anmeldungen als im letzten Wintersemester« vorliegen würden. Das sei »in der mehrere Jahrhunderte alten Geschichte der Universität« noch nie vorgekommen. Sollten tatsächlich 300 Studierende wieder abreisen, so bedeute das »einen Semesterverlust von mindestens einer Million Mark für die Stadt«. Damit sei aber langfristig »der Bestand der Universität überhaupt gefährdet«. Dringend wurde deshalb darum gebeten, Wohnraum für Studierende beim Akademischen Wohnungsamt im Löbdergraben 28 zu melden.[74] Entsprechende Hilferufe wurden auch an die Jenaer Wohnungsgenossenschaften sowie nach Kahla, Roda, Bürgel und Camburg gesandt. Ein Jahr später entschloss sich die akademische Wohnungskommission sogar, für die Studierenden Massennotquartiere einzurichten.[75]

Zuzüge aus anderen deutschen Landesteilen wurden durch die Stadtverwaltung äußerst restriktiv behandelt und möglichst verhindert. Am 28. Oktober 1919 wies das Wohnungsamt darauf hin, dass auch der Erwerb eines Hauses in Jena nicht zum Zuzug nach Jena berechtigt, sondern die Vorab-Genehmigung des Wohnungsamtes benötigt wird. Umgehungsversuche sollen mit der Verweigerung der Lebensmittelkarten verhindert werden.[76] Ein sensibles Thema war vor diesem Hintergrund in der aufgeheizten Nachkriegsatmosphäre – die Diskussionen um die Pariser Vorortverträge bestimmten die nationale Debatte – die Wohnungsvergabe an Ausländer. Oberbürgermeister Theodor Fuchs sah sich im Februar 1920 genötigt, das Wohnungsamt zur Reparatur eines Missgriff aufzufordern: Der französische Lektor Olivier, Dozent an der Universität, hatte eine Wohnungszuweisung beantragt und war als Ausländer abgewiesen worden. Aus dem Umstand, dass Herr Olivier Ausländer sei, folgt für Fuchs aber »*nichts zu seinem Nachteil, zumal er nachgewiesener Massen durch seine deutschfreundliche Haltung während des Krieges sich genötigt gesehen hat, nach Deutschland überzusiedeln.*«[77] Am 4. Mai 1922 wurde Amt II durch Oberbürgermeister Fuchs »ergebenst veranlasst« – mithin angewiesen -, Ausländern, die in Jena studieren wollen, Einreiseerlaubnis solange nicht mehr zu erteilen, als für deutsche Studenten keine Wohnungen vorhanden sind.[78]

In dieser Phase beklagte die Stadt mehrfach, dass die Umlandgemeinden sich nicht in gleicher Weise an der Bekämpfung der Wohnungsnot beteiligen würden. Ein von der Stadt Jena zur Lösung dieses Problems angestrebter Wohnungsverband wurde von der Weimarer Landesregierung auf Betreiben der Nachbarkommunen abgelehnt, »sämtliche Gemeinderäte« hatten sich scharf gegen die Gründung des Wohnungsverbandes ausgesprochen, sie sahen in ihm, aus der Sicht der Landesregierung »wohl mit Recht«, nur einen ersten Schritt zur Eingemeindung.[79]

Letztlich jedoch kehrte sich die ursprüngliche Absicht der Jenaer Wohnungspolitiker, Wohnraum für Minderbemittelte zu beschaffen und eine soziale Wohnungsfürsorge aufzubauen, partiell um. Das aufgebaute Netz der Erfassung, Kontrolle, Aufnahme und Vergabe von Wohnungen beansprucht solch eine große Anzahl der Mitarbeiter des Wohnungsamtes, dass dessen ursprünglichen Aufgabe, die Wohnungspflege, kaum noch wahrgenommen werden konnte. Gleichzeitig wurden die Methoden der Mieter und Vermieter zur Umgehung dieser »Zwangsmaßnahmen« ständig diffiziler.[80]

Matias Mieth

## Der Rückhalt schwindet – eine Zwischenbilanz

Die politische Linke unterstützte die wohnungspolitischen Aktivitäten der Stadtverwaltung und insbesondere des Wohnungsamtes zunächst am konsequentesten. Im Sommer 1919 kommentierte die gerade durch Emil Höllein begründete und der USPD nahestehende »Neue Zeitung« noch durchaus zufrieden: »*In Jena hat das Wohnungsamt, zum guten Teil unter der Initiative des Arbeiterrates, nach einer planmäßig vorgenommenen Wohnungsaufnahme die Zwangseinquartierung in leerstehende oder dünnbewohnte Wohnungen verfügt. Außerdem wehrt das Mieteinigungsamt alle übertriebenen Mietsteigerungen und ungerechtfertigten Kündigungen mit sozialem Verständnis ab.*«[81] Diese grundsätzliche Übereinstimmung der Linken mit der politischen Mitte sollte aber recht schnell wieder zerbrechen. Während die Linke bald die mangelnde Radikalität der Maßnahmen beklagte, fand die durch sozialpolitische und volkswirtschaftliche Kriterien geprägte öffentliche Bewirtschaftung des Wohnungswesens nach der beginnenden wirtschaftlichen Konsolidierung und Stabilisierung der Währung ab 1923 in der politischen Mitte immer weniger Befürworter. Ein im Mai 1927 im Jenaer Stadtrat gestellter Antrag der Kommunisten auf »*Rationierung des vorhandenen Wohnraums, Ausweisung von Bourgeois-Familien aus großen Wohnungen, Einweisung kinderreicher Familien, Festsetzung der Mieten nicht nach Größe der Wohnungen, sondern nach Einkommen und gesellschaftlicher Nützlichkeit der von Wohnungsinhaber geleisteten Arbeit*« wurde, auch weil mit einer großen Anzahl anderer sozialpolitischer Forderungen zusammen gestellt, nicht einmal mehr diskutiert. Friedrich Schomerus beantragte Übergang zur Tagesordnung ohne Diskussion, die Stadtratsmehrheit folgt ihm.[82]

Die Diskussionen der politischen Mehrheiten hatten sich inzwischen nahezu ausschließlich auf die Frage der öffentlichen Förderung des Wohnungsbaus verlagert. So war es Mitte April 1926 zu einer voll besetzten Protestversammlung gegen die zögerliche Wohnungsbauförderung gekommen, zu der die Jenaer Baugenossenschaften ins Jenaer Volkshaus geladen hatten. Dort ging man davon aus, dass im Jahr 1926 720 Familien ohne eigene Wohnung seien, während dies 1919 nur 490 waren. »Die Innenstadt zählte im Mittelalter 5000 Bewohner, jetzt 9000!«, beklagte Prof. Kessler für die Heimstättengenossenschaft.[83] Dabei traten erst nach Beendigung der Inflation die Finanzierungsprobleme der öffentlichen Hand mit ganzer Härte hervor. Mit der Steuernotverordnung vom 14. Februar 1924 war dem auf Reichsebene begegnet worden: den Hausbesitzern wurde zwar ein Anteil der Mieten für Betriebs-, Verwaltungs- und Instandhaltungskosten sowie später auch für Kapitalkosten überlassen, im Übrigen aber wurden die Mieten in Form der sogenannten

Hauszinssteuer »weggesteuert«.[84] Die Höhe des Anteils, der davon dann wiederum für Wohnungsbau aufzuwenden sei, war bis zu Reichskanzler Brüning immer wieder Streitpunkt zwischen Ländern und Reich, Ländern und Kommunen sowie Baugenossenschaften und Kommunen – so z. B. auf besagter Protestversammlung im Volkshaus.[85]

Die Wohnungszwangswirtschaft hatte weder die Wohnungsnot und schon gar nicht die Obdachlosigkeit in Jena beseitigen können.[86] Die Jenaer Stadtratssakten jedenfalls berichten, soweit sie vorhanden sind, zwar weiterhin immer wieder von Beschlüssen, die den Wohnungsbau betreffen, die Wohnungszwangswirtschaft aber geriet doch überraschend schnell wieder aus dem Blickfeld des öffentlichen Interesses.

In den Folgejahren bildete sich in einigen Großstädten, z. B. in Frankfurt/M. ein gespaltener städtischer Wohnungsmarkt heraus: Einerseits war der Altbauwohnungsbestand noch aus sozialpolitischen Erwägungen reguliert, andererseits wurden für die Neubauwohnungen – die weitgehend von der öffentlichen Bewirtschaftung ausgeklammert waren – Kostenmieten erhoben.[87] Die Schere zwischen den sozial akzentuierten Altbaumieten und den Marktmieten in den Neubauwohnungen wurde stetig größer. In Jena ist es zu dieser Spaltung nicht in dieser Radikalität gekommen, Wohnungsmarkt wie -neubau wurden stark von Genossenschaften und öffentlichen Trägern bestimmt. Die von öffentlicher Hand geförderten Gesellschaften boten den Vorteil einer höheren wirtschaftlichen Flexibilität und einer leichter beherrschbareren Belastung der öffentlichen Finanzen. Ein singulärer Fall ist die Stadt Jena damit nicht: insgesamt errichteten die Gemeinnützigen in den deutschen Großstädten nach 1924 mehr als die Hälfte aller Wohnungen.[88]

Der Wunsch, die wirtschaftlich-gesellschaftliche Macht der Vermieter zu schwächen, indem die öffentliche Hand preiswerten Mietwohnungsbau subventionierte[89], führte allerdings nicht dazu, solche Macht überhaupt zu reduzieren. Die Eingriffe bewirkten vielmehr, dass Markmacht in die Hände großer (kommunaler oder gemeinnütziger) Gesellschaften verlagert wurde. Dass andererseits die »Wohnungszwangswirtschaft« mit zeitweiligen Lockerungen in einigen Kernpunkten in der Bundesrepublik bis in die 1960er Jahre und in der DDR bis zum Ende des Staates beibehalten wurde, ist ein anderes Kapitel.

## Anmerkungen

1 »Wohnungsnot und Wohnungszählung in Jena« in: Gemeinde und Staat – Beilage zum Jenaer Volksblatt 25. Oktober 1919.
2 SCHULZ 1993, S. 15f.
3 So heißt es bei Günter Schulz: »Der Staat kann erstens zu erreichen versuchen, daß so viele gute, preiswerte, genügend große und am Ort der Nachfrage gelegene Mietwohnungen entstehen, daß Angebot und Nachfrage ausgeglichen sind. Zweitens kann der Staat den Mieter mit einem so umfangreichen Kündigungs- und Mietpreisschutz ausstatten, daß der Vermieter die prinzipiell stärkere Marktstellung verliert, die er unter den Bedingungen des Wohnungsmangels besitzt. Die dritte Möglichkeit besteht darin, das – möglichst schuldenfreie – Wohnungseigentum für die Bevölkerung zum Normalfall der Wohnungsversorgung zu machen«, vgl. SCHULZ 1993, S. 25.
4 Zu den Schlafstellenmietern vgl. LONGERICH 1992.
5 SCHILDT 1998, S. 151ff.
6 NIETHAMMER MARSCH 1979, S. 369 hat für sie fünf bürgerliche Lösungsansätze herausgearbeitet:
   a) Patriarchalische Versorgung: Christliche Konservative wie Reichskanzler zu Hohenlohe wollten die Unternehmer verpflichten, selbst Wohnraum für ihre Beschäftigten zur Verfügung zu stellen.
   b) Bodenreform und Schaffung von Baugenossenschaften
   c) Umverteilung zur Mitte: Finanzierung der Baugenossenschaften statt durch freie Assoziation und Markt durch Zwangssparen aller Arbeiter.
   d) Abgabenverzicht bei und Förderung von Siedlungsprojekten
   e) Repressive Eliminierung der Wohnungsnot durch Polizeiinspektionen gegen Überbelegung mit dem Ziel, die Armen zu erhöhter Nachfrage nach eigenem Wohnraum zu zwingen und Mittellose bei Überbelegung aufs Land auszuweisen.
7 Anonym, Weimarische Volkszeitung, Erste Beilage zu Nr. 90 vom 18. April 1914, S. 2.
8 StadtAJ, Abt. Vf., Nr. 23.
9 Vgl. den Abdruck des schließlich im Stadtrat vorgelegten Antrages in der Jenaischen Zeitung, 12. Juli 1913.
10 StadtAJ, Abt. Vf., Nr. 23.
11 Ebenda.
12 Abdruck des schließlich im Stadtrat vorgelegten Antrages in der Jenaischen Zeitung, 12. Juli 1913.
13 Das Gesetz sah also direkte Eingriffe vor, »wo es sich um polizeiliche Aufsicht und bürokratische Vorplanung handelte, aber unter Schonung des Privateigentums an Grund- und Hausbesitz nur indirekte Beeinflussung des eigentlichen Baumarktes durch die Kanalisierung staatlicher Subventionen über gemeinwirtschaftliche Schein-Genossenschaften.«, vgl. NIETHAMMER MARSCH 1979, S. 363.
14 Peter Christian Witt gibt für das Vorkriegsjahr 1913 deutschlandweit einen Zuwachs von 200000 Wohnungen an. Die Folgejahre erbrachten nur noch prozentuale Anteile dieses Niveaus: 1914 67%, 1915 30%, 1916 10%, 1917 4%, 1918 4%. Wegen der kriegsbedingt ver-

ringerten Zahl von Eheschließungen und erhöhter Sterblichkeit kam es aber zunächst sogar zu einem steigenden Wohnungsleerstand, vgl. WITT 1979, S. 390f. Das Angebot führte vielfach sogar zu einer Senkung der Mieten. Erst mit dem Jahre 1917 trat ein Umschwung im Wohnungsmarkt ein, vgl. WOLFF 1929, S. 20.
15 SCHILDT 1998, S. 154.
16 LUTZ 1930, S. 4.
17 NIETHAMMER MARSCH 1979, S. 381.
18 Ebenda, S. 379.
19 SCHULZ 1993, S. 16.
20 SCHILDT 1998, S. 153.
21 Ebenda.
22 Die Miethöhe wurde durch Rückgriff auf die »Friedensmiete« von 1913 mit Zuschlägen festgelegt. Die deutsche Entwicklung ist hier kein Einzelfall. So wurde beispielsweise auch in Österreich, Frankreich und Polen nach dem Ersten Weltkrieg die zulässige Höhe von Mieterhöhungen festgelegt, vgl. SCHULZ 1993, S. 28 und BITNER-NOVAK 2006, S. 168.
23 Lutz Niethammer kommentiert pointiert: »Um der Revolution zu entgehen, wurde ein Apparat aufgebaut, der dann von der Revolution genutzt wurde.«, vgl. NIETHAMMER MARSCH 1979, S. 382.
24 Bericht Oberbürgermeister Fuchs vom 19. Februar 1918: »Die Entwicklung der Rechtsauskunftsstelle und des Mieteinigungsamtes der Stadt Jena während des Krieges«. In: Öffentliche Rechtsauskunftsstelle und Mieteinigungsamt (Jahresberichte 1913–1918), StadtAJ, B, Abt. I [c] Nr. 188 [h].
25 Dies geschah mit der Verordnung über Einigungsämter vom 15. Dezember 1914.
26 StadtAJ, Abt. Vf., Nr. 8.
27 Während des Krieges ging man hier von einer Senkung des Mietzinses durch den Eigentümer um ein Drittel als Voraussetzung einer städtischen Mietbeihilfe aus.
28 StadtAJ, B, Abt. I [c] Nr. 188 [h].
29 1882–1960.
30 Einige vorgesehene Mitglieder hatten aus Zeitmangel die Ernennung abgelehnt, z. B. »Euer Hochwohlgeboren Hofzimmermeister Schlag«, so das Ernennungsschreiben des Gemeindevorstandes vom 8. Juni 1915.
31 Entwurf Schreiben Oberbürgermeister Fuchs an Prof. Lent vom 6. Oktober 1917, StadtAJ, Abt. Vf., Nr. 8.
32 DEINHARDT 1916.
33 Später wird Deinhardt zu einem wichtigen Juristen im Nationalsozialismus.
34 StadtAJ, Abt. Vf., Nr. 8, Blatt 50b.
35 Sie betrug im Jahre 1922 zunächst 20 Mark. Vgl. StadtAJ, Abt. Vf., Nr. 8, Blatt 176.
36 SCHULZ 1993, S. 1113.
37 Vgl. KUHN 1993, S. 113.
38 Ebenda, S. 114.
39 Erweiterte Optionen für eine umfassende öffentliche Wohnraumbewirtschaftung wurden den Gemeinden mit den Wohnungsmangelverordnungen vom 23. September 1918

und 11. Mai 1920 sowie, diese ersetzend, mit dem Wohnungsmangelgesetz vom 26. Juli 1923 an die Hand gegeben.

40 Art. 4a Gesetz über Maßnahmen gegen Wohnungsmangel vom 11. Mai 1920 [RGBl. Nr. 107, S. 949].
41 DÖBLER 1994, S. 2 ff.
42 NIETHAMMER MARSCH 1979, S. 381.
43 Diese Zustimmung trifft natürlich genauso auf die Kommunisten zu. Sie waren allerdings auf der Reichsebene und im Jenaer Stadtrat weitgehend isoliert.
44 »Wohnungsnot und Wohnungszählung in Jena« in: Gemeinde und Staat – Beilage zum Jenaer Volksblatt 25. Oktober 1919.
45 Vgl. den Bericht in der »Neue(n) Zeitung. Unabhängiges Sozialistisches Organ«, 18. Oktober 1919 über die Stadtratssitzung des Vortages.
46 »Wohnungsnot und Wohnungszählung in Jena« in: Gemeinde und Staat – Beilage zum Jenaer Volksblatt 25. Oktober 1919.
47 Zum Jahr 1919 vgl. StadtAJ, Abt. Vf Nr. 6, Blatt 1316. Nach einem ausführlichen statistischen Überblick »Der Wohnungsmarkt in Jena im Sommerhalbjahr 1920« stieg die Zahl der noch Unterzubringenden im Folgejahr 1920 weiter, und zwar von 970 Wohnungslosen zu Jahresanfang auf 1430 am 1. Oktober 1920, StadtAJ, Abt. Vf Nr. 7, Bl. 54.
48 StadtAJ, Abt. Vf Nr. 7, Bl. 17.
49 Vgl. StadtAJ, Abt. Vf, Nr. 7, Bl. 8.
50 Vgl. REMER 1998 und StadtAJ, Abt. Vf Nr. 7, Bl. 33.
51 StadtAJ, Abt. Vf Nr. 7, Bl. 51.
52 Protokoll der Jahresversammlung des Deutschen Vereins für öffentliche Gesundheitspflege September 1922, StadtAJ, Abt. Vf Nr. 7, Bl. 113.
53 Voraussetzung zur Wahl ist, dass man nicht gleichzeitig Vermieter und Mieter und »nicht zugleich mit dem Vollzuge der Maßnahmen gegen Wohnungsmangel amtlich beschäftigt ist.« StadtAJ, Abt. Vf., Nr. 8, Blatt 243.
54 Am 19. Januar 1922 vertreten die Mieterinteressen folgende Berufe: Mechaniker, Klempner, Schlosser, Uhrmacher, Kassenassistent, Glasarbeiter, Schlosser, Steinmetz, vgl. StadtAJ, Abt. Vf., Nr. 8, Blatt 148.
55 So z. B. am 20. Oktober 1919, StadtAJ, Abt. Vf., Nr. 8, Blatt 53 f. Schreiben der Hausbesitzer unterzeichnen oft H. Timler und der früher als Hypthekengläubiger im Mieteinigungsamt agierende Druckereibesitzer Gustav Neuenhahn.
56 StadtAJ, Abt. Vf., Nr. 8, Blatt 138.
57 Dezernent Hädrich forderte in einem Bericht vom 7. November 1921 weiteres Personal für Statistik, Wohnungsnachweis und Wohnungspflege, vgl. StadtAJ, Abt. Vf Nr. 6, Bl. 2123.
58 Leiter wurde Stadtbaumeister Diez. Das kurz darauf umbenannte Armenamt wurde jetzt durch Stadtrat Hädrich geleitet, vgl. StadtAJ, Abt. Vf Nr. 6, Bl. 26.
59 StadtAJ B, Vf Nr. 32.
60 StadtAJ, Abt. Vf Nr. 6, Blatt 13.
61 Wiederholt wurden Auseinandersetzungen darüber geführt, ob Mitglieder des Wohnungsausschusses gleichzeitig Beisitzer im Mieteinigungsamt sein dürfen. Am 8. März 1923 lehnte der Stadtrat eine Doppelmitgliedschaft endgültig ab.

62 StadtAJ B Vf Nr. 32.
63 StadtAJ B Vf Nr. 32.
64 Ebenda.
65 Ebenda. In einer Bekanntmachung vom 18. Juni 1919 wurden dann alle bisherigen Festlegungen noch einmal ausführlich beschrieben und präzisiert. Diese Vorgänge waren keine Jenaer Besonderheiten – auf ähnliche Vorgänge reagierte die Regierung in Berlin am 31. Juli 1919 mit einer »Verordnung gegen den Wucher bei Vermittlung von Mieträumen« im Reichsgesetzblatt Nr. 146 vom 31. Juli 1919.
66 Mit der Wohnungsmangelverordnung vom 23. September 1918 war Städten unter bestimmten Bedingungen eingeräumt worden, eine Umzugsgenehmigungspflicht einzuführen. Auch in Frankfurt/M. ist von dieser Möglichkeit Gebrauch gemacht worden: Hier wurde die Anmeldepflicht »auf Spediteure, Packer, Träger, Lader« ausgedehnt. Polizei- und Beamte des Wohnungsamtes wurden verpflichtet »Möbelwagen bzw. Gefährte mit Umzugsgut auf das Vorhandensein der Genehmigung des Wohnungsamtes hin zu prüfen.«, vgl. KUHN 1993, S. 123.
67 StadtAJ B Vf Nr. 32.
68 Neue Zeitung, 3. März 1920.
69 StadtAJ B Vf Nr. 32.
70 Ebenda. Deshalb wurden in anderen Städten Anreizsysteme als Alternativen zur ungeliebten Zwangswirtschaft getestet: So wurden in Cassel seit 1921 jenen Personen Geldprämien gewährt, die freiwillig ihre Wohnung der kommunalen Wohnungsvergabe zur Verfügung stellten. In einer schriftlichen Erklärung musste aber der bisherige Wohnungsinhaber für die Dauer von fünf Jahren auf seinen Anspruch auf Zuweisung einer neuen Wohnung durch die kommunale Wohnungsvergabestelle verzichten. Dieses System wurde dann auch in Frankfurt/M. bis 1927 recht erfolgreich praktiziert, vgl. KUHN 1993, S. 123 f. Aus Jena sind derartige Versuche allerdings nicht bekannt.
71 Die Mieteinigungsämter konnten Ausnahmen zulassen. Vgl. StadtAJ, Abt. Vf Nr. 7, Bl. 61.
72 StadtAJ, B Vf Nr. 32.
73 StadtAJ, Abt. Vf Nr. 7, Bl. 72.
74 StadtAJ, Abt. Vf Nr. 7, Bl. 73 ff. Vgl. auch Jenaer Volksblatt, 2. Mai 1922, Nr. 101.
75 Jenaer Volksblatt, 18. April 1923, Nr. 90.
76 StadtAJ, B Vf Nr. 32.
77 StadtAJ, Abt. Vf Nr. 7, Bl. 31.
78 Blattsammlung des Gemeindevorstandes Jena, betreffend Wohnungsfürsorge, Beschwerden gegen Wohnungsamt, StadtAJ, Abt. Vf Nr. 7, Bl. 80.
79 StadtAJ, Abt. Vf Nr. 7, Bl. 36 f. Das Zitat gibt eine schriftliche Formulierung des Thüringer Landesbeamten Verwaltungsdirektor Röhrig wieder.
80 Jena ist hier kein Einzelfall, vgl. KUHN 1993, S. 123.
81 Neue Zeitung vom 7. Juli 1919.
82 StadtAJ, B I Ia Nr. 4, Bl. 60.
83 Vgl. Jenaer Volksblatt vom 16. April 1926. Kessler plädierte übrigens dafür, die Innenstadt »blockweise nieder(zu)legen« und für die »Verlegung der Wohnungen in die Außenbezirke, der öffentlichen Gebäude in die Innenstadt, Schaffung einer City«.

84 Natürlich wurden diese Maßnahmen auch heftig kritisiert. Der Ökonom Max J. Wolff etwa formulierte rückblickend 1929: »Das Eigentum des Hausbesitzer wurde so gut wie ganz seinen Inhalten beraubt. Was ihm davon verblieb, war zum Schluß nur das Recht, sein Anwesen im Interesse anderer gegen eine unzulängliche Gebühr zu verwalten und sein Grundstück zu einem durch die Zwangsgesetzgebung stark herabgeminderten Preis zu verkaufen. Er war nicht in der Lage, den Inhabern der Wohnungen zu kündigen, und selbst wenn diese in grober Fahrlässigkeit oder gar böswillig gegen den Mietvertrag verstießen, so konnte er nicht die ordentlichen Gerichte angehen, sondern war auf das Verfahren vor dem Mieteinigungsamt angewiesen, das zumeist nur dann zu einem Resultat führte, wenn er selbst dem beklagten Mieter eine anderweitige Unterkunft in Aussicht stellen konnte. Mit der Einrede der Obdachlosigkeit vermochten diese, selbst wenn sie sich im Zahlungsrückstand befanden, eine Ausweisung meist abzuwenden. Neue Verträge über bestehenden Wohnungen durfte der Hauseigentümer nicht abschließen, sondern er musste diejenigen Mieter nehmen, die ihm die Wohnungsämter zuweisen, oder solche, an die die bisherigen Mieter ihre Räume abgaben, sei es durch Tausch, sei es durch eine Schiebung, die durch die einseitig auf den Vorteil der Mieter eingestellte Gesetzgebung gedeckt wurde. Die freie Preisbildung auf Grund gegenseitigen Vertrages war aufgehoben. Die gesetzliche Miete bestand als Zwangsmiete, und Abweichungen, in den sich der Mieter zu höheren Zugeständnissen verpflichtete, konnten jederzeit von ihm gegen Treu und Glauben angefochten werden.«, vgl. WOLFF 1929, S. 23.

85 Vgl. WITT 1979, S. 396 sowie »Das Jenaer Wohnungselend« in Jenaer Volksblatt, 16. April 1926, S. 1.

86 In einer gemeinsamen Sitzung des Bau- und Finanzausschusses wurden am 7. Juli 1923 im Jenaer Rathaus Mittel zur Einrichtung von Notwohnungen freigegeben, vgl. Stadtarchiv Jena D Ia Nr. 14, Bl. 4. Grete Unrein musste sich im Winter 1926 für die Schaffung einer Wärmehalle für die Jenaer Obdachlosen einsetzen, vgl. StadtAJ, D Ia Nr. 14, Bl. 26.

87 Vgl. KUHN 1993, S. 130.

88 SCHULZ 1997, S. 163.

89 Ende 1930 wurden, versteckt in einer Notverordnung des Reichspräsidenten, die zahlreichen Möglichkeiten der Steuerbefreiung für gemeinnützige Unternehmen zusammenfassend geregelt, Voraussetzung dafür war die Begrenzung der Kapitalrendite auf 4 Prozent, die für einige Jahrzehnte ihre Gültigkeit behielt, RGBl. 1930/1, S. 593, vgl. SCHILDT, S. 156.

*Angelika Steinmetz-Oppelland*

# »Für die Familie eine Heimstätte und für den Menschen eine Heimat«[1] –

## Die Heimstättengenossenschaft Jena formt eine Gartenstadt

Am 12. Juli 1911 wurde in Jena die »Heimstättengenossenschaft Jena« gegründet, »um auf der Grundlage genossenschaftlichen Gemeinbesitzes Einfamilienhäuser, wirkliche ›Heimstätten‹, für die breiten Schichten der Jenaer Bevölkerung zu bauen.«[2] In den folgenden Jahren, zwischen 1913 und 1940, schuf die Genossenschaft, die als Heimstättengenossenschaft Jena eG heute auf eine hundertjährige Geschichte und Tradition zurückblicken kann, zunächst im Ziegenhainer Grund, dann im sogenannten Südviertel zwei Wohnsiedlungen. Mit ihrem geschlossenen und durch ehrgeizige Sanierung erhaltenen Erscheinungsbild prägen sie bis heute das Gesicht ihres jeweiligen Stadtviertels.

Der Impuls, mit Gründung einer Siedlungsbaugesellschaft auf genossenschaftlicher Grundlage für den Jenaer Mietwohnungsmarkt »etwas Gutes, Künstlerisches und Preiswertes zugleich« zu schaffen, verdankt sich in Jena ursprünglich dem Unternehmungsgeist einiger weniger sozialpolitisch engagierter Personen, die mit ihrem auf drei Säulen beruhenden Konzept – 1) genossenschaftlicher Zusammenschluss, 2) Heimstättenmodell und 3) Umsetzung in einer Gartenstadt – auf ein Problem reagierten, das als »Wohnungsfrage« in der zweiten Hälfte des 19. Jahrhunderts zunächst in England, später auch in Deutschland als zentrales Thema im Mittelpunkt deutscher Innen- und Sozialpolitik gestanden hatte.[3]

### Die »Wohnungsfrage« um 1900

Mit der Industrialisierung hatten sich die Lebens-, Arbeits- und Wohnbedingungen breiter Bevölkerungsschichten grundsätzlich und einschneidend verändert, zunächst in England, dann auch in Deutschland. In Massen waren Arbeitskräfte in

*Titelblatt der Satzung, 1911*

die Städte geströmt, wo sie neben Arbeit auch Unterkunft suchten. Das Phänomen der Bodenspekulation entstand: Wo der Wert des Baulandes durch hochverdichtetes Bauen gesteigert werden konnte, ließen sich durch den Bau einfachster Mietwohnungen schnell große Gewinne erzielen. Zudem entstand die vor allem in den Industriestädten meist verbreitete Form der Wohnungsversorgung, der freie unternehmerische Bau von Wohnungen in Wohnblocks, hauptsächlich aus der Diskrepanz von Angebot und Nachfrage ebenso wie von Qualität und Kaufkraft. Wenn die Mittel, die den Industriearbeitern zum Lebensunterhalt zur Verfügung standen, gering waren, richtete sich das Angebot nach Lage, Größe und Qualität der Wohnung daran aus. »Daraus entstanden Zustände, die in jeder Hinsicht katastrophal waren: zu wenig und zu teure Behausungen, deshalb extreme Enge und Überbevölkerung in Wohngebieten, die technisch und hygienisch unter jedem irgendwie vertretbaren Niveau waren.«[4] Inbegriff solcher Wohnverhältnisse, auch von den Jenaer Gründern der Heimstättengenossenschaft als Schreckbild beschworen, war die Berliner Mietskaserne »mit ihrer blendenden Palastfassade, hinter der ein paar Dutzend Familien fünffach oder sechsfach übereinander geschichtet hausen müssen, die Mietskaserne mit ihren finstern Höfen, ihren luftlosen Seitenflügeln und Hinterhäusern, die Mietskaserne, dieser an drei Seiten von Brandmauern umschlossene, geistlose, lieblose und seelenlose Steinkasten, wurde das Kennzeichen der ›modernen‹ deutschen Großstadt.«[5] Die Situation hatte in den 1880er und 1890er Jahren eine immer breiter werdende öffentliche Debatte um eine Wohnreform, um eine wirtschaftliche und sozialpolitische Lösung der Frage des – so der Jargon der Zeit – »Arbeiterwohnens« ausgelöst. Sie wurde in ganz verschiedenen gesellschaftlichen Gruppierungen und Interessensbereichen geführt: Die Arbeiterbewegung begriff die Wohnungsfrage als Teil der »Klassenfrage«, bürgerlichen und christlichen Reformpolitikern galt sie als »sittliches, gesundheitliches und moralisches Problem der bürgerlichen Gesellschaft, das ihren Bestand langfristig gefährden könnte.«[6]

Initiativen zum gemeinnützigen Bau von Wohnungen waren im Zuge der Industrialisierung Deutschlands und der daraus folgenden stetig zunehmenden Wohnungsnot immer wieder ins Leben gerufen worden, besonders stark nach 1890.[7] Im Jahrzehnt vor der Jahrhundertwende gewann der gemeinnützige Sektor im Wohnungsbau und mit ihm die Baugenossenschaften stark an Bedeutung. Das Modell genossenschaftlichen Bauens existierte zwar bereits seit den 1860er Jahren, konnte sich lange Zeit als Strategie zur Lösung der Wohnungsfrage aber nicht durchsetzen. Die Probleme ergaben sich hauptsächlich bei der Hypothekenbeschaffung und der ungenügenden Regelung der Haftungsbedingungen. Erst als im Jahr 1889 das Genossenschaftsgesetz durch die Einführung der beschränkten Haftpflicht novelliert wurde, liefen die Mitglieder nicht mehr Gefahr, im Ernstfall mit ihrem gesamten Vermögen haften zu müssen. Im gleichen Jahr wurde außerdem die Alters- und Invaliditätsversicherung eingeführt. Damit bildete sich ein Kapitalfonds, »aus dem nun auch für den Arbeiterwohnungsbau zinsgünstige Kredite durch die Landesversicherungsanstalten gegeben werden durften.«[8] Auch für die Jenaer Heimstättengenossenschaft sollte diese Finanzierungsmöglichkeit von entscheidender Bedeutung im unmittelbaren Vorfeld der Gründung werden.

Beim genossenschaftlichen Bauen ging es lange noch um die Schaffung von Kleinwohnungen in Mehrfamilienhäusern, allerdings mit höherem Standard als auf dem frei finanzierten Wohnungsmarkt. Dies gilt auch für die älteste der Jenaer Baugenossenschaften, die »Jenaer Baugenossenschaft«. Sie war 1897 auf Initiative von Ernst Abbe und mit finanzieller Ausstattung der Carl-Zeiss-Stiftung entstanden. Die ersten Wohnblöcke errichtete sie am Magdelstieg.[9] Bis dahin war als bestes Wohnungsmodell für die Arbeiter und Angestellten der Firma Carl Zeiss das eigene Haus gefördert worden, indem den Mitarbeitern Bauhilfsgelder gewährt wurden.[10]

Eine andere Strategie verfolgte zehn Jahre später die Heimstätten-Genossenschaft: Dem Wohnungsmangel sollte mit dem Bau von Einfamilienhäusern begegnet werden. Sie entsprach damit einer in Deutschland allgemein nach etwa 1900 zu beobachtenden Tendenz.[11] Dabei rückte zunächst die »gehobene«[12] Arbeiterschaft und dann auch eine neue Mittelschicht gegenüber der fast ausschließlichen Sorge um das Arbeiterwohnen stärker ins Blickfeld. Die ökonomischen Voraussetzungen hatten sich verbessert und Erfahrungen mit Kleinhaussiedlungen am Rande der Städte waren bereits gemacht worden.[13] Innerhalb dieses allgemeinen gesellschaftlichen Bildes kann Jena mit einem hohen Anteil an besonders spezialisierten und qualifizierten Facharbeitern in der optisch-feinmechanischen Industrie als beispielhaftes Betrachtungsfeld herangezogen werden. In die erste Mitgliederliste der Heimstätten-Genossenschaft trug sich nur ein Genossenschaftler explizit als Arbeiter ein. Spezialisierte Handwerker wie Optiker und Dreher, Mechaniker und Techniker, aber auch kaufmännische Berufe machen den größten Anteil aus. Aufrufe aus der Gründungsphase der Genossenschaft belegen, dass speziell in den Firmen Carl Zeiss und Schott & Gen. Mitarbeiter gezielt angesprochen und geworben wurden.[14]

Um 1910 hatten in Jena die rege Bautätigkeit der vorangegangenen Jahre, besonders im Bereich von Kleinwohnungen für Handwerker und Angestellte für eine Entlastung des Wohnungsmarktes gesorgt[15], obwohl die Einwohnerzahl nach wie vor ungebrochen und stetig anstieg. Die Volkszählung vom Dezember 1910 ergab 38478 Einwohner gegenüber 26400 zum gleichen Zeitpunkt im Jahr 1905.[16] Die Wohnungsfrage bestand in Jena nicht mehr so sehr in der »akut gewordenen Wohnungsnot«, die noch Abbe beschrieben hatte, sondern vielmehr im Problem der hohen Mieten bzw. stetiger Mietsteigerungen. So konnte die Jahresmiete für eine 3–Zimmerwohnung, die 1905 noch 230 Mark betragen hatte, bis 1910 auf 350 Mark steigen.[17] Mehrfach wurde damals vor einer negativen Rückwirkung auf den Jenaer Wohnungsmarkt, einer Immobilienblase in der Folge von Spekulation auf Wohnraum gewarnt: Der dauerhaft sehr hohe Mietspiegel gefährde, so mahnte man, den Zuzug finanziell gut situierter Personen, bis der Markt in sich zusammenbreche und die Hausbesitzer die Hypotheken nicht mehr bedienen könnten.

Die Initiatoren der Heimstättengenossenschaft führten alle diese Sachlagen ins Feld, wenn sie die Notwendigkeit eines für Jena neuartigen Konzepts zum Wohnungsbau begründeten. Entscheidend ist, dass sie das Genossenschaftsmodell als Instrumentarium für Mietwohnungen aufgriffen und es zugleich zum Bau von Einfamilienhäusern einzusetzen beabsichtigten.

## Die Gründung der Heimstätten-Genossenschaft

Die Weimarische Volkszeitung berichtet am 20. Juli 1911[18] unter der Überschrift »Heimstättenbewegung«:

»In einer stark besuchten Versammlung, die am Mittwoch im Engel stattfand, wurde eine Heimstättengenossenschaft gegründet. Herr Dreßler eröffnete die Versammlung und besprach die Entwickelung in Jena. Nach einem Vortrag des Vorsitzenden der Kulturgesellschaft Ernst Abbe bildete sich eine Kommission, zusammengesetzt aus den Mitgliedern verschiedener Korporationen. Zuerst habe die Kommission mit der Baugenossenschaft verhandelt, es sei beraten worden, ob sie nicht imstande wäre, neben der Errichtung großer Wohnhäuser, auch kleine Ein- oder Zweifamilienhäuser betreiben zu können. Nach reiflicher Prüfung habe aber dieses die Baugenossenschaft ablehnen müssen. Die Kommission habe weiter gearbeitet, nicht um der schon viele Jahre bestehenden Baugenossenschaft Konkurrenz zu machen, sondern gemeinschaftlich mit oder neben dieser zu wirken. Nach Urteilen hiesiger und auswärtiger Sachverständiger sei es möglich, Wohnungen für den Preis von 250 M. an zu schaffen, dabei müsse berücksichtigt werden, dass zu jeder Wohnung ein größerer Garten gehöre. An der Hand zahlreicher Beispiele aus anderen Orten bekräftigte der Referent seine Ausführungen. Auch in Jena wären die Verhältnisse dazu angetan, trotz der etwas höheren Bodenpreise Wohnhäuser für 3400 M. zu bauen. Über die Beschaffung von Gelände müsse vorläufig Stillschweigen beachtet werden, da es sonst kaum möglich würde, vorteilhaft zu kaufen. Mit dem Wunsche, dass die Gründung einer Gartenstadt der gesamten Einwohnerschaft Jenas zum Segen gereiche, schloss der Redner seinen Vortrag.

*Nach unwesentlicher Diskussion erklärten sich 105 Personen zum Beitritt in eine Genossenschaft mit beschränkter Haftung bereit. Hierauf wurde zur Wahl eines Vorstandes und Aufsichtsrates geschritten. Gewählt wurden die Herren: Engelhardt, Becker und Dreßler als Vorstands- und die Herren Fuchs, Herzog, Kaschner, Klostermann und Hoffmann als Aufsichtsratsmitglieder. Die Verwaltung gilt als Provisorium, bis die demnächst einzuberufende Generalversammlung das Statut beraten und die neue Vereinigung in das Genossenschaftsregister eingetragen ist.«*

Dem eigentlichen Gründungsakt war eine Vorgeschichte vorausgegangen, die Ende 1910 mit einem Vortrag des Ingenieurs Paul Trenn bei der Kulturgesellschaft Ernst Abbe (K. E. A.) begonnen hatte. Dabei ging es um das Konzept vom Wohnen in Heimstätten. Die visionäre Beschreibung von Wohnraum für Familien im gemieteten einzelnen Haus, abseits enger und baulich verdichteter Vorstadtquartiere, wirkte als Initialzündung in einem Interessenkreis, der sich auf Anregung der K. E. A. aus dem Mieterverein, dem Konsum-Verein, der Jenaer Baugenossenschaft, dem Gewerkschaftskartell und der Kulturgesellschaft Ernst Abbe formierte. Alle Körperschaften entsandten je zwei Mitglieder in die ersten vorbereitenden Kommissionen. Damit wird das sozialpolitische und weltanschauliche Milieu erkennbar, in dem sich der Gedanke zur Heimstätten-Gründung bildete.

Anders als zum Beispiel in Hellerau gründete hier nicht ein Unternehmer aus philanthropisch orientierter Gesinnung heraus eine Siedlung, die Wohnort für seine Arbeiter ebenso wie Muster- und Modellsiedlung sein sollte. Anders als in der Deutschen Gartenstadt Gesellschaft entwickelte sich das Vorhaben nicht aus einem intellektuellen literarischen Zirkel und einer utopisch sozialistischen Landkommune.[19] In Jena entstand die Gartenstadt-Idee auf Initiative einer Körperschaft im geistigen Umfeld verschiedener Modelle zur Lösung der »sozialen Frage«, damals unter anderem von Vordenkern wie Rudolf Diesel als »Solidarismus« bezeichnet. Verwandt mit Strömungen des Frühsozialismus existierten zu Anfang des 20. Jahrhunderts unter diesem Leitwort mehrere Konzepte zur Behebung der Not der Arbeiter, zugleich zu ihrer Integration in Staat und Gesellschaft.[20] Nicht selten standen sie Grundsätzen von Solidorganisationen wie Gewerkschaften oder Konsumvereinen nahe. Die K. E. A. im Besonderen verstand sich als Organ zur Verbreitung und Verwirklichung des von Ernst Abbe geprägten sozialpolitischen Konzepts. Zur Weiterführung der »gerechtsozialen« Bestrebungen Abbes sah sie sich mit einer Mission betraut und ging dabei in ihrer agitatorischen Radikalität deutlich über Abbes Gedanken hinaus.[21] Gegründet hatte die K. E. A. etwa Ende 1908 / Anfang 1909 der Ingenieur Paul Trenn, der zwischen 1906 und 1909 bei der Firma Carl Zeiss tätig war.[22] Als Schriftleiter formulierte er auch die

Ziele und praktischen Vorhaben der K.E.A.: Die Organisation verstand sich als Impulsgeber und Förderer von Initiativen im Sinne des wirtschaftlichen Solidarismus: »… *und zwar wird die K. E. A. voraussichtlich zuerst [...] der Organisierung gemeinnütziger Sparbanken, Versicherungsgesellschaften, Terraingesellschaften (Gesellschaften für gemeinschaftlichen Grundbesitz) nähertreten, aber auch auf die Landwirtschaft und auf den Kohlenbergbau könnte übergegriffen werden.*«[23] Ob die K.E.A. eines dieser ambitionierten Pläne jemals anging oder in die Tat umsetzten konnte, ist bisher nicht nachzuweisen. Offensichtlich aber fand sie 1910 in dem Projekt einer Heimstätten-Gründung in Jena auf genossenschaftlicher Basis schließlich ein Vorhaben, das anders als z.B. die 1909 umrissene Gründung einer Bergbau-Genossenschaft von einigermaßen berechenbarem Umfang war, so dass seine Verwirklichung nicht von Anfang an zu einem Dasein als bloße Utopie verurteilt war. Da Gartenstadt- und Heimstättenpläne verschiedenster weltanschaulicher Ausrichtung im Zuge der Reformbewegung jener Jahre gewissermaßen »in der Luft lagen«, bestand hier Aussicht auf Erfolg. Der weitere Verlauf sollte diese Hoffnung bestätigen. Schon bald nach Paul Trenns Heimstätten-Vortrag gelang es der K.E.A., die oben beschriebene Kommission einzuladen und damit in Jena eine Idee ins Leben zu rufen, die schon bald große Eigendynamik entwickelte.

Zur Rekrutierung möglichst vieler Interessenten bedurfte es weiterer Propaganda: Am 8. Dezember 1911 hielt Adolf Otto, Generalsekretär der Deutschen Gartenstadt Gesellschaft (DGG) einen Lichtbilder-Vortrag über die Idee und Anliegen der Gartenstadtbewegung.[24] Damit bestand schon im Vorfeld der Gründung unmittelbarer Kontakt zur dieser bedeutenden Organisation im Konzert der Reformbewegungen des frühen 20. Jahrhunderts. Von ihrer Gründung an gehörte die Jenaer Heimstätten-Genossenschaft zu den Mitgliedern der Gartenstadt Gesellschaft (ebenso war sie Mitglied im Bund Deutscher Bodenreformer).

Die Deutsche Gartenstadt Gesellschaft war 1902 in Berlin aus verschiedenen literarischen und lebensreformerischen Vereinigungen hervorgegangen und konstituierte sich als deutsche Antwort und zugleich Adaption der 1889 in England von Ebenezer Howard veröffentlichten Vision »Tomorrow – A Peaceful Path to Real Reform«.[25] Darin hatte Howard die Strategie entwickelt, abseits der Zentren preiswert Land zu erwerben, um dort von gemeinnützigen kapitalkräftigen Gesellschaften Planstädte mittlerer Größe mit günstiger Verkehrsinfrastruktur und gemeinschaftlichen Einrichtungen bauen zu lassen. Als oberstes Gesetz galt, daß das Terrain nie in Privateigentum übergehen durfte. Die finanzielle Absicherung sollte sich aus der Differenz zwischen dem Wert des Stadt- und des Landbodens ergeben. Angestrebt war eine »Innenkolonisation«, die »Durchsetzung des platten Landes mit Gartenstädten«.[26] Die praktische Umsetzung beziehungsweise Überführung von Howards Mission in Propaganda für Gartenstadtgründungen in Deutschland zählten zu den wichtigsten Zielen der DGG. Sie agitierte in der festen Überzeugung, »dass die Gartenstadtbewohner einen positiven Einfluss auf die Gesamtgesellschaft ausüben könnten, da sie in Gartenstädten mit demokratischeren Tendenzen und ästhetisch anspruchvollen Umweltbedingungen konfrontiert würden.«[27] Neben der ökonomischen Strategie definierte sich die Gartenstadtbewegung vor allem über ihren erzieherischen Ansatz: Sowohl auf sozialem Gebiet wie auch durch eine neue ästhetisch-künstlerische Kultur sollten die Gartenstädte innerhalb der Wohnungsfrage neue Horizonte öffnen. Ihre Vision konnte die DGG offensichtlich erfolgreich vermitteln: Um 1910 sprossen überall in Deutschland neugegründete Gartenstädte »wie Pilze aus dem Boden«.[28]

Auch in Jena waren diese Gedanken auf fruchtbaren Boden gefallen. Mit der ersten Kommission vom Januar 1911 sollte geprüft werden, »*ob es möglich sei, auch in Jena das Problem der Gartenstadt zur Lösung zu bringen. […] Der allgemeine Wunsch vieler Mieter, möglichst im eigenen Hause in schöner freier Lage zu wohnen, hat an vielen Orten Gartenstadt Gesellschaften entstehen lassen, die das Problem bereits gelöst und schöne Kolonien geschaffen haben.*«[29]

Die Komission hatte also die Machbarkeit einer Idee zu prüfen, die in Jena bis dahin noch nicht baulich umgesetzt worden war: die Einfamilienwohnung als Mietwohnung für Arbeiter. Mit umgebenden Garten in naturnaher Umgebung galt sie als Inbegriff einer neuen Wohnkultur zur »Gesundung von Körper und Geist«.[30] Dafür musste zunächst intensiv Informations- und Überzeugungsarbeit geleistet werden, denn die Diskussion um die Finanzierbarkeit von Einfamilienhäusern für das sogenannte »Arbeiterwohnen« war ebenso alt wie das Gartenstadtmodell selbst. Die Protagonisten in Jena informierten sich, verglichen das eigene Vorhaben mit Siedlungsmodellen in anderen Städten (unter anderem in Wandsbek und Magdeburg-Reform), zogen Erfahrungsberichte und den Rat von Architekten heran. Zur eigenen Orientierung, aber auch um Interessenten zu gewinnen, wurde das Jenaer Architekturbüro Hirsch & Staude mit Entwürfen für solche Einfamilienhäuser beauftragt. Die Ergebnisse wurden im Frühjahr 1911 in der Klostermann'schen Hofbuchhandlung öffentlich ausgestellt und riefen ein »sehr lebhaftes« Interesse hervor[31] und bewiesen, was bisher nur These und Forderung gewesen war: »*Die Kommission ist nun, dank dem Entgegenkommen der Firma Hirsch & Staude, insbesondere deren künstlerischem Mitarbeiter Herrn Architekt Engelhardt, in der Lage, mit den Entwürfen und Plänen in die Öffentlichkeit zu treten. […] Die Firma Hirsch & Staude und deren künstleri-*

»Für die Familie eine Heimstätte und für den Menschen eine Heimat«

Mitgliedskarte für den Verein Heimstätten-Siedelung, um 1911

scher Mitarbeiter bürgen dafür, dass wirklich etwas Gutes, Künstlerisches und Preiswertes geschaffen wird, ...«[32] War die Ausstellung der Pläne und Entwürfe in der Klostermannsch'schen Buchhandlung einerseits gezielte Öffentlichkeitsarbeit, um schon in dieser frühen Planungsphase möglichst viele Interessenten zu gewinnen, die möglichst bald Genossenschaftler werden sollten, so war sie mindestens ebenso wichtig für die grundsätzliche Frage der Finanzierung. Mit Hilfe der Entwürfe und der mit ihnen zusammen entwickelten gründlichen Kalkulationen gelang es, den Vorsitzenden der Thüringischen Landesversicherungsanstalt in Weimar, Regierungsrat Pomplitz für das Vorhaben gewinnen und ihn von der Solidität der Finanzplanung zu überzeugen. Die Versicherungsanstalt gab Darlehen bis zu 75% des Bauwertes. Erst jetzt konnte der erste Anfang gemacht werden.

## Bauen im historischen Zusammenhang

Den 25 ersten Mitgliedern im Juli 1911 stand eine große Zahl von Interessenten noch abwartend gegenüber. Als erste Aktivitäten Gestalt annahmen, stieg die Mitgliederzahl steil an:

| September 1912 | 209 |
| --- | --- |
| September 1913 | 399 |
| September 1914 | 439[33] |

Die ersten Bauten wurden in der Löbstedter Flur geplant, wo man zunächst Gelände zu einem günstigen Preis erworben hatte. Doch war man angesichts der niedrigen Kapitaldecke der Genossenschaft auf ein Darlehen der Gemeinde Löbstedt angewiesen, das diese nicht zu geben bereit war; außerdem konnte in den Fragen der Wasserversorgung und des Baus einer Schule keine Einigung erzielt werden. Schon im Oktober 1911 hatte man sich an die Stadt Jena wegen Abtretung eines günstig gelegenen, großen und billigen Geländes in unmittelbarer Nähe zu Jena gewandt.[34] Nach langen und zähen Verhandlungen gelang es, Bauland in der Ziegenhainer Flur zu kaufen. Im Frühjahr 1913 konnte man auf dem Gelände am Nordhang des Tales mit dem Bau beginnen. In der damaligen Unteren Heimstättenstraße entstanden nach den Plänen von Paul Engelhardt[35] in einem ersten Bauabschnitt 50 Einfamilienhäuser, in 10 Hausgruppen zusammengefasst.

Im Oktober wurden sie von den ersten Mietern bezogen, deren Weg zu ihren neuen Wohnungen noch über eine holprigen Feldweg das Tal hinauf führte. Noch lagen die Heimstätten abseits der Stadt zwischen Feldern und Wiesen. Doch die Nachfrage wurde immer größer, so dass sich ein zweiter Bauabschnitt anschloss: Am ihrem westlichen Ende wurde die Straße in einem Bogen zurück und bergan geführt

»Für die Familie eine Heimstätte und für den Menschen eine Heimat«

empfindende Verteilung der Massen und Oeffnungen, durch geschickte Gestaltung des Daches, durch überlegte Verwendung der Farbe entzückende Wirkungen erzielen lassen. Einmal sind auch zwei Baugruppen durch einen Torbogen mit darüber gelegenen Zimmern in fesselnder Weise zu einer Einheit verbunden. Die architektonische Gestaltung gerade dieser Stelle beweist die feine Anpassung an das Gelände und die Straßenführung, und

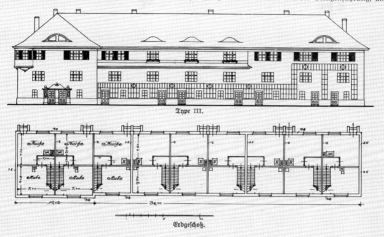

wird besonders reizvoll wirken. Aber Engelhardt hat seine Aufgabe mit einer kompositionellen Gestaltung nicht für erledigt gehalten, er hat sich von Anfang an so in die Einzelheiten seiner Entwürfe vertieft, daß er den einzelnen Raum mit Mobiliar gezeichnet hat, ja gewissermaßen von ihm ausgegangen ist. Eine vor uns liegende Skizze eines schlicht und edel gedachten Schlafzimmers beweist das.

Nach alledem kann man von der Gestaltung dieses großzügigen und bewundernswerten Planes nur ein sehr erfreuliches und unserer Stadt zur Sehenswürdigkeit gereichendes Werk erwarten, über das wir uns noch ein abschließendes Wort bei seiner Fertigstellung vorbehalten.  Vershofen.

*Werbung für die Heimstätten: Aufrisse und Musterzimmer in einer Beilage zum Jenaer Volksblatt, 1913*

*Heimstättenstraße 31–39, um 1916*

in die damals so genannte Obere Heimstättenstraße (heute Dreßlerstraße). Hier wurden noch einmal 86 Häuser geplant und im Frühjahr 1914 begonnen. Bis zum Beginn des Krieges waren nur 53 Häuser fertiggestellt und bezugsfertig, bis zum Sommer 1915 wurde dieser erste Bauabschnitt der Siedlung fertiggestellt. Unmittelbar darauf erhielt die Siedlung mit der »Talschule« am östlichen Ende der Heimstättenstraße einen nicht nur städtebaulichen Akzent: Mit den Heimstätten und der seit 1912 nach Jena eingemeindeten Ortschaft Ziegenhain hatte sich ein neuer Stadtteil entwickelt, der den Bau einer großen Grundschule erforderlich machte.

Im Ersten Weltkrieg musste die Bautätigkeit bis auf Weiteres eingestellt werden, die Mitgliederzahl sank erstmals wieder. Doch ausgerechnet während der Kriegsjahre stellte sich dann der Erfolg der Heimstätten-Idee ein: In den ersten vier Jahren seit der Gründung war noch kein Reingewinn erzielt worden. Anfangs nicht vorhergesehene Kosten, wie z. B. die aufwändige Erschließung der Grundstücke in der Hanglage sowie die Kosten für den Straßenbau hatten die Finanzplanung der ohnedies hart am Limit wirtschaftenden Genossenschaft zusätzlich belastet. Ab 1916 aber wurden zum ersten Mal Überschüsse erzielt. Ermutigt vom Erfolg bereitete man Pläne zum weiteren Ausbau der Siedlung vor, doch ihre Umsetzung konnte erst ab 1919 erfolgen. Die Nachfrage nach Wohnungen war auch in Jena nach dem

»Für die Familie eine Heimstätte und für den Menschen eine Heimat«

*Die Anfänge des Heimstätten-Viertels: Obere und Untere Heimstättenstraße, um 1916*

*Die Heimstätten-Siedlung im Ziegenhainer Tal, um 1915*

Krieg, nach Jahren unterbrochener Bautätigkeit wieder besonders drängend geworden, so dass auch immer mehr Wohnungssuchende in die Genossenschaft eintraten. Von 406 im Jahr 1916 stieg die Mitgliederanzahl sprunghaft auf 551 im Jahr 1918 und 1621 im Jahr 1920.

Der Zustrom an Mitgliedern allein hatte die Genossenschaft noch nicht in den Stand gesetzt, ihre Tätigkeit fortzusetzen. Während der 1920er Jahre war Baumaterial kaum oder nur sehr teuer zu beschaffen und erste Anzeichen der Inflation machten sich in einer Verteuerung der Baukosten um fast das Zehnfache der Vorkriegspreise bemerkbar. Damit waren keine Mieten festzusetzen, die für die Genossenschaftler auch nur annähernd bezahlbar gewesen wären. An diesem Punkt sahen sich die öffentliche Hand ebenso wie die Carl-Zeiss-Stiftung in der Pflicht, die weitere Handlungsfähigkeit der Heimstätten-Genossenschaft durch unverzinsliche Baukostenzuschüsse abzusichern. Der Preis war eine Einschränkung in der Selbstverwaltung der bis dahin unabhängigen Genossenschaft: Stadt und Carl-Zeiss-Stiftung übernahmen Aufsichtsrechte in der Verwaltung. Von diesem Zeitpunkt an »*wurde die Bekämpfung der Wohnungsnot durch die gesetzliche Verpflichtung zur Bereitstellung öffentlicher Mittel für den Wohnungsbau gleichzeitig auch zur Aufgabe des Staates und der Gemeinden bestimmt.*«[36] Was hier für Jena beobachtet wurde, lässt sich überall in Deutschland zu dieser Zeit beobachten.[37] Das Beispiel der Heimstättengenossenschaft bildet die allgemeine Entwicklung staatlicher Wohnungsbauförderung genau ab und spiegelt die neue Bedeutung der Baugenossenschaften in den Jahren von Wirtschaftskrise und Inflation. Mangel an Kapital und hohe Kreditzinsen hatten in ganz Deutschland den privaten Wohnungsbau so unrentabel gemacht, dass er fast völlig zum Erliegen kam. Als Lösung aus der Zwangslage kam erst jetzt das genossenschaftliche Bauen, das in der Wohnungswirtschaft bis dahin eine Nebenrolle gespielt hatte, ins Blickfeld. »*Innerhalb weniger Jahre entstanden Tausende von Wohnungsbaugenossenschaften, die größte Gründungswelle in der deutschen Wohnungsbaugeschichte.*«[38]

Auch in Jena fiel den Baugenossenschaften die Aufgabe zu, der Masse der Wohnungsnot entgegenzuwirken. Die Heimstätten-Genossenschaft stand vor ihrer ersten großen und entscheidenden Bewährungsprobe. Angesichts drängender Wohnungsnot und hoher Baukosten sollte sich erweisen, was das bereits vor dem Krieg entwickelte Geschäftsmodell eines auf einem Gemeinschaftsgedanken gegründeten Zusammenschlusses nun leisten konnte. Als man sich bei der Heimstättengenossenschaft wieder in der Lage sah, weitere Wohnungen zu errichten, stand man daher vor ganz neuen Aufgaben. Da die Genossenschaft nun, öffentlich gefördert, eine entscheidende Rolle für den Jenaer Wohnungsmarkt spielte, beschränkte sich ihre Bautätigkeit ab 1927 nicht mehr nur auf eine Siedlung: Neues Bauland am Lichtenhainer Oberweg wurde erworben und – wie weiter unten beschrieben – als neues »Südviertel« bebaut. Gleichzeitig sah man sich zu einer entscheidenden Änderung des vor dem Krieg favorisierten Wohnmodells gezwungen. Wohnungsnot und drastisch verteuerte Baukosten ließen nun den Bau von Einfamilienhäusern nicht mehr zu. Die neuen Wohnungen mussten in Mehrfamilienhäusern entstehen. Im Ziegenhainer Tal konzipierten Paul Engelhardt und Heinrich Vossler zwischen 1919 und 1922 zweigeschossige Häuserzeilen, zunächst als nördliche, dann südliche Begrenzung der damaligen Schützenstraße, der heutigen Friedrich-Engels-Straße. Der Mehrfamilienhausbau wurde allerdings nicht die Ansprüche an den bis dahin erzielten Standard geopfert: Alle Wohnungen hatten eine Küche mit Speisekammer und 3 oder 4 Räume, eigene Toiletten und einen zum Ausbau als Badezimmer vorgesehenen Raum. Balkone wurden nur für etwa die Hälfte der Wohnungen geplant. Um das Ziel vom naturnahen Wohnen weitmöglichst beizubehalten, wurde besonderer Wert auf eine großzügige Planung und gezielte landschaftsgestaltende Planung von Gartenflächen und Grünanlagen gelegt. Mit zwei- bzw. dreigeschossigen Mehrfamilienhäusern, nun entworfen vom Jenaer Baubüro Schreiter & Schlag[39], die am oberen Ende der Friedrich-Engels-Straße an der Talschule auch städtebaulich einen Endpunkt setzten (südlich zwei Häuser, verbunden mit einem stadtbildprägenden dreiteiligen Bogengang, nördlich auf der Spitze zwischen Ziegenhainer Straße und Friedrich-Engels-Straße der bereits in ganz anderer Formensprache gestaltete, heute stark veränderte Gaststättenbau), wurde in den Jahren zwischen 1925 bis 1928 der zweite Bauabschnitt mit insgesamt 172 Wohnungen zu Ende gebracht.

Das Büro Schreiter & Schlag übernahm auch in der Erweiterungsphasen der Jahre 1930 bis 1935 einige Hausprojekte in der Heimstättenstraße und in der Doberau, doch wurde seine modernistische Handschrift zunehmend vom traditionalistischen Stilbegriff Walter Engelhardts, des Bruders von Paul Engelhardt, verdrängt. Die Weiterführung von Dreßlerstraße und Heimstättenstraße und ihre Überleitung zur Doberau mit dem markanten drei rundbogigen Schaufenstern des Konsum fällt in diesen Bauabschnitt. Erstmals baute die Heimstättengenossenschaft nun wieder Doppel-Einfamilienhäuser, wenn auch nur als Solitäre im Rahmen eines mehrgeschossigen Bebauungsplans.

Auch der flache, dreigeschossige, zeilenförmige Baublock nördlich der Ziegenhainer Straße, heute durch Dachaufbauten und vorgesetzte Balkone stark verändert, entstand im Jahr 1930, allerdings mit einem anderen Bauträgermodell. Die finanzielle Betreuung übernahm die »DEWOG«, was wohl auch das deutliche Ab-

*Doppelhäuser in der Heimstättenstraße 80–88, Büro Schreiter & Schlag, 1930*

weichen von der bisher in der Siedlung angewandten architektonischen Sprache erklärt.[40]

Der südliche Abschnitt des Geländes war damit bereits in Angriff genommen. In der 4. Bauphase wurde er im Jahr 1936 einheitlich bebaut und städtebaulich abgeschlossen. Paul und Walter Engelhardt entwarfen für die Luise-Seidler-Straße, die Neunkirchner Straße und den St. Wendel-Stieg noch einmal Einfamilienhäuser, diesmal in Reihenbauweise.

Ein fünfter und letzter Bauabschnitt, ebenfalls lediglich nur ein Jahr Bauzeit umfassend, schloss 1937 mit Reihenhäusern nach Entwürfen von Paul Engelhardt Lücken in der Leo-Sachse-Straße und der Haydnstraße.

Seit 1993 ist die Siedlung als Ensemble ins Denkmalbuch eingetragen: Als »in sich geschlossenes Wohngebiet von zwei- und dreigeschossigen Einfamilien- sowie Etagenmietshäusern« greift es »in modifizierter Form die Idee der Gartenstadt-Siedlungsbewegung auf«. »*Vorgärten, Nutzgärten, Freiflächengestaltung sind wesentliche Elemente der Siedlung. In ihrem äußeren Erscheinungsbild weisen die weitgehend in bauzeitlicher Originalsubstanz erhaltenen Wohnbauten zeittypische architektonische Gestaltungsformen auf. Die Grundrisse spiegeln die Wohnbedürfnisse und Lebensweise der Zeit wieder. Die Siedlung ist in ihrer Geschlossenheit anschauliches Zeugnis der sozial-*

»Für die Familie eine Heimstätte und für den Menschen eine Heimat«

*Mehrfamilienhaus der DEWOG in der Ziegenhainer Straße 19–25, Architekt Dorst, 1930*

*historischen Entwicklung, die in Entwürfen namhafter Architekten ihren Niederschlag fand.«*[41]

Der zweite große Heimstätten-Siedlungskomplex entstand ab 1927 am süd-westlichen Rand Jenas, an den Hängen oberhalb des bereits im 19. Jahrhundert entstandenen Stadtviertels mit mehrgeschossiger Miethausbebauung zwischen Magdelstieg und Lichtenhainer Oberweg. Das Bauland konnte günstig von der Carl-Zeiss-Stiftung erworben werden, um »*in diesem aufstrebenden Stadtteil Wohngelegenheit für viele Mitglieder zu schaffen, die ihre Arbeit in den nahegelegenen Werkstätten der Firmen Carl Zeiß und Schott u. Gen. hatten.*«[42] Der erste Bauabschnitt, auch hier konzipiert von Paul Engelhardt, wurde in aufgelockerter Blockrandbebauung um eine Freifläche mit Grünanlagen und Spielplatz herum ausgeführt. Sieben Baugruppen von zweigeschossigen Häusern sind teils durch begrünte Zwischenräume, teils mit dem schon vom Ziegenhainer Tal her bekannten Motiv der Durchgangsbögen zwischen zwei Häusern zu einer einheitlichen Gruppe zusammengefasst.

Im zweiten Bauabschnitt von 1928/29 wurde dieses Muster weitergeführt: An Doebereinerstraße, Friedrich-Körner-Straße, Ernst-Pfeiffer-Straße und Rosenweg gruppieren sich fünf zweigeschossige Häuser mit zum Teil ausgebauten Dächern. Vom ersten Bauabschnitt an war es das städtebauliche Ziel, diese Siedlung zusammenwachsen zu lassen »*mit den Häusern der Jenaer Baugenossenschaft an der Tatzendpromenade und der Eduard-Rosenthal-Straße zu einem einheitlichen Gesamtbild einer Siedlungsneuschöpfung, durch die Jena in seiner südwestlichen Umgebung um ein neues, schönes Stadtbild erweitert sein wird.*«[43]

Zu diesem Zeitpunkt gehörten der Heimstätten-Genossenschaft 2600 Mitglieder an, so viele wie keiner anderen Baugenossenschaft in Thüringen. Es gelang, das »Genossenschaftsschiff ohne Leck durch die Wogen des Inflationsmeeres zu lenken.«[44] Sie vermochte gerade in den Jahren der Inflation mit ihren wirtschaftlichen Zwängen besonders erfolgreich zu agieren, weil das System von genossenschaftlicher Beteiligung und Selbstverwaltung der Mitglieder in den Gremien stets das Interesse der Genossenschafter und ihrer Einlagen verfolgte.[45] Bestrebt, die Bautätigkeit der Genossenschaft gerade in Zeiten wirtschaftlicher Not nicht einzuschränken, sondern im Gegenteil an den Erfordernissen des Wohnungsmarkts und den Bedürfnissen der Mieter auszurichten, konnte man ein stabiles genossenschaftliches Leben aufbauen. Die Heimstätten-Genossenschaft lieferte den Beweis, »dass es unter den herrschenden Bedingungen dieser Zeit möglich war, Heimstätten für die Menschen zu schaffen, die nicht nur aus der Mietskaserne heraufführten und menschliche Wohn- und Lebensbedingungen sicherten, sondern die auch finanziell tragbar und erschwinglich waren.«[46]

Gerade als die Heimstätten-Genossenschaft besonders starken Zuspruch fand und sie in zwei Siedlungen gleichzeitig die Phase ihrer intensivsten Bautätigkeit er-

*Platzgruppe am Lichtenhainer Oberweg, 1931*

*Giebelhaus am Lichtenhainer Oberweg mit Skulptur »Die Wohnungnot« von Bruno Pflügner, um 1930*

lebte, bremste die Weltwirtschaftskrise alle noch geplanten Bauvorhaben zunächst erheblich ab und brachte sie 1931 und 1932 ganz zum Erliegen. Von den öffentlichen Darlehen fiel der staatliche Bereich vollständig weg; seit 1931 wurden keine Darlehen mehr aus den Hauszinssteuern ausgezahlt, die im gemeinnützigen Wohnungsbau bisher den Hauptanteil staatlicher Förderung und der gesamten Baufinanzierung ausgemacht hatten. Krisenbedingt konnten auch viele Genossenschaftler ihre Beiträge nicht mehr zahlen; so sah man sich gezwungen, die Bautätigkeit bis auf Weiteres einzustellen. Die wenigen noch verbleibenden Möglichkeiten öffentlicher Förderung nahm die Heimstätten-Genossenschaft bewusst nicht in Anspruch, um ihren Zielen weiterhin treu bleiben zu können: Eine Gruppe von mit Reichsmitteln bezuschussten Kleinhäusern, bereits geplant, wurde schließlich doch nicht gebaut, »*weil wir nach den Anordnungen, die als Reichsgrundsätze zur Durchführung dieses zusätzlichen Wohnungsnotprogrammes erlassen worden waren, den Wohnungsbau nicht betreiben wollten. Sie ließen nur allzu deutlich das Bestreben der Reichsregierung erkennen, mit wenig Mitteln möglichst viele Wohnungen zu erbauen, die sowohl nach der Raumgröße, wie auch in der Bauausführung und Ausstattung nur den allerbescheidensten Ansprüchen genügen konnten.*« Noch leistete man sich selbstbewusst eine solch konsequente Haltung, um Baumaßnahmen wie diese als »nicht erstrebenswert« ablehnen zu können. Gleichzeitig wurden die Chancen für genossenschaftliches Bauen im Sinne des Heimstättenideals für die nächsten Jahre pessimistisch eingeschätzt. Der Höhepunkt der späten 1920er Jahre war zugleich ein »*Wendepunkt in der Richtung einer erheblichen und zum Teil gänzlichen Einschränkung der Bautätigkeit und weiter […] eine Hemmung ihrer sozialpolitischen und wohnungskulturellen Entfaltung*«[47].

Tatsächlich wurde die Entscheidungsfreiheit der Heimstätten-Genossenschaft ab 1933 offensichtlich erheblich eingeschränkt. Für die Zeit bis 1945 werden die Quellen spärlich; die Bautätigkeit wurde nach 1933 in die Maßnahmen der nationalsozialistischen Regierung zur Schaffung von Wohnraum in großem Maßstab eingebunden, so dass ihr nur noch wenig eigener Gestaltungsspielraum blieb. 1938 feierte man Richtfest für 98 weitere Wohnungen am Lichtenhainer Oberweg[48], in den folgenden Jahren sollte sich die Bautätigkeit der Genossenschaft mit Mehrfamilienhäusern fast ganz auf diese Siedlung beschränken. Der Chronist berichtete rückblickend, den Geschäftsbericht von 1939 zitierend, die Wohnungen seien »*sämtlich an Angehörige des Rüstungsbetriebes Carl Zeiss vermietet. In den Häusern sei eine Vielzahl an Dachwohnungen entstanden, die in den meisten Fällen dem angestrebten Heimstättenziel nach ausreichenden Wohnbedingungen in keiner Weise entsprachen.*«[49] Im Jahr 1941 wurden die Bauvorhaben der Heimstätten-Genossenschaft wegen der nicht mehr zu überwindenden Probleme bei der Materialbeschaffung und wegen des Mangels an Arbeitskräften eingestellt.

»Für die Familie eine Heimstätte und für den Menschen eine Heimat«

## Wohnen in einer Heimstätten-Siedlung

Bei der Anlage ihrer ersten Heimstätten-Siedlung im Ziegenhainer Tal gingen die Gründerväter offensichtlich von sachlichen Machbarkeitsüberlegungen aus: Das Gelände am Südhang des Ziegenhainer Grundes sollte bebaut und möglichst schrittweise erweitert werden. Anders als die meisten Gartenstadtkonzepte wurde die Siedlung nicht auf ein urbanes Zentrum wie zum Beispiel einen Marktplatz mit öffentlichen Gebäuden und Geschäften hin ausgerichtet. Zwar bildet das freistehende Doppelhaus mit der Brunnenanlage an der Haarnadelkurve zwischen Heimstättenstraße und Dreßlerstraße einen sehr wirkungsvollen städtebaulichen Akzent, aber nichts deutet darauf hin, dass ein umfassender und abgeschlossener Plan für eine ganze Gartenstadt mit mehreren solcher Blickpunkte zugrunde gelegt wurde. Auf der Grundlage eines solchen weniger programmatischen als vielmehr pragmatischen Konzepts konnte die Siedlung im Laufe der Zeit organisch wachsen, je nach finanziellem Leistungsvermögen und wohnungspolitischen Notwendigkeiten. Der Umstand, dass weite Teile von dem gleichen Architekten, Paul Engelhardt, bzw. aus dessen Büro stammten und dass auch die vom Büro Schreiter & Schlag entworfenen Gebäude sich mit einer zwar moderneren, doch sensiblen Haltung an das Engelhardtsche Erscheinungsbild anpassten, gewährte eine Kontinuität der Gestaltung über mehrere Jahrzehnte hinweg. Treppenwege verbinden noch heute einzelne Stra-

*Steinrelief von Feodor Walther mit drei Kindern als Musikanten, 1931*

ßenzüge, Bogengänge und besonders herausgehobene Fassaden, Giebel und Erker bilden besonders betonte Blickpunkte. Zusammen mit architektonischen Zierelementen wie den Relieftafeln von Feodor Walter und der heute wieder rekonstruierten Farbgestaltung tragen sie zur unverwechselbaren städtebaulichen Wirkung der

*Durchgang mit Treppenweg an der Heimstättenstraße, 1919*

»Für die Familie eine Heimstätte und für den Menschen eine Heimat«

anpassen, und die neuen Siedler werden mit den alten im rechten genossenschaftlichen Geiste rasch zusammenwachsen!
Die Heimstättengenossenschaft in Jena ist keine Erwerbsgesellschaft und keine berufsmäßige Bauunternehmung, sie will keine kapitalistischen Gewinne erzielen, und sie will vielmehr als etwa nur eine vorübergehende Wohnungsknappheit

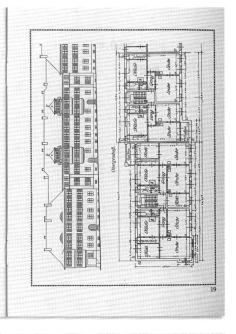

diesen unheimlichen Behausungen den Heimatsinn, Millionen von Kindern wuchsen auf diesen asphaltierten Höfen fern der Scholle und entfremdet der Natur heran, ein Großstadtvolk, das nie das Glück des Vaterhauses kannte! Und aus den stürmisch anschwellenden Großstädten wanderte das Massenmiethaus bald auch herüber in die langsamer wachsenden Mittelstädte — es schien ja so bequem, mit einem Schlage die „Wohnungsfrage" zu „lösen", indem man 10 oder 20 Familien in eine einzige große Kaserne hineinpferchte! So schien es seit Beginn des 20. Jahrhunderts, als sollte auch Jena allmählich diesem ebenso ungesunden wie geschmacklosen Haustypus verfallen; das Viertel zwischen Saalbahnhof und Prinzessinnenschlößchen wird noch manchem kommenden Geschlecht von dieser Gefahr zeugen.
Es war also ein bewußtes Schwimmen gegen den Strom, als sich am 12. Juli 1911 eine kleine Schar von 25 Idealisten in Jena zusammenschloß und die „Heim-

Gerhard Kessler, Die Siedlung der Heimstätten-Genossenschaft zu Jena, 1919

Siedlung bei. So reifte sie im Laufe ihrer Geschichte von einer anfänglichen »gartenstadtähnlichen« Bebauung zu einer weiträumigen Gartenstadt aus. Ähnliches gilt auch für die Siedlung am Lichtenhainer Oberweg, das Südviertel, die bis heute allerdings, nicht unter Denkmalschutz stehend, wichtige Elemente ihres Erscheinungsbildes eingebüßt hat.

*Heimstätten-Straße 13, um 1930*

»Für die Familie eine Heimstätte und für den Menschen eine Heimat«

Farbige Putzfassaden prägen heute die gesamte Siedlung im Ziegenhainer Tal. Zusammen mit Spalieren und grünen Schlagläden vor Sprossenfenstern, geschweiften Gauben, Giebeln und Zierelementen stehen sie für eine Stilhaltung, die im Umfeld der deutschen Reformarchitektur im frühen 20. Jahrhundert propagiert wurde: Den bis dahin allgemein gültigen und an den Hochschulen ge-

*Dreßlerstraße 37–42, 1931*

lehrten Historismus verdammten jüngere Generationen von Architekten und Wohnungsreformern als Inbegriff geistloser Formwiederholung, als Geschmack der konservativen Bourgeoisie, verkörpert nicht zuletzt in den blenderischen Fassaden vor den »volksverderbenden Massenmietshäusern.«[50] Historisch älter als dieses als Sündenfall empfundene Dogma eines eklektischen Formenkanons in der Mitte des 19. Jahrhunderts war der Klassizismus. Er erschien unbescholten und gestalterisch wie funktional sehr viel eindeutiger als die Architektur des Historismus. Hier suchten und fanden die Reformarchitekten ihr Ideal, den Ausweg aus dem gestalterischen Diktat ihrer Zeit. 1908 veröffentlichte Paul Mebes sein Buch »Um 1800«.[51] Die umfangreiche, mehrbändige Publikation bot einen Fundus schlichter architektonischer Lösungen, die als »ehrlich« galten. Dass sie einer vorindustriellen Epoche entstammten und ihre Übernahme stets auch einen Kern rückwärtsgerichteter Sozialromantik in sich barg, sollte den Reformarchitekten von der nächstjüngeren Generation der Moderne, die dann mit einem international entwickelten Baustil erstmals historische Anlehnungen konsequent vermied, hämisch vorgeworfen werden.[52]

Tatsächlich ist, auch für die Jenaer Siedlung, die Orientierung an der Maßstäblichkeit, Wegeführung und Grünflächengliederung ländlicher und kleinstädtischer

*Ziegenhainer Straße 46–50, Büro Schreiter & Schlag, 1928*

Siedlungsformen auffällig: Sie geht unmittelbar einher mit der Überhöhung des Ideals vom naturnahen Wohnen im eigenen Haus auf eigenem Grund und Boden als Voraussetzung für Heimatbindung: »*War das alte Bürgerhaus oft auch nur ein bescheidener Bau mit wenigen und kleinen Räumen, immer war es doch ein Boden, auf dem Kinderfreude und Familienglück, selbständiger Sinn und Liebe zur Heimat jedem Geschlechte von neuem erwachsen konnten*«.[53] Auch der Architekt Paul Engelhardt war in die zeitgenössische Diskussion um Heimatschutz, Tradition und Landschaftsschutz eingebunden und äußerte sich u. a. zum Bautypus des Kleinbürgerhauses.[54] So dominant und überzeugend setzte er diese Ideen baulich um, dass später das Büro Schreiter & Schlag in seinen Bauten am Ende der 1920er Jahre in der Siedlung bei Fassadengestaltung und Einzelformen weiterhin der traditionalistischen Sprache mehr verpflichtet blieb als der mittlerweile gängigen, so genannten Neuen Sachlichkeit. Zwar fehlen Rokoko-Elemente oder klassizistische Formen – sie wurden durch abstrakt gestaltete Klinkerbänder ersetzt – doch das Prinzip einer an malerischen Blickwinkeln und Ansichten ausgerichteten Eingliederung in das Bauensemble und an die weitere Umgebung wurde immer beibehalten.

Bei Grundrissplanung, Bauausführung und Ausstattung der einzelnen Häuser bzw. Wohnungen legte die Heimstätten-Genossenschaft von Anfang großen Wert

*Schlafzimmer, Heimstättenstraße 45 oder 51, um 1918*

*Badezimmer in der Schützenstraße, heute Friedrich-Engels-Straße, 1926*

auf die Durchsetzung eines höheren Standards: Eigenes Bad, auf gute Durchlüftung und Durchlichtung hin angelegte Räume, vom Durchgangsverkehr unbelastete Straßen, Gärten und Möglichkeiten für die Nutztierhaltung. Dies wurde nicht als Luxus empfunden, sondern als Notwendigkeit, als Mindestvoraussetzung für hygienisches, gesundes Wohnen und nicht zuletzt für die Umsetzung sozialethischer Reformbestrebungen. Grundsätzlich wurde in Massivbauweise gebaut, bereits jedes Haus der vier Typen der ersten Bauphase von 1913/14 hatte einen eigenen Keller und eine Waschküche, Bad und Dachboden, Wasserklosett, Wasserleitung, Gas und Elektrizität. Die kleinsten Häuser hatten im Erdgeschoss eine Wohnküche und einen Wohnraum, im Obergeschoss zwei weitere Räume. Für die größten wurden im Erdgeschoss die Küche und ein großer Raum, im oberen Geschoss drei kleinere Schlafräume konzipiert. Zu jedem Haus gehörte ein kleiner Garten, für den neben der Wohnungsmiete eine gesonderte Jahrespacht erhoben wurde. Die Mieten lagen 1913 zwischen 295 und 500 Mark jeweils für den kleinsten oder größten Haustyp.

Auch als die Heimstättengenossenschaft sich durch wirtschaftliche und baupolitische Zwänge gezwungen sah, Wohnungen in Mehrfamilienhäusern zu planen, behielt man diese Standards bei und verbesserte sie in einigen Punkten: 1926 richtete man in den neuen Häusern an der Südseite der heutigen Friedrich-Engels-Straße alle Bäder mit emaillierter Wanne und Badeofen ein, die Küchen erhielten neuar-

*Zentrale Waschküche im Südviertel, um 1925*

tige Herde für kombinierte Kohlen- und Gasbefeuerung. Das Zweifamilienhaus an der Talschule wurde versuchsweise als erstes der Siedlung mit einer Warmwasserheizung ausgestattet.

*Der Laden Solbrecht in der Schützenstraße, heute Friedrich-Engels-Straße 53, um 1930*

Zur gleichen Zeit verzichtete man in den Mehrfamilienhäusern am Ziegenhainer Oberweg auf den Bau von Waschküchen im Keller. Sie wurden ersetzt »*durch eine für die ganze Siedlung errichtete Zentralwaschküche mit motorisch betriebenen Waschmaschinen und Trockenkulisseneinrichtung. Die Hausfrau ist von der Plage des mehrtägigen Waschens, bei dem sie nebenher noch den Haushalt zu besorgen hatte, befreit. Sie nimmt die Wäsche nach höchstens vierstündiger erleichterter Arbeit fertig getrocknet, gewaschen und gemangelt aus der Zentralwaschküche mit nach Hause.*«[55] Das Angebot war so erfolgreich, dass auch in der Siedlung im Ziegenhainer Tal eine solche Waschküche eingerichtet wurde.

Neben solchen Einrichtungen, die die praktisch-alltägliche Arbeit der Hausfrau in der Heimstätten-Siedlung erleichterten, kam die Gestaltung eines kinder- und familienfreundlichen Wohnumfelds ins Blickfeld: Spiel- und Sportplätze wurden angelegt, vor allem aber konnte man 1923 einen Heimstättenkindergarten nach den Grundsätzen der Montessori-Pädagogik seiner Bestimmung übergeben.

All diese Errungenschaften für einen höheren Wohnstandard und Fortschritte in der Wohnkultur, zu dieser Zeit stets angewandt auf Wohnraum für Familien, erarbeitete die Jenaer Heimstätten-Genossenschaft in den immer wieder von politischen und wirtschaftlichen Krisen bedrohten ersten drei Jahrzehnten des 20. Jahrhunderts. Offensichtlich verinnerlichten die den Gründervätern nachfolgenden Generationen in Vorstand und Aufsichtsrat den von Anfang an definierten sozialen

Auftrag und handelten trotz der nicht selten gegen sie arbeitenden Zeitumstände in seinem Sinne.

Die ersten 30 Jahre der Genossenschaft waren gleichzeitig die Epoche, in der in Deuschland das zentrale gesellschaftliche Problem der Wohnungsfrage aufgelöst wurde, indem man der Verelendung im MassenMiethaus entgegensteuerte. Dabei fächerte sich die Konzepte um die Frage »Wie sollen wir wohnen?« in eine breite Palette der unterschiedlichsten Reformansätze aus verschiedenen weltanschaulichen Lagern auf. In Jena brachte 1911 eine kleine sozialutopische Splittergruppe mit der Gründung der Heimstätten-Genossenschaft einen Stein ins Rollen – er rollt bis heute.

## Anmerkungen

1 SÄNGER 1931, S. 40.
2 KESSLER 1919, S. 34.
3 HÄUSSERMANN / SIEBEL 2000, S. 85.
4 Ebenda, S. 86.
5 KESSLER 1919, S. 2.
6 HÄUSSERMANN / SIEBEL 2000. S. 86–87.
7 ZIMMERMANN 1991, S. 161.
8 HÄUSSERMANN / SIEBEL 2000, S. 92
9 ABBE 1896; ABBE 1921, S. 225: »Gleich im Jahre 1897 ist der Anfang gemacht worden mit einer wichtigen Sache, die freilich nicht in der zuerst geplanten Weise zur Ausführung gekommen ist, die aber anderen eine Anregung gegeben hat; ich meine die Verhandlungen über den Bau von Arbeiterwohnungen. Durch die damaligen Diskussionen ist die Anregung zur Gründung der Jenaer Baugenossenschaft gegeben worden, die vielleicht sonst jetzt noch nicht bestände.«
10 SCHOMERUS 1936, S. 40: »Das Zeisswerk hat es nie für richtig gehalten, dem Wohnungsbedürfnis seiner Arbeiterschaft durch Werkswohnungen abzuhelfen. So gut die von Fabriken für ihre Arbeiter gebauten Häuser sein mochten, so hat doch die Vorkriegserfahrung gelehrt, dass sie im Streitfall in der Regel als Kampfesmittel benutzt wurden und die Arbeiter in eine sozialpolitisch bedenkliche Abhängigkeit brachten, also dem von Prof. Abbe gewollten ›Vollbürgertum‹ entgegen wirkten. Dagegen hat die Firma ihren Arbeitern und Angestellten Bauhilfsgelder zu billigem Zinsfuß gewährt, wodurch zahlreichen Mitarbeitern die Möglichkeit geboten wurde, sich ein eigenes Heim zu gründen.«
11 ZIMMERMANN 1991, S. 138: »Die Einbeziehung der neuen Mittelschichten als Zielgruppe und Bündnispartner der Wohnreform, die nun durch die Aussicht auf ein Leben in aufgelockerten Vorstadt- und Gartensiedlungen angesprochen wurden, erweist, dass die spezifische Arbeiterwohnungsfrage der achtziger und neunziger Jahre aus der Diskussion verschwand. Dies bedeutet eine auffällige Parallele zwischen der konzeptionellen Ent-

wicklung in der Geschichte der Wohnreform und der allgemeinen Entwicklung der Sozialpolitik, die vor dem Ersten Weltkrieg immer weitere Bevölkerungsschichten einzubeziehen begann.«

12  Ebenda, S. 148.
13  Nicht zwangsläufig mussten solche Siedlungen den Arbeitern attraktiv erscheinen. Mitte des 19. Jahrhunderts machte die Berliner Gemeinnützige Baugesellschaft noch die Erfahrung, dass Handwerker und Arbeiter die Nähe zu Arbeitsstätten und Kunden im Inneren der Städte der Randlage von Kleinhaussiedlugen vorzogen, vgl. ZIMMERMANN 1991, S. 66–67.
14  Archiv Jenaer Heimstätten-Genossenschaft, Fragebogen an Zeiss-Mitarbeiter und Mitarbeiterinnen vom 28. August 1912.
15  Vgl. den Artikel von Katrin Fügener in diesem Band, S. 39–74.
16  Vgl. http://de.wikipedia.org/wiki/Einwohnerentwicklung_von_Jena, Zugriff am 4. März 2010, Quelle: Stadt Jena.
17  Vgl. Jenaische Zeitung, 10. Januar 1912; zitiert auch in: SÄNGER 1931, S. 6. Der zitierte Artikel bezieht sich auf einen Leserbrief und wurde auch in den Gründungsakten der Heimstättengenossenschaft, offensichtlich zur argumentativen Untermauerung der Genossenschafsidee, abgelegt.
18  Archiv Heimstätten-Genossenschaft Jena eG.
19  Zu Hellerau: BEGER 2008 sowie NITSCHKE 2009. Zur Deutschen Gartenstadt Gesellschaft: HARTMANN 1976.
20  BREDE 1993.
21  »Die propagandistische Aufgabe der K. E. A. soll es deshalb sein alle diese großen Massen des Volkes zum Bewusstsein der gewaltigen wirtschaftlichen Kräfte zu bringen, welche sie als Verbraucher zum Hersteller der Güter besitzen und sie davon zu überzeugen, dass diese Kräfte durch gemeinnützige solidarische Arbeitsorganisationen zu einer unwiderstehlichen Macht zusammengefasst und für die eigene wirtschaftliche und damit kulturelle Befreiung verwertet werden können. Das Volk soll seine wirtschaftlichen Angelegenheiten in die eignen Hände nehmen, soll als Gesamtheit sein eigener Kapitalist, Produzent und Bodenbesitzer werden.« Aufruf der Kulturgesellschaft Ernst Abbe, ohne Datum. StadtAJ, Ms Ver IV/9.
22  Trenn war 1909 nach einer heute nicht mehr rekonstruierbaren Auseinandersetzung bei Carl Zeiss entlassen worden. In einer Notiz in der Deutschen Industriebeamten-Zeitung wird über einen Zusammenhang mit der Gründung der K. E. A durch Trenn spekuliert. Betriebsarchiv Carl Zeiss 2477. Von Paul Trenn auch: Aus Abbes Sozialpolitik. In: Menschheitsziele 4/5, 1909, BACZ 20581.
23  StadtAJ, Ms. Ver IV/9, Nachrichten der K. E. A., Nr. 1 und 2, 1909, S. 7.
24  Quelle im Archiv der Heimstätten-Genossenschaft Jena eG; AMANN 2001.
25  Zur Geschichte des Gartenstadtgedankens und der Deutschen Gartenstadt Gesellschaft: HARTMANN 1976.
26  Zitiert ebenda, S. 27.
27  Ebenda, S. 44.
28  Ebenda, S. 31.

29 Jenaische Zeitung, 3. Mai 1911.
30 Archiv der Heimstätten-Genossenschaft Jena eG, HEIMSTÄTTEN 1986, S. 2.
31 Archiv der Heimstätten-Genossenschaft, Brief des Architekturbüros Hirsch & Staude an A. Koeppen, 3. Mai 1911.
32 Jenaische Zeitung, 3. Mai 1911.
33 SÄNGER 1931; S. 9. Zur Gründung der Heimstätten-Genossenschaft siehe auch: KESSLER 1919 und HEIMSTÄTTEN 1986. Die Beschreibung der Bauphasen im Amtsblatt der Stadt Jena, 48/49, 1993, S. 421–422 (= Anlage zur Eintragung ins Denkmalbuch).
34 BauaktenAJ, Akte Heimstättenstraße, Gesuch der Heimstättengenossenschaft Jena an den Gemeindevorstand und Gemeinderat der Residenz- und Universitätsstadt Jena, 31. Oktober 1911.
35 Zu Paul Engelhardt vgl. Dunker, Cornelia: »Er war Architekt mit Leib und Seele«, in: Thüringische Landeszeitung 28. März 1998 (= Villen in Jena) sowie WECKHERLIN 2006, S. 21, aber auch den Artikel von Doris Weilandt in diesem Band, S. 151–156.
36 SÄNGER 1931, S. 22.
37 NOVY 1985, S. 80.
38 ZIMMERMANN 1991, S. 107.
39 KURZE / MEURER / GROHÉ 1999.
40 »Der Entwurf des Baublocks in der Ziegenhainer Straße stammt von dem Architekten Dorst der DEWOG, Berlin. Der 24 Wohnungen umfassende Bau ist ein Flachdachbau, der seine Ebenbilder in den Architekturschöpfungen neuzeitlicher Siedlungsbauten vieler anderer Städte hat. Die fehlenden Räumlichkeiten des Dachbodens werden durch gut lüftbare Kellerräume ersetzt. Beim Innenausbau der Wohnräume sind, wie in allen Neubauten der letzten Jahre, die Fortschritte neuester Wohnungsausstattung durchweg verwertet worden.« Jahresbericht der Heimstätten-Genossenschaft 1930, S. 4 sowie SÄNGER 1931, S. 36.
Die in Berlin ansässige DEWOG, die Deutsche Wohnungfürsorge AG für Beamte, Angestellte und Arbeiter »fungierte als Dachgesellschaft der lokalen und regionalen Gesellschaften in Ländern und Städten, wo sie je nach den politischen Kräfteverhältnissen Länder- und Kommunalverwaltungen in ihre Aktivitäten einbezog«, in: GREBING 2005, S. 231.
41 Amtsblatt der Stadt Jena, 48/49, S. 422. Zur Bestandsaufnahme von Bauten und Grünflächen siehe vor allem: EICHSTÄDT 2007.
42 SÄNGER 1931, S. 32.
43 Ebenda, S. 35.
44 HEIMSTÄTTEN 1986, S. 8.
45 Ebenda, S. 8: »Die ehrenamtliche Leitung bestand aus 4 Vorstandsmitgliedern und 12 Angehörigen des Aufsichtsrates. Des weiteren gab es 60 Mitglieder der Vertreterversammlung. Die jährlichen Generalversammlungen hatten zum Gegenstand den Rechenschaftsbericht des Vorstandes mit den Teilen Wohnungsbau, Mieten, Instandhaltung, Grundbesitz, Mitgliedschaft und Verwaltung sowie den Kontrollbericht des Aufsichtsrates. Im Sinne des Wortes führte dieser die Aufsicht und wurde besonders durch seine Ausschüsse in den einzelnen Sachgebieten tätig. Es ist in diesem Zusammenhang herauszustellen, dass speziell dieses Gremium in entscheidendem Maße die Geschicke der

Genossenschaft mitbestimmte [...].« Auf der Basis der Satzung der Heimstättengenossenschaft regelten sich alle weiteren Fragen wie Mitgliedschaft, Beitrittshöhe und Geschäftsanteile, Hausverwaltung, Miethöhe, Ausschluß u. a. Die Vergabe der Wohnungen und Einfamilienhäuser erfolgte durch Verlosung. Voraussetzung war die Zugehörigkeit zur Genossenschaft seit 6 Monaten und die Einzahlung eines Geschäftsanteiles von mindestens M 30,00. Die Anzahl der Lose erhöhte sich nach mehrjähriger Mitgliedschaft sowie für Familien mit 4 und mehr Kindern. Darüber hinaus wurde jede vierte Wohnung an einen Bewerber mit der niedrigsten Mitgliedsnummer vergeben.

46 Ebenda, S. 9.
47 Zitate aus dem Jahresbericht 1931, S. 3, Archiv Heimstätten-Genossenschaft Jena eG.
48 Jenaische Zeitung, 1. August 1938.
49 HEIMSTÄTTEN 1986, S. 11.
50 KESSLER 1919, S. 20.
51 MEBES 1908 und WECKHERLIN 2006, S. 21.
52 Walter Gropius bezeichnete Richard Riemerschmids Bauten für die deutschen Werkstätten in Hellerau als »unsachlich(e) Bauernromantik.«, zitiert in: BEGER 2008, S. 26.
53 KESSLER 1919, S. 1.
54 WECKHERLIN 2006, S. 20 f.
55 SÄNGER 1931, S. 34.

*Karsten Völkel*

# Die Finanzierung der jungen Wohnungsbaugenossenschaften

*»Genossenschaften sind Unternehmen, die gegründet werden, um in einseitig beherrschten Märkten anzutreten. Sie werden als anbietende oder nachfragende Unternehmen errichtet, um Angebote zur Befriedung einer Nachfrage bereithalten zu können oder Nachfrage nach angebotenen Produkten oder Dienstleistungen zu erzeugen.«*[1]

Dieser theoretischen Aussage entspricht die Gründungssituation der Wohnungsgenossenschaften in Jena Ende des 19. Jahrhunderts. Es bestand eine enorme Nachfrage nach Wohnraum, der den neuesten hygienischen Erkenntnissen entsprechen sollte. Daneben sollten die Wohnungen billig sein und schnell in großen Stückzahlen am Markt angeboten werden. Der Wohnungsmarkt in Jena war in verschiedener Hinsicht einseitig dominiert. Das rasche Wachstum der heimischen Industrie und des Handwerks führte zu einem schnellen Anstieg des Personals in den Betrieben. Die privaten Angebote hielten mit dieser Nachfrage nicht Schritt. Sie konzentrierten sich vor allem in den mittleren bis hochpreisigen Segmenten, denn auch in diesen Bereichen war der Bedarf groß. Die Mieten waren zeitgenössischen Quellen zufolge hoch. Vor allem Wohnungen im unteren Segment, in den alten Stadtteilen mit geringer Qualität, wurden zu horrenden Preisen angeboten.[2] Dies ist ein deutlicher Hinweis auf einen Wohnungsmarkt, der vom Mangel beherrscht wurde. Eine Knappheit, die so ausgeprägt war, dass nach Lösungen neuer Art gesucht werden musste.

Bei Ernst Abbe, Eduard Rosenthal, Gustav Fischer und Otto Schott reifte schon früh der Gedanke, Arbeitskräfte in Jena anzusiedeln und zu beheimaten. Nach einem Abwägungsprozess, der bereits 1887 begann, war der Entschluss gefasst worden, den Bedarf an billigen und hygienisch einwandfreien Wohnungen durch Selbsthilfe zu befriedigen. Diese Planungen mündeten in den Gründungsprozess der Jenaer Baugenossenschaft. Diese sollte gemeinnützig sein und auf genossenschaftlicher Basis fußen. Als Gesellschaftsform wählte man die Gesellschaft der beschränkten Haftung. Eine durchaus nicht unübliche Entscheidung, denn der Genossenschaftsgedanke war in der damaligen Gesellschaft weit verbreitet. Am 25. Juni 1897 leitete der Verlagsbuchhändler Gustav Fischer die Gründungsversammlung der Jenaer Baugenossenschaft m. b. H. im Theatersaal des Gasthauses »Zum Engel«. Dieser Versammlung ging am 20. Juni 1897 ein Treffen voraus, dessen Ziel es war, die Satzung (Statut) vorzubereiten und den Aufsichtsrat zu wählen. Diese Veranstaltung fand in der Turnhalle in der Lutherstraße statt. Im Vorfeld reiste eine fünfköpfige Abordnung Jenaer Arbeiter nach Göttingen und Hannover, um sich dort genossenschaftliche Selbsthilfeeinrichtungen anzusehen. Dem Jenaer Volksblatt vom 26. Juni 1897 ist zu entnehmen, dass auch der Großherzog von Sachsen-Weimar in den Gründungsprozess involviert war. Allerdings nur mittelbar. Er musste eine größere Summe Geldes freigeben, das die Sparkasse zur Verfügung stellen sollte.[3]

Allerdings war die Gründung einer Genossenschaft zunächst nur ein Akt der Willensbekundung. Die finanzielle Ausstattung der meisten Genossenschaften war in dieser Zeit des Übergangs zur Kreditwirtschaft durchaus nicht üppig. Zur Gründung legte die Jenaer Baugenossenschaft sogenannte Subskriptionslisten aus, um Mitglieder zu gewinnen, die monatliche Einzahlungen auf ihre Genossenschaftsanteile tätigten und so den laufenden Kapitalzufluss gewährleisteten. 247 Personen trugen sich ein, was jedoch bestenfalls ein Anfang sein konnte. Immerhin wurden 25 von ihnen Mitglied in der Kommission, die die Grundlagenarbeit der Genossenschaft vollbrachte.[4] Der Beitritt zur Genossenschaft bedeutete, einen Anteil in Höhe von 300 Reichsmark zu

*Werbeschild der Jenaer Baugenossenschaft*

## Die Finanzierung der jungen Wohnungsbaugenossenschaften

*Anteil-Schein der Jenaer Baugenossenschaft, 1939*

übernehmen. Die Einzahlung erfolgte in wöchentlichen Raten von 30 Pfennigen, also rund 1,20 RM im Monat und damit 14,40 RM im Jahr. Es bedurfte damals also einer Zeit von fast 21 Jahren, um den Anteil in den Mindestraten aufzubringen. Eine Genossenschaftsmitgliedschaft war eine auf Dauer angelegte Beteiligung am Unternehmen, keine kurzfristige Spekulation im Immobiliengeschäft. Mitgliedschaften währten über Generationen. Anteile wurden und werden bis heute vererbt oder verschenkt. Nach sechs Monaten konnte das Genossenschaftsmitglied an der Verlosung der Wohnungen, die fertiggestellt waren, teilnehmen. Jeder Bruchteil eines Anteils in der Höhe von voll eingezahlten 50 Reichsmark wurde mit 3% p. a. verzinst.[5]

Eine weitere, grundlegendere Quelle der Anschubfinanzierung waren Zuwendungen und Darlehen der Gründer und anderer Finanziers. Der Rechnungsabschluss für das Geschäftsjahr vom 1. Oktober 1898 bis zum 30. September 1899 wies dazu Folgendes aus:

*Einzahlung Geschäftsanteile*
a)  Durch Vermittlung der Zahlstelle            9489,20
b)  Direkt                                      1675,-
*Darlehen der thüringischen*
*Versicherungsanstalt Weimar*                   50000,-
*Teilzahlung aus Hartensteinschem Legat*        1300,-
*von der Carl Zeiß-Stiftung*                    15000,-
*Kapitalkonto*
*Geschenk der Carl Zeiss-Stiftung*              15000,-
*Geschenk des Herrn Dr. Schott*                 5000,-
*Vorschüsse der Firma Schott & Genossen*        85152,-
*Einnahmen für Mieten und Pachten*              5551,-

Die Bilanz für den gleichen Zeitraum weist Darlehen von Gustav Fischer, Otto Schott, Eduard Rosenthal und Ludwig Knorr in Höhe von weiteren 40000 RM, daneben Darlehen der Carl-Zeiß-Stiftung von noch einmal 15000 RM, des Hartensteinschen Legats von 1300 RM und der thüringischen Versicherungsanstalt in Weimar von über 49750 RM aus. Vorhergehende Geschenke der Carl-Zeiss-Stiftung und von Otto Schott in Höhe von 20000 RM wurden ausgewiesen.[6]

Im gleichen Zeitraum verfügte die Genossenschaft über 383 Genossen mit 401 Geschäftsanteilen im Wert von rund 34300 Reichsmark.[7]

Die Bilanz macht deutlich, dass die Finanzierung solcher immobilienwirtschaftlicher Investitionen schon damals eine Mischung aus Eigenkapital in Form der Genossenschaftsanteile sowie Schenkungen und Darlehen auf der anderen Seite war.

»*Genossenschaften gewinnen auf der Grundlage des Gesetzes betreffend die Erwerbs- und Wirtschaftsgenossenschaften vom 1. Mai 1889/20. Mai 1898 im wirtschaftlichen, wirtschafts-*

*wissenschaftlichen und politischem Leben des deutschen Volkes immer mehr an Bedeutung«*, schrieb Karl Hildebrandt 1921. Zu diesem Zeitpunkt existierten in Deutschland über 50 000 Genossenschaften mit fünf bis sechs Millionen Mitgliedern und somit 2,75 Milliarden am genossenschaftlichen Arbeiten interessierte Staatsangehörige.[8] Die Bandbreite reichte von der Hüte- und Weidegenossenschaft über die Produktionsgenossenschaft im handwerklichen Bereich und die Wohnungsgenossenschaft bis hin zur Einkaufs- und Absatzgenossenschaft im industriellen oder landwirtschaftlichen Bereich. Hildebrandt beschrieb schon damals nachdrücklich, dass die Genossenschaft kein Instrument sozialreformatorischer Weltverbesserung ist, sondern eine Beteiligung, deren Wesen nicht in der Verzinsung eines Beteiligungskapitals, sondern in der Förderung des Betriebszweckes der Mitglieder liegt.[9]

Die Wirtschaft stand Ende des 19. Jahrhunderts an der Schwelle des Übergangs zur Kreditwirtschaft. Weite Teile der Arbeiterschaft und des Handwerks hatten aber keinen Zugang zu den Geld- und Kapitalmärkten. Sie konnten ihren Geschäftsbetrieb nicht in dem Maße durch Kapitalisierung aufwerten, wie dies Aktiengesellschaften und andere Unternehmen in publikumsorientierten Gesellschaftsformen konnten. Banken nahmen Arbeiter, Handwerker und Landwirte nicht als kreditwürdige Kunden wahr. Genossenschaften konnten dieses Problem lösen. Hildebrand beschrieb es auf wirtschaftstheoretischer Seite so: *»Für die Verbindlichkeiten der Genossenschaft ist nicht nur deren eigenes Kapital, sondern auch das Vermögen ihrer Mitglieder verantwortlich (Haft- und Nachschusspflicht gemäß § 2 GenG). Die Größe des mitverantwortlichen Vermögens der Mitglieder ist nicht oder nicht genau bekannt. Sie ergibt sich als Höchstbetrag bei Genossenschaften mit beschränkter Haftung aus den Haftsummen, für welche alle Genossen aufzukommen haben…«*[10] Dieses haftende Eigenkapital unterscheidet die Genossenschaft wesentlich von der Konstruktion einer GmbH. Für vorsichtig agierende und langfristig an einer gemeinwirtschaftlichen Arbeitsweise interessierte Mitglieder wurde die Genossenschaft damit attraktiv. Nicht Anlageertrag war das Ziel der Beteiligung, sondern Beförderung des Betriebs eines Mitgliedes, im Fall der Wohnungsgenossenschaften die Unterstützung beim Erwerb einer Wohnung. Denn Wohnungen wurden als Dauermietrecht erworben und der Bau von Mehrfamilienhäusern war schon damals wirtschaftlicher als der Bau von Eigenheimen.

Eine Genossenschaft kann sich also Geld aus den Anteilen der Mitglieder beschaffen. Weiterhin standen ihr Eintrittsgelder zur Verfügung, die über die Anteile hinaus erhoben wurden, um die Kosten des Eintritts in die Genossenschaft zu schultern. Manche Genossenschaften haben sich vollständig daraus finanziert.[11] Neben dieser Eigenkapitalfinanzierung, die über sogenannte Reservefonds (Sammlung

*Durchgang Tatzendpromenade 11, um 1930*

*Innenhof der Häuser Magdelstieg 97/95, 93/91, 89/87, Tatzendpromende 13/11 und Moritz-Seebeck-Straße 2, 4/6 (v. l. n. r.), um 1930*

*Die Finanzierung der jungen Wohnungsbaugenossenschaften*

*Dornburger Straße 77/79, um 1910*

*Innenhof der Häuser Golmsdorfer Straße 16/18/20/22, Rosenstraße 10/12/14 und Beutnitzer Straße 5/3 (v. l. n. r.), um 1930*

*Magdelstieg 88/90, Hofansicht, um 1905*

von nicht ausgeschütteten Dividenden) verstärkt wurde, konnten sich die Genossenschaften Kapital auf dem Kreditwege verschaffen. Zeitgleich mit den Sparkassen der öffentlichen Hand gründeten sich vielerorts Kapitalsammelstellen in Form von Kreditgenossenschaften zur Deckung des örtlichen oder regionalen Kapitalbedarfs. Sie standen aufgrund ihrer ebenfalls genossenschaftlich organisierten Betriebsverfassung den erwerbs- und produktionswirtschaftlich ausgerichteten Genossenschaften aufgeschlossen gegenüber. Die Sparer der Kreditgenossenschaften waren und sind also die besten Kapitalquellen der genossenschaftlichen Organisationen.

Zusammenfassend bildeten Eigenkapital und Haftsumme die Basis für Kredite. Beides schwankte mit der Mitgliederzahl und naturgemäß auch mit der Qualität der Mitglieder im Hinblick auf das Haftungspotential im Falle des Nachschusses. Mitgliederzuwachs bedeutet somit Ausweitung der Kreditbasis. Austritte verengen diese Basis. Es dürfte also damals ebenso zweckmäßig wie sinnvoll gewesen sein, der Bildung finanzieller Reserven besonderes Augenmerk zu schenken, denn diese bestehen unbeeindruckt vom Ausscheiden einzelner Mitglieder weiter. Junge Genossenschaften brauchten deshalb Spezialsicherheiten[12] oder, wie bei der Jenaer Baugenossenschaft, Förderer. Hier liegt die Grenze des Nutzens des Genossen-

*Kreuzung Tatzendpromenade 11/13 mit Magdelstieg 87 bis 97, um 1930*

schaftsprinzips.[13] Der möglichst hoch angesetzte Genossenschaftsanteil stand allerdings im Widerspruch zur Leistungsfähigkeit vieler Mitglieder, denn sie waren als Selbsthilfeeinrichtung wirtschaftlich schwacher Kreise gegründet worden. Langfristig konnten Genossenschaften also nur langsam Unabhängigkeit vom Kapitalmarkt erlangen. Bis dahin galt die Summe der Kreditwürdigkeiten aller einzelnen Mitglieder als Unterlage der Kreditbeschaffung der Genossenschaft.[14]

Hildebrand ging auf der Grundlage seiner eigenen genossenschaftlichen Erfahrungen davon aus, dass die Nachschusspflicht, zu der die Genossen satzungsgemäß herangezogen werden, mit 5%, maximal jedoch 10% des geschätzten Vermögens der Mitglieder festgesetzt wird.[15] Die Haftsumme wurde als Kreditbasis angesehen und sollte mit höchstens 75% beliehen werden. Typische Kapitalgeber konnten mit dieser speziellen genossenschaftlichen Kreditbasis wenig anfangen und verhielten sich ablehnend gegenüber Darlehenswünschen. Die Lösung kam aus dem genossenschaftlichen Sektor selbst. Es wurden Zentralkassen als Geldausgleichsstellen geschaffen. Das einzelne Mitglied wurde in seiner Kreditwürdigkeit wie folgt bewertet: 5% der Selbsteinschätzung, 10% des versteuerten Vermögens, 75% der übernommenen Haftsumme. Preussenkasse und andere Zentralkassen verfuhren danach. Gesichert wurde diese Kreditbasis mit Ausschließlichkeitserklärungen, d.h. diese Sicherheit diente nur einem

Gläubiger zur Absicherung der Kredite und konnten nicht mehrfach hinterlegt werden. Um das genossenschaftliche Kreditwesen dauerhaft mit Kapital zu versorgen, durften genossenschaftliche Kreditnehmer keine Wertpapiere kaufen. Das dafür eventuell in Zukunft vorhandene Kapital sollte vielmehr in das genossenschaftliche Bankwesen als Einlage oder Anteil geleitet werden, um auch künftig Kredite vorhalten zu können.[16] Haftsummenkredite konnten durch Genossenschaften überwunden werden, wenn diese ausreichend Eigenkapital bilden konnten.

Offene Buchkredite in Form der damals üblichen Kontokorrentkredite[17] waren selten und sind nur gegen Bürgschaft oder Bürgschaftswechsel zahlungsfähiger Mitglieder aus Vorstand und Aufsichtsrat gegeben worden und beschränkten sich auf Beträge unter 50 % des haftenden Eigenkapitals.[18]

Wechsel- und Zwischenkredite sind in den genossenschaftlichen Finanzierungen der damaligen Zeit keine typischen Geschäfte gewesen. Interessanter und vor allem auch bei der Jenaer Baugenossenschaft schon in den ersten Bilanzen nachzuweisen, waren die staatlichen Anleihen bzw. die der öffentlich rechtlichen Körperschaften. Diese wurden zum Zwecke der Förderung des Gewerbes, des Wohnungsbaus etc. von Staat, Provinz und anderen Gebietskörperschaften vergeben und relativ niedrig verzinst. Hildebrand nennt Zinsen von 13 % und einen Verzicht auf Sicherheiten. Hoch interessant und gleichsam bedeutend bis in unsere Zeit hinein ist seine Erkenntnis, dass im geringen Zins eine Subvention zu sehen ist und diese ein Einfallstor für die staatliche Bevormundung der Genossenschaft werden könnte. So bestünde die Möglichkeit sie zu verpflichten, Nichtmitgliedern zu Konditionen dienen zu müssen, die sonst nur Mitgliedern vorbehalten sind.[19] Auch Spareinlagen und Anleihen bei Privatpersonen sind bei der Jenaer Baugenossenschaft nachzuweisen: Schott, Fischer, die Carl-Zeiss-Stiftung, das Hartensteinsche Legat sowie eine Tübinger Stiftung, die durch die Geldentwertungen ihr Vermögen verloren hatte und aufgelöst wurde, finden sich in den Geschäftsabschlüssen. Vermittelt wurden solche privaten Darlehen auch über Kreditvermittler.

Als Hausanteile wurden bei Baugenossenschaften eine den Industrieobligationen der damaligen Zeit gleiche Form von durch die Genossenschaften ausgegebenen Obligationen bezeichnet. Sie hatten 1912 einen Anteil von 23 Millionen Mark am Gesamtmarktvolumen von Privatobligationen von 4,61 Milliarden Mark.[20] Sie wurden auf den Namen ausgegeben und mit 12 % im Jahr getilgt. Für den Gläubiger waren sie nicht zu kündigen. Vor dem ersten Weltkrieg betrug die Verzinsung rund 4 % im Jahr. Für Beamtenwohnungsgenossenschaften scheint es ein eingeschränkt funktionsfähiges Konstrukt zur Mittelbeschaffung gewesen zu sein. Für Arbeiterwohnungsgenossenschaften bedeutete das Verfahren einen eher aussichtslosen Weg der Kapitalbeschaffung.[21]

## Die Finanzierung der jungen Wohnungsbaugenossenschaften

Die Hauptquelle genossenschaftlicher Finanzierung waren Deposite und Spareinlagen der Kreditgenossenschaften (Volksbanken, Raiffeisenbanken).[22]

Grundstücksverpfändungen erfolgten damals in Form der hypothekenbesicherten Darlehen. Grundschuldkredite waren – wegen der hohen Kosten zur Erlangung eines solchen Darlehens – untypisch und selten. Wie heute fielen Kosten für die Schätzung, die Bewilligung, den Notar und die Eintragung ins Grundbuch an.[23] Das langwierige Prozedere und die Kosten ließen diese Art der Finanzierung nur für langsam amortisierende Investitionen sinnvoll erscheinen. Allerdings steht hier das Grundstück in der Haftung und nicht das Genossenschaftsmitglied wie bei einem Haftsummenkredit.

Es gibt Hinweise auf weitere Finanzierungsquellen, die den Baugenossenschaften aber nur spärlich sprudelnd zur Verfügung standen. Sparkassen förderten den Wohnungsbau durch Kreditvergabe nicht. Die öffentlichen Gewährsträger (Stadt, Kreis) waren an einem hohen Zinsfuß interessiert. Damit waren sie weniger attraktiv als die genossenschaftlichen Zentralkassen mit geringeren Zinsen. Hinzu kam die geringe Beleihungsgrenze von 50 % des Schätzwertes.[24]

Landesversicherungsanstalten als Körperschaften öffentlichen Rechts finden sich sehr oft als Finanzier für genossenschaftliche Bauvorhaben. Im Falle der Jenaer Bau-

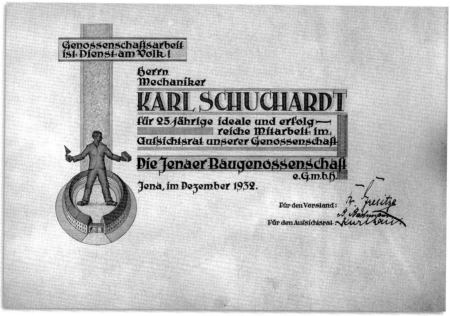

*Ehrenurkunde für 25jährige Mitarbeit im Aufsichtsrat der Jenaer Baugenossenschaft, 1932*

*Erstes Haus der Jenaer Baugenossenschaft am Magdelstieg 60–64, um 1910*

genossenschaft wurde der bilanzielle Nachweis einer solchen Finanzierung schon erbracht. Sie konnten Darlehen auf 10 Jahre vergeben und Beleihungen von 50–90 % des Schätzwertes des Bodens und 100 % der Baukosten darstellen. Der Zinsfuß betrug 3,5 %. Die Tilgung war auf 1 % angelegt. Das waren nahezu ideale Bedingungen für die junge Genossenschaft. Oft wurden im Zuge der Kreditierung die Anstalten selbst Mitglied im Aufsichtsrat oder in beratenden Gremien. Die einzige Voraussetzung: Die Gemeinnützigkeit der Genossenschaft musste gegeben und staatlich anerkannt sein.[25] Im Gegensatz dazu galten private Versicherer nicht als Darlehensgeber kleiner genossenschaftlicher Bauprojekte.

Eine weitere Quelle waren Nachrangdarlehen des Reiches oder der Einzelstaaten, wenn eine größere Anzahl Arbeiter, untere oder mittlere Beamte Mitglied der Genossenschaft waren, die Genossenschaft auf die Wohnraumversorgung minderbemittelter Kreise zu niedrigen Preisen zielte, die Dividende nicht mehr als 4 % betrug und der Vermögensrest im Falle der Liquidation gemeinnützigen Zwecken zugeführt würde. Es gab nur Nachranghypotheken, die mit 4 % getilgt, die Restschuld mit 3 % verzinst und Aufsichtsrechte ausgeübt wurden.[26] Alles in allem keine einfachen Konditionen.

Auf der Kostenseite haben die Baugenossenschaften ebenso hart gearbeitet. Aus den Bauakten der Jenaer Baugenossenschaft zur Bebauung des Areals Gustav-Fischer-Straße zwischen Magdelstieg/Mittelstraße und Otto-Schott-Straße geht hervor, dass Auseinandersetzungen um die Zahlung von Erschließungskosten geführt wurden. Doch 1897/98 konnte der erste Häuserblock von Genossenschaftsmitgliedern am Magdelstieg bezogen werden.

## Anmerkungen

1 JÄGER 2001, S. 11.
2 FISCHER 1900.
3 Auszüge aus dem Jenaer Volksblatt vom 26. Juni 1897 in der Festschrift der Jenaer Baugenossenschaft zum hundertjährigen Bestehen im Jahr 1997, S. 5.
4 Ebenda.
5 Werbetafel der Jenaer Baugenossenschaft aus damaliger Zeit im Besitz des Unternehmens. Heute verstößt diese Regelung gegen das Genossenschaftsgesetz.
6 Archiv der Jenaer Baugenossenschaft (E. G. m. b. H.), Rechnungs-Abschluß für das Geschäftsjahr vom 1. Oktober 1898 bis zum 30. September 1899, aufgestellt vom Vorstand am 8. Januar 1900.
7 Ebenda.
8 Nr. 38. der vom Preußischen Statistischen Landesamt veröffentlichten Statistischen Korrespondenz vom 4. September 1920, in: HILDEBRANDT 1921, S. 1.
9 Ebenda, S. 3.
10 Ebenda, S. 7.
11 Ebenda, S. 5.
12 Ebenda, S. 13.
13 Ebenda, S. 16.
14 Ebenda, S. 37.
15 Ebenda, S. 40.
16 Ebenda, S. 46.
17 HGB § 355.
18 HILDEBRANDT 1921, S. 49.
19 Ebenda, S. 53.
20 Reichsstatistik 1912 in SCHMALENBACH 1915, S. 275.
21 SCHEIDT 1920, S. 91, HILDEBRANDT 1921, S. 81.
22 HILDEBRANDT 1921, S. 60.
23 Ebenda, S. 78.
24 SCHEIDT 1920, S. 305, HILDEBRANDT 1921, S. 82.
25 HILDEBRANDT 1921, S. 83.
26 Ebenda, S. 84.

*Doris Weilandt*

## Der Kampf um Bauaufträge zu Beginn des 20. Jahrhunderts

Am 1. August 1915 erschien im »Jenaer Volksblatt« eine »Entgegnung« des Architekten Ludwig Hirsch, mit der er sich öffentlich gegen die Bauberatungsstelle der Stadt aussprach. Der Gemeinderat hatte sein Gesuch »gegen die Bevormundung hiesiger Architekten durch die sogenannte Bauberatungsstelle«[1] einstimmig abgelehnt. Mit einer Reihe weiterer Architekten, darunter Reinhold Berner, Heinrich Fricke, Johannes Schreiter, Paul Staude und Paul Wohlfarth, die sich von Rechtsanwalt Witzmann vertreten ließen, legte er Beschwerde über die ungesetzlichen Zustände bei der Genehmigung von Bauvorhaben ein.[2] Besonders bemängelte er, dass die Mitglieder der Bauberatungsstelle Konkurrenten der Jenaer Architekten und keine anerkannten Baukünstler seien. Im Fokus stand Paul Engelhardt, der der Bauberatungsstelle vorstand. Ihm wurde unterstellt, dass er durch seine Mitwirkung an § 2 des Ortsstatutes gegen die Verunstaltung des Stadtbildes[3] für sich selbst diese Stelle geschaffen habe, die ihm die Möglichkeit bot, Konkurrenten beliebig auszuschalten. Die Kollegen sprachen ihm zudem jegliche fachliche Kompetenz ab, mehr noch: Sie warfen ihm vor, dass er sich unter Vorspiegelung falscher Tatsachen Aufträge verschafft habe, ein Hochstapler sei, der sich kaum gerissener denken ließe.

Paul Engelhardt kam 1910 nach Jena. Er hatte sich auf die Stelle des ersten Architekten im Büro Hirsch & Staude beworben, das damals zu den führenden Architekturbüros in Jena gehörte. Hirsch überzeugte die vorgelegte Mappe, die ihn als einen zeichnerisch hochbegabten Architekten auswies, der imstande war, größere Aufgaben zu bewältigen. Doch schon nach wenigen Wochen stellte sich heraus, dass Engelhardt nicht der Urheber der eingereichten Entwürfe sein konnte. Im Jenaer Büro zeichnete er sich durch »Unwissenheit, Planlosigkeit und Unehrlichkeit«[4] auch in persönlichen Fragen aus. Beispielsweise hatte er unterschlagen, dass er in Rothenburg ob der Tauber verheiratet war. Nachfragen in den Büros, aus denen die hervorragenden Arbeitszeugnisse stammten, ergaben ein ähnliches Bild. Als ihn Hirsch mit diesen Tatsachen konfrontierte, »legt Engelhardt ein vollständiges Geständnis ab«.[5] Daraufhin kürzte ihm Hirsch das Gehalt, gab ihm aber eine neue Chance. Von diesem Moment an las ihm Engelhardt jeden Wunsch von den Augen ab, agierte zuvorkommend und umsichtig. Das blieb nicht ohne Wirkung. Hirsch schenkte ihm wieder Vertrauen und weihte ihn in weitreichende Pläne ein. Ein verhängnisvoller Fehler, wie sich zeigen sollte.

Ludwig Hirsch, der seine Ausbildung an der Bau- und Kunstschule in Weimar erhalten hatte, gründete 1893 die Großherzogliche Gewerbeschule in Jena. Zahlreiche Bauten, wie die erste Jenaer Bürgerschule in der Paradiesstraße, das Stadthaus, das Mineralogische Institut der Universität, Häuser verschiedener Studentenverbindungen und Villen konnte er innerhalb weniger Jahre realisieren. Er beteiligte sich an vielen

Ludwig Hirsch gehörte zu den renommiertesten Architekten von Jena, um 1915

bedeutenden Architekturwettbewerben, darunter auch für das Universitätshauptgebäude in Jena, das Rathaus in Stuttgart und das Kestner-Museum in Hannover.[6]

Als 1910 der Bau von Arbeiterwohnungen in Apolda erwogen wurde, machten auch die Architekten von Hirsch & Staude eine Offerte an den Gemeinderat.[7] Sie erklärten sich bereit, einige Typen von Kleinwohnungen auszuarbeiten und verwiesen besonders auf die künstlerische Gabe ihres Mitarbeiter Engelhardt, der an einem Buch über Land- und Gartensiedlungen beteiligt gewesen sei.[8] Nachdem mehrere Architekturbüros die infrage kommenden Grundstücke besichtigt hatten, entschied sich der Gemeinderat für das Gelände der Pfeiferschen Äcker in der Sandgrube. Hirsch schlug dafür klar gegliederte Einfamilienhäuser vor.[9] Doch die Mitglieder des Gemeinderates konnten sich nicht einigen und entschieden sich für ein anderes Verfahren: Die drei

*Der Kampf um Bauaufträge zu Beginn des 20. Jahrhunderts*

Blick von der Kaiser-Wilhelm-Straße (heute August-Bebel-Straße)
über die Stoystraße auf das Westviertel, 1902

Architekturbüros, die Vorschläge eingereicht hatten, sollten in einem Vortrag ihre Gedanken zu Arbeitersiedlungen in nichtöffentlicher Sitzung entwickeln.[10]

Ausgangspunkte seiner Betrachtungen bildeten für Ludwig Hirsch die bereits realisierten Einrichtungen der Arbeiterwohlfahrt der Gussstahlwerke von Friedrich Krupp in Essen und der Seifenfabrik Sunlight in Liverpool. In seinem Vortrag »Grundsätze für die Errichtung billiger Kleinwohnungen und Arbeiter-Heimstätten«[11], den er am 5. Januar 1911 in der Gemeinderatsitzung in Apolda hielt, betrachtete er die Vorzüge des Einzelhauses. Er kam jedoch zu dem Schluss, dass eine geschlossene Bauweise die größten Vorzüge in Bezug auf das Preis-Leistungs-Verhältnis aufweist. Die Hausgärten sah er vor allem auch als geeignete Form, Familiensinn zu entwickeln. Diese Pläne, die von einer intensiven Beschäftigung mit neuen, gesünderen Wohnformen für Arbeiter als auch mit der Gartenstadtbewegung zeugten, erregten in Jena Aufmerksamkeit. Hirsch wurde angesprochen und weihte Engelhardt in seine »geheimsten Pläne« ein.[12] Er ermächtigte ihn, im Namen des Büros mit der Interessengemeinschaft, aus der sich später die Heimstättengenossenschaft gründen sollte, zu verhandeln.

Das Ergebnis war ein Vertrag, der den Bau von 400 Wohnhäusern, Geschäfts- und öffentlichen Gebäuden, Schule, Casino und Gasthaus in Löbstedt vorsah. Das Bauvo-

# Grundsätze
## für die Errichtung billiger Kleinwohnungen und Arbeiter-Heimstätten
unter besonderer Berücksichtigung einer in
Apolda zu gründenden Arbeitersiedelung.

## Vortrag
gehalten in der Gemeinderatssitzung in Apolda
am 5. Januar 1911
von Ludwig Hirsch, Architekt
in Firma: Hirsch & Staude, Jena.

1911.
Universitäts-Buchdruckerei von G. Neuenhahn in Jena.

*Hirsch untersuchte in seinem Vortrag Wohnformen vom Eigenheim bis zum Mehrfamilienhaus* lumen wurde mit drei Millionen Mark veranschlagt, eine gewaltige Summe, die erst einmal beschafft werden musste. Als die Arbeiten zum Stillstand kamen, hatte Hirsch viel Geld für das Unternehmen vorgestreckt. Aus dem scheinbar hehren Motiv, das Büro während dieser Zeit nicht mit Gehaltszahlungen zusätzlich zu belasten, kündigte Engelhardt, der inzwischen zum Vorstand der Genossenschaft gehörte. In der Generalversammlung im Dezember 1912 erlebte Hirsch dann eine »grenzenlose Überraschung«.[13] Die Heimstättengenossenschaft hatte inzwischen ein Gelände in Ziegenhain erworben und durch Engelhardt einen Bebauungsplan anfertigen lassen. Eine als »unverlierbar« geltende Klage konnten die Verantwortlichen offenbar durch Bestechungszahlungen an Hirschs Sohn und den Mitbesitzer der Firma, Paul Staude, abwenden. Infolgedessen musste das renommierte Architekturbüro Insolvenz anmelden.

Doch nicht nur in Jena beerbte Engelhardt seinen ehemaligen Arbeitgeber samt dessen Ruf und den damit verbundenen Aufträgen. Auf dem Gelände der Pfeiferschen Äcker in Apolda, wo das Drama seinen Anfang genommen hatte, wurden 1911 nur wenige Einfamilienhäuser gebaut, für die ein Nürnberger Büro den Zuschlag erhielt. Nach dem ersten Weltkrieg ergriff der Gemeinderat erneut die Initiative, Arbeiterwohnungen an diesem Standort zu bauen und das Projekt neu zu beleben. Auch Engelhardt, der durch die Siedlung im Ziegenhainer Tal Ergebnisse vorweisen konnte, wurde aufgefordert, einen Vorschlag zu machen. *»Ich vertrete das Einfamilienhaus in Form von Gruppenbauten und es hat sich meine Bauweise auch jetzt erst recht nach dem Kriege als die einzig beständige und wirtschaftlich vorteilhafteste gezeigt. Seit vielen Jahren habe ich auf dem Gebiete des Siedlungswesens ganz bedeutende Erfolge zu verzeichnen. Als Bauten aus neuerer Zeit und in der Nähe nenne ich Ihnen: 50 Einfamilienhäuser in Form von Gruppenhäusern erbaut 1912/13 in Jena-Ziegenhain, dann kommen 86 Häuser in gleicher Weise 1914/15 ebendaselbst«*[14], schrieb er an den Gemeinderat selbstbewusst. Nach Gründung einer Aktiengesellschaft auf gemeinnütziger Grundlage bekam er aufgrund seiner »reichen Erfahrungen« im Kleinwohnungsbau den Zuschlag für einen Teil der Häuser.[15]

Wieweit die inhaltlichen Anleihen reichen, die Engelhardt zum Arbeitersiedlungs- und Kleinwohnungsbau bei Hirsch genommen hat, lässt sich nicht genau feststellen. Doch hatte der angestellte Architekt zu jeder Zeit Zugang zu den Arbeiten seines Chefs. »Die Firma Hirsch & Staude und deren künstlerischer Mitarbeiter bürgen dafür, dass wirklich etwas Gutes, Künstlerisches und Preiswertes geschaffen wird«[16], schrieb die Jenaische Zeitung 1911 anlässlich einer Ausstellung mit Plänen und Entwürfen in der Klostermannsch'schen Buchhandlung, die dazu diente, möglichst viele Genossenschaftler für das Projekt zu gewinnen. Ein Jahr später war das Büro ruiniert und musste im Januar 1913 Insolvenz anmelden.

## Anmerkungen

1. Jenaer Volksblatt Nr. 178, 1. August 1915.
2. StadtAJ, B V a Nr. 159, Bau-Akten des Gemeinde-Vorstandes Jena, Abt. Baupolizei 191430,: Schreiben des Rechtsanwaltes Witzmann vom 12. Juli 1916 an den Gemeindevorstand der Residenz- und Universitätsstadt Jena.
3. Ortsstatut der Gemeinde Jena vom 15. Mai 1913, bestätigt vom Großherzogl. Bezirksdirektor am 6. Februar 1914.
4. StadtAJ, B Va Nr. 159: Hirsch hatte sich im Verlauf seiner Recherchen ein umfassendes Bild seines Angestellten Engelhardt gemacht und festgestellt, dass er in den meisten Fragen die Unwahrheit gesagt hatte.
5. StadtAJ, B Va Nr. 159 (Abschrift des Beschwerde-Vorgangs an das Großherzogl. Sächs. Staatsministerium).
6. STEINHAGE 1911.
7. StadtAA, Akten des Gemeinde-Vorstandes zu Apolda 353/21, Arbeitersiedlung der Stadt Apolda, Blatt 29: Brief vom 11. Juli 1910.
8. LANGE 1910.
9. StadtAA, Akten des Gemeinde-Vorstandes zu Apolda 353/21, Arbeitersiedlung der Stadt Apolda, Blatt 103.
10. Ebenda, Blatt 113.
11. HIRSCH 1911.
12. StadtAJ, B V a, Nr. 159, Bau-Akten des Gemeinde-Vorstandes Jena, Abt. Baupolizei 191430.
13. StadtAJ, B V a, Nr. 159, Bau-Akten des Gemeinde-Vorstandes Jena, Abt. Baupolizei 191430.
14. StadtAA, Akten des Gemeinderates zu Apolda, 353/32.
15. Ebenda.
16. Jenaische Zeitung, 3. Mai 1911.

*Rüdiger Stutz*

# Das Jenaer Stadtbauamt zwischen Siedlungsboom und Wohnungsnot 1931 bis 1942

Mit der dritten Verordnung des Reichspräsidenten zur »Sicherung von Wirtschaft und Finanzen und zur Bekämpfung von politischen Ausschreitungen« vom 6. Oktober 1931 trat ein Paket von Maßnahmen in Kraft, das vorsah, Stadtrandsiedlungen für Erwerbslose aus dem Reichshaushalt zu fördern. Nach dem Bankenkrach vom Juli 1931 hatte die Zahl der Arbeitslosen die Vier-Millionen-Grenze überschritten. Obwohl es nur mit bescheidenen Finanzmitteln ausgestattet wurde, erlangte gerade dieses Arbeitsbeschaffungsprogramm eine außerordentliche Popularität. Besonders Bauarbeiter und Handwerker fragten die Siedlerstellen nach, was natürlich auch an der großen Landzulage zur Gartenbewirtschaftung und Kleintierhaltung lag.[1] Das Arbeitsbeschaffungsprojekt der Reichsregierung zielte auf Siedlerfamilien, die auf den zugewiesenen Grundstücken karg ausgestattete Kleinsthäuser errichten wollten. Es setzte also auf Eigeninitiative und Nachbarschaftshilfe in ländlicher Umgebung. Das neue Förderprogramm kam aber auch einer grundsätzlichen Absage an den Großsiedlungs- und Geschosswohnungsbau der 1920er Jahre gleich. Das Kabinett Brüning vollzog eine »wohnungspolitische Wende«, es brach mit dem auf große Städte konzentrierten Mietwohnungsbau der Weimarer Republik. Von nun an bestimmten Schlagworte wie »Selbsthilfe«, »Kleinsiedlung« und dezentralisiertes Bauen auf dem Lande oder an der Peripherie der Städte die Wohnungspolitik. Heinrich Brüning interpretierte die Regierungspläne zur Förderung von Stadtrandsiedlungen später zu Recht als einen »grundlegenden Beschluss«, um »das gesamte Wohnungswesen« zu ändern.[2]

Die davon ausgelöste Siedlungseuphorie der frühen 1930er Jahre spiegelte indes auch die Ohnmacht der Gemeinde- und Kommunalverwaltungen wider. Letztere sahen sich in den Jahren der Weltwirtschaftskrise außerstande, eigene Programme für den Kleinwohnungsbau aufzulegen. Die Städte befanden sich in einer ausweglosen finanziellen Situation. Auf der einen Seite reduzierte das Reich seine direkten Finanzbeihilfen und entzog den Städten zum 1. April 1931 den Wohnungsbauanteil an der so genannten Hauszinssteuer, die in Thüringen als Aufwertungssteuer erhoben wurde. So sollten Haushaltmittel eingespart werden, um die wachsenden Beiträge des Reiches für die Arbeitslosenversicherung aufbringen zu können. Auf der anderen Seite mussten die Städte und Gemeinden immer höhere Sozialleistungen auszahlen, weil die Zahl der Fürsorgeempfänger vor Ort stetig zunahm. Der Jenaer Stadtvorstand unter Leitung von Stadtdirektor Alexander Elsner und das Thüringische Ministerium des Innern verständigten sich schon 1930 auf eine »individualisierte Behandlung« der Empfänger von Wohlfahrtsunterstützung. Diese behördliche Ausdrucksweise kaschierte repressive Maßnahmen wie die Zwangseinweisung in Baracken.[3] Vielerorts verschärfte sich gerade für einkommensschwache Mieter die seit dem Ersten Weltkrieg grassierende Wohnungsnot. Laut einer Volkszählung suchten Mitte 1931 in Jena 1200 Familien eine Wohnung, deren Gesuche als »dringend« eingestuft wurden. In 240 Fällen hatten Gerichte zudem gegen die beklagten Mieter entschieden und Räumungsbefehle erlassen. Die Stadtverwaltung plante indes nur den Bau von acht neuen Wohnungen, die Baugenossenschaften wollten 30 weitere errichten. Insgesamt entstanden bis Ende Juli 1931 lediglich 150 neue Wohnungen in der Saalestadt, während zuvor zwischen 300 bis 350 im Jahr gebaut worden waren.[4] Gleichzeitig nahm paradoxerweise die Zahl der leer stehenden Wohnungen zu. Im Jahre 1932 registrierten die städtischen Verwaltungen ca. 150000 Leerstände im Deutschen Reich. Vornehmlich Arbeiter- und Angestelltenfamilien mussten ihre Wohnungen räumen, weil sie die Miete nicht mehr aufbringen konnten. Die Stadtvorstände sahen sich in der Pflicht, für eine wachsende Zahl von Obdachlosen und Unterstützungsempfängern einfachste Notunterkünfte einzurichten.[5]

## »Vorstädtische Kleinsiedlungen« als Notprogramm

Die Misere auf dem Wohnungsmarkt wurde durch eine Politik der Geldverknappung verschärft, die das Reich in den Jahren der Weltwirtschaftskrise betrieb, um die öffentlichen Haushalte zu sanieren. Staatliche Bauvorhaben wurden gestrichen und Anleihen auf dem privaten Kapitalmarkt verteuerten sich ungemein. Denn die Kabinette Brüning I und II, Papen und Schleicher begriffen öffentliche Investitionen in die Bauwirtschaft keineswegs als einen »Konjunkturmotor«, sondern nur als einen leidigen Kostenfaktor. Demzufolge ging die Berliner Ministerialbürokratie dazu über, Fördermittel nur noch auf indirektem Wege zu vergeben, abgesichert durch das neu entwickelte System der Reichsbürgschaften. Der Staat bürgte für Hypothekendarlehen, die vom privaten Bank- und Versicherungskapital, aber auch von Sparkassen, öffentlich-rechtlichen Kreditanstalten und der Großindustrie ausgereicht werden sollten. Zukünftig sollte sich das Privatkapital – zumindest mittelfristig – wieder als Hauptinvestor im Wohnungsneu- und -umbau engagieren. Die vom Reich seit 1931 bereit gestellten niedrig verzinslichen Darlehen für den Kleinsiedlungsbau dienten daher nur dazu, die Krisenjahre zu überbrücken. Ihr Gesamtvolumen hielt sich ohnehin in Grenzen. Die eigens geschaffene Behörde des Reichskommissars für die vorstädtische Kleinsiedlung achtete streng darauf, dass die Mittelaufnahme von 2500 RM pro Siedlerstelle nicht überschritten wurde. Die Reichsdarlehen waren zudem an die Auflage geknüpft, dass jeder Siedler mindestens 500 RM der Gesamtkosten durch Eigenleistungen aufbringen müsse. Dieser Finanzierungs- und Selbsthilfeanteil fiel zwar in der Regel wesentlich höher aus. Doch konnte der scharf kalkulierte Kostenrahmen im Großen und Ganzen eingehalten werden. Dank der Selbstmobilisierung der Siedlerfamilien bzw. -vereine, der kommunalen Vorleistungen für den Ausbau der Infrastrukturen und durch die Bereitstellung von preisgünstigem Boden am Rande der Städte kam es zu einer von vielen zeitgenössischen Beobachtern nicht für möglich gehaltenen Kostendämpfung. Dies entsprach dem neuen wohnungspolitischen Credo des Reiches im Klein- und Massenwohnungsbau: Wohnstandards administrativ vorschreiben, rigoros reduzieren und – als Reaktion auf den kostspieligen Reformwohnungsbau in den 1920er Jahren – extreme Einsparungen durchsetzen.[6]

Daneben gelang es der öffentlichen Hand ab Mitte der 1930er Jahre durch Steuervergünstigungen, aber auch infolge fallender Baustoffpreise und günstigerer Zinssätze, gemeinnützige Wohnungsgesellschaften als Bauherren von Eigenheimen, Reihen- und Siedlungshäusern zu gewinnen. Dies entsprach einem allgemeinen Trend im Wohnungsbau der 1930er Jahre, aber auch einer besonderen Jenaer Tradition. Bereits zwischen 1924 und 1931 waren in der Saalestadt außergewöhnlich viele Kleinhäuser errichtet worden. In diesen Jahren der Weimarer Republik konnte die Stadt Jena unter allen thüringischen Kreisen die intensivste Neubautätigkeit verzeichnen. Gemeinnützige Wohnungsgenossenschaften, private Kapitalgeber und die Carl-Zeiss-Stiftung investierten vornehmlich in solide gebaute Siedlungs- und Mehrgeschosshäuser. Die neuen Wohnungen wurden mit einem ansprechenden Komfort ausgestattet. Ihre späteren Mieter bzw. Eigentümer mussten allerdings auch eine vergleichsweise hohe monatliche Belastung tragen. Nach den durch die Weltwirtschaftskrise bedingten Einbrüchen untermauerte Jena seine Ausnahmestellung unter den thüringischen Städten und erreichte 1934/35 die erste, 1937/39 hinter der Gau- und Landeshauptstadt die zweite und 1940 wieder die erste Position im Ranking des jährlichen Reinzugangs an Wohnungen. Jena wies Ende 1940 unter allen deutschen Mittelstädten mit 39,8 % den dritthöchsten Anteil an neu gebauten Wohnungen am gesamten Wohnungsbestand auf. Deshalb sprach Detlev Heiden mit Blick auf den Zeitraum von 1924 bis 1939/40 von einem »singulären Jenaer Bauboom«. Dieser Langzeittrend habe aber die anhaltende Wohnungsnot keineswegs beseitigen können.[7] Ein ausgesprochen widersprüchlicher Befund, der Fragen aufwirft, die den folgenden Ausführungen zugrunde liegen: Kam dem Wohnungsneubau und der kommunalen Wohnungswirtschaft in den 1930er Jahren tatsächlich die oberste Priorität zu, wie es wiederholt in Zeitungsberichten über Richtfeste und neue Siedlungsprogramme vorgespiegelt wurde? Welche finanz- und haushaltspolitischen Schritte unternahmen Oberbürgermeister und Stadtbauamt, um der zunehmenden Wohnungsnot in Jena zu begegnen? Welches Ausmaß nahm diese Misere an und wie wirkte sie sich auf das soziale Beziehungsgefüge in dieser Universitäts- und Industriestadt aus? Zunächst gehen wir aber der Frage nach, welche Entwicklungen den Jenaer Wohnungsmarkt zu Beginn der 1930er Jahre prägten.

Ende November 1928 waren in Jena 2400 Personen bzw. Familien als Wohnungssuchende registriert, zum 1. März 1931 noch etwa die Hälfte.[8] Die Lage auf dem Wohnungsmarkt spitzte sich allerdings 1933 wieder zu, zumal das kommunale Wohnungsamt 1932 aufgelöst worden war. »Auf Betreiben des Hausbesitzes«, wie die Jenaer Ortsgruppe des Mieterbundes behauptete.[9] Nun verwaltete zwar das Land Thüringen die für den Wohnungsneubau vorgesehenen Anteile aus der Aufwertungssteuer. Die Ministerialbeamten verwandten dieses Steueraufkommen aber gesetzwidrig, um bestehende Löcher im Landeshaushalt zu stopfen. Solcherart Verwaltungspraxis entzog gerade dem unteren Wohnungsteilmarkt die unabdingbaren öffentlichen Mittel für den Klein- und Mietwohnungsbau. Der Neu- oder Umbau von mehrgeschossigen Sozialwohnungen unterblieb de facto seit Anfang 1931. Sowohl das Reich als auch die Länder favorisierten in ihrer Gesetzgebung und Haushaltspolitik den Bau von kleinen Einfamilienhäusern.[10] Infolgedessen konnte der Jenaer Wohnungsmarkt seiner Versorgungsfunktion gegenüber den einkommensschwachen Teilen der Einwohnerschaft immer weniger gerecht werden. Das Jenaer Stadtbauamt suchte einen Ausweg anfangs im Kleinsiedlungsbau und in der Einrichtung von besseren Barackenlagern.

Rein quantitativ stellten die in den Krisenjahren 1931/32 für Erwerbslose und Kurzarbeiter im gesamten Reich bereitgestellten 75 000 Siedlerstellen nur einen »Tropfen auf dem heißen Stein«[11] dar. Viele Zeitgenossen erblickten in ihnen jedoch »eine gute Hilfe in der Notzeit«, wie die sozialdemokratische Tageszeitung »Das Volk« auf dem Höhepunkt der Weltwirtschaftskrise im Jahre 1932 einschätzte. Das Blatt veröffentliche über die Siedler in der Burgauer Ringwiese und in den Siedlungen »Grüne Aue« und »Sonnenblick« eine Reportage. Es handelte sich um typische Stadtrandsiedlungen. In ihnen ließen sich vor allem erwerbslose Schlosser und Bauhandwerker nieder, die sich ihren Traum vom eigenen »Häuschen und ein paar Hühnern« erfüllen wollten. In Jena erhielten 1931/32 1,5 % der mehr als 59 000 Einwohner Arbeitslosengeld, 2,1 % Krisen- und 2,5 % Wohlfahrtsunterstützung.[12] Als Träger der drei »vorstädtischen Kleinsiedlungen« zeichnete »die Stadtgemeinde Jena« verantwortlich, wie es die Bestimmungen des Reichsarbeitsministeriums zwingend vorschrieben. Den Grund und Boden der Ringwiesen-Siedlung stellte aber die Carl-Zeiss-Stiftung zur Verfügung, die mit den Siedlern Erbbauverträge über eine Laufzeit von 60 Jahren abschloss. Die meisten Siedler wären nicht in der Lage gewesen, die Grundstücke zu kaufen. In einem Interview verglich ein arbeitsloser Bauarbeiter seine frühere Mietwohnung »in der Stadt« mit der Siedlerstelle in der Ammerbacher Flur. Er konnte dort nach sieben Monaten Bauzeit eine Doppelhaushälfte beziehen. Zuvor habe er in einem Jenaer Hinterhaus gewohnt und für eine Stube, Kammer und Küche monatlich 22 RM Miete bezahlen müssen. In der Siedlung könne er dagegen Licht, Luft und Sonne genießen, verfüge über ein Haus mit einem großen Garten und müsse nur die Hälfte dafür aufbringen. Vorläufig würden die Siedler nur eine kleine Monatsmiete von sieben bis zwölf Reichsmark entrichten, in Abhängigkeit von der Größe des Gartens. Nach drei Jahren müssten sie sich entscheiden, ob sie das gesamte Grundstück langfristig pachten wollten oder nicht. Blieben sie, würden zudem die monatlichen Tilgungsraten für das gewährte Darlehen fällig werden. In der kleineren Siedlung »Sonnenblick« am Fuße des Jenzig betrug die Monatsmiete für ein Haus mit ca. 900 m² Landzulage nur sieben RM. Laut dem zitierten Zeitungsbericht fanden sich in den drei Stadtrandsiedlungen »überall zufriedene Siedler«, die »nie wieder in die Mietskasernen der Stadt zurück möchten.«[13]

Aus den Wahrnehmungen der Siedler sprach fraglos eine hohe Wohnzufriedenheit. Das darf freilich nicht darüber hinwegtäuschen, dass die schlichten Doppelhäuschen noch viele Provisorien und Unzulänglichkeiten aufwiesen. Anlage und Zuschnitt der Siedlungshäuser waren vom Jenaer Stadtbauamt entworfen worden, das auch die Bauaufsicht wahrnahm. Am 28. Januar 1932 lehnte der Reichskommissar für vorstädtische Kleinsiedlung allerdings die vom Jenaer Stadtoberbaurat Georg Lüers eingereichten Grundrisse der Siedlungshäuser ab. Gebäudeformen, bei denen das Dach zugleich die Decke bilde, wolle seine Behörde grundsätzlich vermeiden, hieß es zur Begründung aus Berlin. Auf diese Weise gehe der für Siedler unentbehrliche Stauraum für Futtervorräte und landwirtschaftliche Geräte verloren. Deshalb musste Lüers in großer Eile seine Typenentwürfe überarbeiten und mit den

Änderungsvorschlägen des Reichskommissars abstimmen.[14] Das Stadtbauamt beabsichtigte ursprünglich sogar, große Waschkessel in den engen Fluren der Siedlungshäuschen aufzustellen, deren gesamte Nutzfläche nicht einmal 50 m² betrug. Die handwerklich versierten Siedler konnten das aber abwenden. Sie wandten ein, der Wasserdampf würde das Holzgebälk der Dächer innerhalb weniger Jahre faulen lassen. Die Anschlüsse für elektrisches Licht und Wasser ließ das Stadtbauamt Jena kostengünstig verlegen. Ein Gasanschluss fehlte hingegen, eine Kanalisation untersagte der Gesetzgeber strikt und durfte selbst in Ausnahmefällen nicht gebaut werden. Das hätte den vorgeschriebenen Kostenrahmen gesprengt. Auch die Zufahrtswege konnten nicht asphaltiert werden; nach ergiebigen Regenfällen versanken die Siedler im Schlamm der Feldwege. Ein Plumpsklo blieb Standard und die Düngung der Nutzgärten mit den anfallenden Fäkalien ein Muss.[15]

Eine Siedlung ganz eigener Art entstand wenig später an der Löbstedter Straße in unmittelbarer Nachbarschaft des kommunalen Gas- und Wasserwerkes. Nachdem der Jenaer Stadtrat beschlossen hatte, mehrere Wohnbaracken neben der Adolf-Hitler-Schule (heutige Nordschule) abzubrechen, bestellte das Stadtbauamt am 9. Oktober 1933 beim Reichsbahnausbesserungswerk Gotha zehn ausrangierte Eisenbahnwaggons. Neun Wagenkästen wurden auf einem städtischen Grundstück zwischen dem Reichsbahngelände und einem Mineralöllager aufgestellt und amtlich mit den Hausnummern 55 bis 63 ausgewiesen. Ab Sommer 1934 dienten sie sozial benachteiligten Familien als provisorische Behausungen. Auch in der Stadt des »Baubooms« mussten Arbeitslose und Fürsorgeempfänger also Notquartiere beziehen. Sie sollten freilich aus der Dornburger Straße in den Reichsbahnbezirk am Rande der Stadt expediert werden. Stadtoberbaurat Lüers glaubte darin eine Entlastung der Allgemeinheit erblicken zu können.[16] Zuvor waren alle aufgestellten Waggons ausgebessert, massiv unterkellert und mit einer separaten Wasserzapfstelle ausgestattet worden. Es erfolgte der Anbau eines weiteren Raumes. Zur Bezahlung der Umbaukosten beantragte die Kreisleitung der Nationalsozialistischen Volkswohlfahrt über die entsprechende Abteilung des Stadtbauamtes Reichszuschüsse. Lüers meinte optimistisch, nach ihrer Fertigstellung könne von Eisenbahnwagen keine Rede mehr sein. Offiziell sprachen die Verwalter des Wohnungsmangels sogar von einer »Siedlung für Minderbemittelte«.[17] Die für den Ausbau notwendigen Beton- und Maurerarbeiten mussten die »Siedler« selbst ausführen. Die Monatsmiete betrug 10,– RM, die Wagenbaracken sollten schließlich nach zehn, spätestens fünfzehn Jahren in ihr Eigentum übergehen. Die Siedlerfamilien wurden von der Abteilung Wohnungsfürsorge des Stadtbauamtes quasi gesundheitspolizeilich überwacht. Vor ihrer Aufnahme in das Wagenlager waren sie vom Städtischen Jugendarzt im Auftrag des Stadtbauamtes überprüft worden. Fürsorgerinnen leuchteten den sozialen Hintergrund der Befragten aus und forschten in der Familiengeschichte nach Erbkrankheiten. Die neuen Mieter besaßen nicht selten vier und mehr Kinder. Während die Väter auf längere Phasen der Arbeitslosigkeit zurückblickten, waren die Mütter nur gelegentlich erwerbstätig gewesen. In den Befragungen räumten sie ein, Mietwohnungen in Privathäusern nicht bezahlen zu können und am freien Wohnungsmarkt chancenlos gewesen zu sein. Eine Familie war vom Umzug in die Eisenbahnbaracke durchaus angetan, weil sie dort »frische Luft« haben könne.[18] Das Idyll der Siedlung verlor aber spätestens im Winter 1934/35 seinen Reiz, weil die Anbauten nicht beheizbar waren und ihre Innenwände vereisten. Alle neun Familien wandten sich daher mit einer Kollektiveingabe an den Leiter des Wohlfahrtsamtes, ein Altparteimitglied der NSDAP. In ihrem Schreiben vom 14. Januar 1935 bezeichneten sie die Wohnbedingungen ihrer Kinder als »gesundheitsschädlich«, weil die Anbauten gewöhnlich als deren Schlafzimmer genutzt würden. Nur zwei Tage später bestellte das Wohlfahrtsamt bei der Jenaer Firma Hugo Hörchner neun Öfen zu Lasten des städtischen Etats.[19]

Außerdem verschärfte sich der Wohnungsmangel im Raum Jena/Stadtroda besonders spürbar, weil diese Kreise neben der Stadt Greiz zu jenen beiden Regionen in Thüringen gehörten, die 1933 im Vergleich zu 1925 eine Zuwanderung aufwiesen. Insgesamt erhöhte sich die Einwohnerzahl Jenas zwischen Mitte der 1920er Jahre und dem Ausbruch des Zweiten Weltkriegs um 32 %, d. h. fast um ein Drittel.[20] Unter den Zuziehenden befanden sich aber eben auch an- oder ungelernte Arbeitskräfte, Stellensuchende und Krisenopfer. Sie verfügten über ein viel zu geringes Einkommen, um die hohen Mietkosten für neu errichtete oder umgebaute Wohnungen aufbringen zu können. Reichsweit bezifferte sich der Wohnungsfehlbestand im Jahre 1932 auf rund 1 Mio. Einheiten, 1935 bereits auf 1,5 Mio. Es existierte allerdings nur für die Hälfte der fehlenden Wohnungen eine kaufkräftige Nachfrage. Das unterstreicht, welch dramatisches Ausmaß die soziale Verelendung in den großstädtischen Quartieren angenommen hatte. Vor allem an den begehrten Kleinwohnungen mangelte es, auch in Mittelstädten. Dabei lag die durchschnittliche Zahl der zwischen 1933 und 1939 fertig gestellten Wohnungen, einschließlich neuer Kleinwohnungen, jährlich um rund 60 000 Einheiten über dem in der Weimarer Republik erreichten Stand. Es wäre jedoch eine um 210 000 Wohnungseinheiten höhere Produktion notwendig gewesen, um die nach der Weltwirtschaftskrise in größeren Städten und industriellen Ballungsräumen rasant steigende Nachfrage decken zu können.[21]

Rüdiger Stutz

## Die »Mustersiedlung« von Carl Zeiss – kein Platz für Juden

Auch nach der Machtübernahme des NS-Regimes blieb der Wohnungsbau politisch-programmatisch den Arbeitsbeschaffungsmaßnahmen untergeordnet, die seit 1932 im Reichsarbeitsministerium ausgearbeitet worden waren. Praktisch wurden die Bauprogramme der Präsidialregierungen mehr oder weniger weitergeführt, lediglich die Siedlungspropaganda nahm unbekannte Ausmaße an. Dem entsprechend machten Kleinhäuser zwischen 1933 und 1935 über 90% aller neu erbauten Häuser im Reich aus. Sie wurden in höchstens zweigeschossiger Bauweise ausgeführt.[22] Das schloss freilich regionale und lokale Besonderheiten keineswegs aus. So markierte Jena bereits in den ersten beiden Jahren des Nationalsozialismus den Übergang von der vorstädtischen zur industriellen Kleinsiedlung. Nicht mehr Erwerbs- und Arbeitslose, sondern die Stammbelegschaften der beiden Stiftungsunternehmen, kinderreiche Familien und nicht zuletzt »verdiente Volks- und Parteigenossen« bildeten nunmehr die Hauptzielgruppe des Jenaer Siedlungsbaus. Beiderseits der Staatsstraße nach Rudolstadt entstanden neue Eigenheime, denen zweifellos nicht mehr das Notstandsimage des Kleinsiedlungsbaus der Krisenära anhaftete. Der arbeitsintensive Alltag in den Stadtrandsiedlungen war immer weniger mit den steigenden Anforderungen an die Industriebeschäftigten in Einklang zu bringen gewesen, nachdem die Konjunktur im Winter 1932/33 angesprungen war. Die wieder

*Postkarte »Grenzlandsiedlung« Ringwiese, 1935*

*Postkarte »Grenzlandsiedlung« Ringwiese, 1935*

eingestellten Kurzarbeiter und Arbeitslosen aus den »vorstädtischen Kleinsiedlungen« mussten sich auf ihre neuen Stellen in den Unternehmen konzentrieren. Das Motto »Siedeln als Selbsthilfe« war obsolet geworden und offenbarte die widersprüchliche »Funktionslogik des nationalsozialistischen Kleinsiedlungskonzeptes.«[23] In der Phase des wirtschaftlichen Aufschwungs mussten die Siedlungshäuser professionell erstellt werden, um die Siedlerfamilien von zeitaufwendigen Bauaufgaben entlasten zu können. Den modernen Wissenschaftsindustrien bot sich durch den Eigenheimbau zudem die Chance, ihre gut ausgebildeten Fachkräfte langfristig an den jeweiligen Unternehmensstandort zu binden.

Solche »industriellen Heimstättensiedlungen« wurden »mit Vorliebe« in einem ländlichen Umfeld errichtet. Deshalb verteilten die Beamten des Reichsarbeitsministeriums die Reichsdarlehen seit 1933 vorrangig an Landgemeinden und Mittelstädte. In der Weltwirtschaftskrise waren hingegen die Großstädte und Industriezentren mit besonders hoher Arbeitslosigkeit bevorzugt berücksichtigt worden. Die nationalsozialistischen Siedlungsplaner konstruierten einen »organischen« Zusammenhang zwischen der Siedlung und dem Industrieunternehmen, was auch eine »Neuordnung von Arbeitsplatz und Wohnstätte« erforderlich mache, also einen engeren räumlichen Bezug. Die Siedlung »Grenzland« des Jenaer Unternehmens Carl Zeiss wurde ebenfalls in unmittelbarer Nähe des Werkes errichtet, d. h. nur drei Ki-

Zeiss-Werkzeitung

ihre Aufgabe als Führer des Betriebes und sie bittet hierzu um Ihr Vertrauen und Ihre Mitarbeit.

Werkskameraden! Das verflossene Jahr hat dem deutschen Volke dank der genialen Führung unseres großen Kanzlers eine Entwicklung gebracht, die wir uns vorher alle nicht hätten vorstellen können. Wir sind aber noch nicht am Ende. Das deutsche Volk steht nach wie vor in unvergleichlich schwerem Ringen um seine Freiheit und Gleichberechtigung. Je härter der Kampf, um so entschlossener muß unser Wille, je größer die Gefahr, um so stärker das Vertrauen zur Führung sein, damit der Sieg unser ist. Das geloben wir unserem Führer am heutigen Tage durch ein dreifaches Siegheil!

## Bilder aus dem Festzug am 1. Mai

28

Aus »Zeiss-Werkzeitung«, Heft 2, Mai 1934

lometer entfernt. Da nach den Berliner Vorgaben Reichsdarlehen nur für Siedlungsvorhaben ausgereicht wurden, wenn eine Gemeinde oder ein Gemeindeverband als dessen Träger eingetragen war, schloss der Stadtkreis Jena am 7. Dezember 1933 mit der Carl-Zeiss-Stiftung einen entsprechenden Vertrag ab. Die Jenaer Stadtverwaltung übernahm die Trägerschaft dieser Siedlung gegen die Verpflichtung der Carl-Zeiss-Stiftung, alle daraus erwachsenden Lasten und Verbindlichkeiten zu übernehmen und die Siedlung nach den Bestimmungen des Reichsarbeitsministeriums aufzuführen und zu unterhalten.[24] Die Siedlungshäuser lagen an neu angelegten

*Neuerbaute Häuser in der Ringwiese, um 1935*

Privatstraßen, die sich an eine durchgehende Hauptstraße mit elektrischer Straßenbahn anschlossen. In einem Vademekum über Industriesiedlungen wurde die Zeiss-Siedlung als eine »mustergültige industrielle Wohnkolonie« charakterisiert. In ihr würde sich bereits der »Übergang« zu einem anderen Siedlungskonzept abzeichnen, d. h. zum Eigenheim mit geringer Gartenzulage. Hier trete das wirtschaftliche Moment »zugunsten eines gesunden Wohnens« zurück. Geradezu euphorisch beschrieb der Autor die »neuzeitliche« Ausstattung der Häuser mit einer Badestube. Auch Sonderwünsche der Siedler würden Berücksichtigung finden. Sie müssten nicht mehr auf jenen Komfort verzichten, der in jeder Großstadtwohnung inzwischen zur Selbstverständlichkeit geworden sei. Jedenfalls fiele das Burgauer Beispiel aus dem »üblichen Rahmen« der von ihm vorgestellten »Industriellen Heimstättensiedlungen«[25], zumal die Siedlungshäuser ausschließlich von beauftragten Baufirmen erstellt wurden. Das Unternehmen Carl Zeiss verzichtete vollständig auf die Arbeitsleistungen der Siedler, die ihre Eigenheime schlüsselfertig übernehmen konnten. Es handelte sich um Angestellte, Facharbeiter und ungelernte Arbeiter im Alter zwischen 24 und 65 Jahren. In der gesamten Siedlung lebten rund 400 Kinder. Nach einer dreijährigen Probezeit konnte die Siedlerstelle in das Eigentum der Siedler übergehen. Deren monatliche Belastung betrug je nach Haustyp und Finanzierungsmodell zwischen 25,– und 35,– RM. Sie lag damit über dem Durchschnitt der in diesem Band miteinander verglichenen Industriesiedlungen, was den hohen Baukosten in Jena geschuldet war. Die folgende Gegenüberstellung der verschiedenen Werksstandorte verdeutlicht indes auch, dass der Jenaer Mietspiegel ebenfalls aus dem »üblichen Rahmen« fiel. In dieser Stadt hatten die Durchschnittsmieten eine Höhe erreicht, dass die Siedler an der Ringwiese trotz ihrer monatlichen Ratenzahlungen bis zur Hälfte der früheren Mietkosten einsparen konnten.

*Vergleich der Baukosten, monatlichen Belastung der Siedler und Zeitdauer der Abzahlungen*[26]

| Kleinsiedlung der Konzern-Unternehmen | Baukosten in RM | monatliche Belastung der Siedler in RM | Durchschnittsmiete der früheren Wohnung in RM | Abzahlungs-Dauer der Siedlerstelle in Jahren |
|---|---|---|---|---|
| Krupp Gruson-Werk A. G., Magdeburg | 2600 | 25 | – | 25 |
| Waggonfabrik Talbot G. m. b. H., Aachen | 2500 | 15 | 30,– bis 40,– | 38 |
| I. G. Farben A. G., Wolfen | 4000 | 20 | – | 46 |
| Siemens-Werke, Berlin | 3250 | 12,– bis 17,– bzw. 15,– bis 20,– | 29,– bzw. 34,– | 40 |
| Hirsch Kupfer- u. Messingwerke A. G., Finow (M.) | 3550 | 16 | – | 40 |
| I. G. Farben A. G., Ludwigshafen u. Oppau | 4000 | 23,3 | 30 | 22 |
| AEG, Berlin | 4350 | 20 | – | 45 |
| Osram G. m. b. H, Berlin | 5900 | 32,5 | 34 | 36 |
| Carl Zeiss, Jena | 6000 | 25,– bis 35,– | 37,– bis 52,– | 25 |

Die Jenaer Siedlung hatte auf Anregung des Unternehmens Carl Zeiss den Namen »Grenzland« erhalten, womit auf die territorialen Verluste des Deutschen Reiches infolge des Versailler Friedensvertrages angespielt wurde.[27] Gewiss entsprach diese Namensgebung dem verbreiteten Geist dieser revisionistischen Zeitperiode. Der in jeder Hinsicht überstürzte Baubeginn glich allerdings auch einem Zugeständnis an den Vorsitzenden des nationalsozialistischen Betriebsausschusses, Max Zipler, der als Mitglied der Nationalsozialistischen Betriebszellen-Organisation (NSBO) vehement die Aufnahme eines großen Siedlungsprojektes vom Unternehmensvorstand gefordert hatte. Vorstandssprecher August Kotthaus nahm in seiner Ansprache aus Anlass der Grundsteinlegung am 24. Juni 1933 jedenfalls ausdrücklich auf »unseren Herrn Zipler« Bezug. Ihm sei es in Berlin gelungen, ergiebige Finanzierungsquellen zum Sprudeln zu bringen. Dank seiner »Findigkeit« habe das Unternehmen seine ursprünglich nur auf 40 Wohnungen ausgelegten Siedlungspläne bedeutend erweitern können, so dass im ersten Bauabschnitt bereits 130 Häuser übergeben werden konnten. Kotthaus ergriff die Gunst dieser feierlichen Stunde, um die beim anwesenden Kreisleiter der Jenaer NSDAP und anderen Parteichargen ausgeprägten Vorbehalte gegen das Unternehmen zu zerstreuen. Die neue Siedlung verkörpere »eine weithin sichtbare erste Tat des nationalsozialistischen Geistes« der Zeissianer. Durch sie werde ihm ein bleibendes Denkmal gesetzt. Zugleich verdeutliche die Siedlung »eine stolze und freudige Bejahung des neuen Staates« durch das Unternehmen. Damit glaubte Kotthaus die »wahre« Haltung der leitenden Zeiss-Beamten treffend zu beschreiben. Denn diese wurden seit Langem von lokalen NS-Führern argwöhnisch beurteilt.[28]

Der Siedlungsbau in der Ammerbacher Flur bildete zwischen 1933 und 1935 den Kern der betrieblichen Sozialpolitik des Unternehmens Carl Zeiss. Daneben hatte der Vorstand im Sommer 1933 einen 14-Punkte-Katalog vorgelegt, der einmalige Sonderzuschüsse für die Belegschaft, eine Weihnachtsgratifikation, Kredite für den Eigenheimbau und Darlehen für Jungvermählte enthielt, um die »Kaufkraft der Geschäftsangehörigen« zu heben. Das korrespondierte zwar grundsätzlich mit den Arbeitsbeschaffungsmaßnahmen der Thüringischen Staatsregierung unter Fritz Sauckel bzw. seit dem 5. Mai 1933 des Ministerpräsidenten und Wirtschaftsministers Willy Marschler. Doch an der Sozialpolitik des Zeiss-Vorstandes entzündeten sich 1934/35 immer wieder Konflikte mit den Aktivisten der NSBO um Zipler und den Chef des Arbeiterrates Erich Keilig. Nach hitzigen Kontroversen war es Kotthaus Mitte 1934 mit Unterstützung des Reichstreuhänders der Arbeit für Thüringen jedoch gelungen, einen neuen Vertrauensrat der DAF bestätigen zu lassen, in dem die renitenten Sympathisanten der NSBO ausgebootet worden waren.[29] Vor diesem Hintergrund ergriff Zipler Anfang 1935 die Gelegenheit beim Schopf, um den Gefolgsmann von Kotthaus im Vertrauensrat, Helmuth Frommelt (NSDAP), bloßzu-

## Von unserer Hitler-Jugend Gefolgschaft Ernst Abbe

Beim Hermann-Göring-Gepäckmarsch Weimar—Erfurt (25 km) am 15. 10. 1933 gewann die Mannschaft der Gefolgschaft Ernst Abbe in der Hitler-Jugend Jena den 1. Preis, einen silbernen Pokal und eine Göring-Plakette. Als die Mannschaft geschlossen und singend im Achtungschritt nach 2 Stunden 59 Minuten 25 Sekunden in der Kampfbahn in Erfurt durch's Ziel ging, brachen die Zuschauer in tosenden Jubel aus.

Die Teilnehmer (von links nach rechts): Helmut Klipp, Walter Harz, Ernst Maroska, Helmut Stiller und Erwin von Fehr, der Führer der Mannschaft.

## Der erste Siedler zieht ein

Am 28. Oktober 1933 war das erste Haus unserer Siedlung auf der Ammerbacher Flur soweit, daß es bezogen werden konnte. Die Betriebszelle gestaltete diesen ersten Einzug zu einer würdigen Feier aus. Der Wagen mit dem Umzugsgut wurde von NSBO-Kameraden und Siedlern zum neuen Heim gezogen und nach Ansprachen wurde der Einzug unter Beihilfe aller vorgenommen. Wir bringen einige Bilder von dem Umzug und der Feier.

*Bericht über den Einzug in das erste fertig gestellte Siedlungshaus am 28. Oktober 1933 in der »Zeiss-Werkzeitung«, Heft 1, Januar 1934*

*Baubeginn an der Ringwiese am 24. Juni 1934*

stellen. Denn dieser hatte bei der Durchsicht der Personalvorschläge für die Siedlerstellen übersehen, dass sich unter den Bewerbern auch ein jüdischer Mechaniker der Zeiss-Werke befand. Es handelte sich um Elias Hirschowitz, der am 10. Dezember 1885 in Riga geboren worden war und seit 1910 mit seiner Familie in Jena lebte. Im Jahre 1931 unter der Regierung des nationalsozialistischen Innen- und Volksbildungsministers Wilhelm Frick in Thüringen eingebürgert, wurde er am 16. Februar 1934 über den Widerruf seiner Einbürgerung informiert. Dieser Bescheid war nicht zuletzt auf Betreiben des Jenaer Oberbürgermeisters Armin Schmidt zustande gekommen.[30] Elias Hirschowitz verblieb bis 1940 in Jena, verzog dann mit seiner Familie nach Saalfeld und wurde am 10. Mai 1942 mit seiner Frau und seinem Sohn in das Vernichtungslager Belzyce deportiert, wo sich ihre Spuren verlieren.[31] Die Siedlerstelle wurde Hirschowitz umgehend gekündigt, obwohl die Richtlinien des Reichsarbeitsministers das zu diesem Zeitpunkt keineswegs zwingend vorschrieben.[32] Kotthaus verteidigte seinen Vertrauten Frommelt gegen alle Anfeindungen und notierte in seinen persönlichen Unterlagen über die Auseinandersetzung mit den Aktivisten der NSBO: »Demgegenüber erklärte ich zunächst, dass in der Wirtschaft die Judenfrage gar keine Rolle spiele, dass also an sich die Zuteilung auch einer Siedlerstelle zulässig sei, wenn, wie in unserem Falle, Reichsmittel dazu nicht herangezogen würden, dass aber weder die Personal-Abteilung noch Herr Frommelt ihre Zustimmung gegeben haben würden, wenn bekannt gewesen wäre, dass H. Jude ist und nach Bekanntwerden sei alsbald die Bereinigung des Falles in schnellster Weise durchgeführt worden.«[33]

Dieses lokale Beispiel unterstreicht die Dynamik der antijüdischen Ausgrenzung im NS-System, die eben nicht nur »von oben«, sondern gleichermaßen »von unten« ausging.[34] Es erhärtet Einschätzungen der neueren Forschung, wonach um die Jahreswende 1934/35 rassenpolitische Kriterien bei der Siedlerauswahl die klassischen Prinzipien der Sozialauswahl zu überlagern begannen. Erst seit dieser Zeit bestimmte das Reichsheimstättenamt der NSDAP und der Deutschen Arbeitsfront (DAF) mit den ihm nachgeordneten Gauheimstättenämtern die Grundlinien der nationalsozialistischen Siedlungspolitik. Die DAF versuchte sich als Sachwalterin der NS-Sozialpolitik zu profilieren und war bestrebt, die »Wohnungsfrage« in den Mittelpunkt der Politik der NSDAP zu rücken.[35] Demzufolge kritisierte das Reichsheimstättenamt die staatliche Wohnungspolitik als halbherzig und unzureichend. Vor diesem Hintergrund überließ der zuständige Reichsarbeitsminister in seinen Richtlinien zur »Fortführung der Kleinsiedlung« vom 12. Februar und 12. Juli 1935 dem Reichsheimstättenamt bzw. den zuständigen Gauheimstättenämtern das letzte Wort bei der Auswahl der Siedler. Künftig sollten vorrangig Frontsoldaten des Ersten Weltkrieges, Altparteimitglieder, so genannte »Opfer der nationalen Arbeit« und vor allem kinderreiche Familien bei der Besetzung der Siedlerstellen berücksichtigt werden. Freilich nur insoweit sie im Sinne der NS-Rassendoktrin als »rassisch wertvoll« anzusehen seien, hieß es einschränkend. Als kinderreich galt eine Familie von Amts wegen, wenn mindestens vier Kinder im Haushalt der Eltern lebten. Die Gauheimstättenämter entschieden in den jeweiligen Gauen der NSDAP zumindest bis 1937 eigenverantwortlich über die Ausstellung von »Eignungsscheinen«. Diese Einschätzungen der Siedlungsbewerber kamen einem Führungszeugnis gleich. Nur nach Vorlage eines solchen Zertifikats war es möglich, für ein Siedlungsprojekt zugelassen zu werden. Mit ihrer Ausfertigung bescheinigten die Gauheimstättenämter, dass gegen die Anwärter »in politischer, charakterlicher, gesundheitlicher und erbbiologischer Hinsicht und gegen die siedlerische Befähigung keine Bedenken« bestehen würden.[36]

Die Verschärfung der antijüdischen Verfolgungspraxis musste auch der Schuhmacher Edeltraut Eberhardt erfahren. Seit 1934 wohnte er in der städtischen Siedlung an der Löbichauer Straße. Da in der Großelterngeneration von Eberhardt ein jüdischer Vorfahre nachgewiesen wurde, galt er den Beamten im Jenaer Stadtbauamt als »Judenstämmling«. Lüers räumte am 22. Februar 1936 gegenüber der Behörde des Thüringischen Wirtschaftsministers ein, 1934 sei die arische Abstammung noch keine Vorbedingung für die Zuteilung einer Siedlerstelle gewesen. Deshalb sei seinerzeit auch nicht danach gefragt worden. Und fügte hinzu: *»Es ist selbstverständlich, dass ich in dieser Beziehung nach den Richtlinien der nationalsozialistischen Weltanschauung handeln möchte.«* Beflissen erkundigte sich Lüers bei seinen Vorgesetzten in Weimar, *»ob es auf Grund der Reichsrichtlinien möglich ist, den Siedler Eberhardt von seiner Stelle zu entfernen und welche Möglichkeit es gibt, über den Siedlervertrag hinweg dem Siedler seine Stelle wieder zu nehmen.«*[37] Oberbürgermeister Schmidt kündigte Eberhardt mit Verfügung vom 30. Dezember 1935 für den 31. Januar 1936 die Siedlerstelle auf.[38] Doch Eberhardt verstand sich zu wehren und schrieb am 11. Februar 1937 an »den Führer und Reichskanzler Adolf Hitler« einen Brief, in dem er sich als »Frontsoldat und Frontkämpfer beim Grenzschutz Nord-Ost«, von jüdischer Herkunft und Vater von vier Kindern vorstellte.[39] Sein Schreiben wurde an die Behörde des Reichs- und Preußischen Arbeitsministers weitergeleitet, was die lokalen NS-Führer in Jena vollends in Harnisch brachte. Am 3. Juli 1937 teilte der Jenaer Oberbürgermeister dem Thüringischen Wirtschaftsminister mit, dass Eberhardt den Einspruch gegen seine Kündigung nicht zurückziehen werde und die Siedlerstelle nicht freiwillig aufgeben wolle. Einen Monat später wies das Wirtschaftsministerium den Widerspruch des Kleinsiedlers gegen seine Kündigung ab. Eberhardt könne seine Siedlerstelle »auch nicht ausnahmsweise, vielleicht mit Rücksicht auf seine zahlreiche Familie,« behalten. Diese Behörde stützte sich ausdrücklich auf die ablehnende Stellungnahme des Gauheimstättenamtes in Weimar. Freilich hatte Stadtbaurat Lüers bereits am 16. April 1937 eingeräumt, er sehe »zur Zeit auch nicht die geringste Möglichkeit eine Ersatzwohnung für Eberhardt zu beschaffen.« Angesichts des Wohnungsmangels sei es in Jena »sehr schwer«, ihn und seine kinderreiche Familie »einigermaßen geeignet unterzubringen«.[40] Offenbar konnte die Stadtverwaltung Eberhardt auch in den folgenden Jahren keine andere Wohnung zuweisen, denn er blieb bis in die Nachkriegszeit unter seiner alten Adresse Am Loh 16 gemeldet.[41]

## »Volkswohnungen« für den Vierjahresplan

Seit Anfang 1935 rückte auch reichsweit die Wohnraumbeschaffung für vollbeschäftigte Industriearbeiter und so genannte Stammkräfte in den Mittelpunkt der sozial-

und wohnungspolitischen Anstrengungen des Regimes. Und mit der Ausrufung des Vierjahresplans im September 1936 begann eine zweite Umorientierungsphase der nationalsozialistischen Wohnungspolitik, die ganz im Zeichen der Aufrüstung und Kriegsvorbereitung stand. Der Wohnungsbau blieb demzufolge ein den jeweiligen Hauptzielen der nationalsozialistischen Politik untergeordnetes Projekt. Allerdings unterlagen die in den einzelnen Herrschaftsphasen gesetzten Prioritäten einem Wandel, war es zunächst die Arbeitsbeschaffung gewesen, dominierte ab Mitte der 1930er Jahre die Aufrüstung den Wohnungsbau. Das wirkte sich selbstverständlich auch auf das Baugeschehen vor Ort einschneidend aus. Angesichts der wachsenden Anforderungen von Wehrmacht und Kriegswirtschaft an den Wohnungsbau, verschob sich dessen Schwerpunkt vom Eigenheim- und Siedlungsbau auf die Erstellung groß- und mittelstädtischer Mietwohnungen. Auf den Baustellen begannen seit 1935/36 die Gerüste von billigeren, mehrgeschossigen »Volkswohnungen« das Bild zu bestimmen.[42]

Vor diesem Hintergrund fand am 23. Mai 1935 im Sitzungssaal des Jenaer Rathauses eine Spitzenbesprechung statt, zu der Ministerpräsident Marschler Vertreter der Stadtverwaltung, der Großunternehmen von Zeiss und Schott, der Banken und des Baugewerbes eingeladen hatte. Eingangs erklärte er ihnen, nach seiner Einschätzung würden in Deutschland noch rund eine Million Wohnungen fehlen, in Thüringen etwa 20 000 bis 25 000. Da auch Jena noch stark unter der Wohnungsnot zu leiden habe, schlug Marschler vor, mit Unterstützung des Aufsichtsrats der Gagfah in Weimar in der Saalestadt 100 neue Wohnungen errichten zu lassen. Es dürften aber keine »armen Wohnungen« mehr gebaut werden, die man oftmals als Elendsquartiere bezeichnen würde. Laut dem überlieferten Protokoll der Unterredung führte Marschler weiter aus: »*Gerade vom Gesichtspunkt der Bevölkerungspolitik aus sei es notwendig, dass die Wohnungen so gebaut würden, dass sie auch für späteren Familienzuwachs ausreichen. Herr Ministerpräsident ist der Ansicht, dass eine Heimstätte mit 70qm Wohnraum das Richtige darstelle, um eine Familie mit 4–5 Kindern unterzubringen; bei weiterem Familienzuwachs könne dann die Frage des An- bzw. Aufbaus immer noch erörtert werden.*« Schließlich verständigten sich die Teilnehmer der Besprechung darauf, in Jena 100 solcher »Volkswohnungen« durch die Gagfah errichten zu lassen, wozu etwa 100 000 RM erforderlich seien. Davon wolle das Land Thüringen 30 000 RM aufbringen. Die Runde brachte per Zuruf rasch einen höheren Betrag auf, zumindest auf dem Papier. Die Stadt Jena wollte 10 000 RM, die Städtische Brauerei, Stiftungssparkasse und Stadtsparkasse jeweils 10 000 RM, die Stiftungsunternehmen wollten 50 000 RM und mehrere Firmen bzw. Banken kleinere Summen beisteuern. Schließlich wurde noch der Vorschlag des Vorstandschefs von Zeiss angenommen, doch besser gleich 150 Wohnungseinheiten zu bauen.[43] Marschler ließ in seiner Rede verlauten, dass zukünftig sorgsamer mit dem Grund und Boden und den Baustoffen umgegangen werden müsse. Bauen und Wohnen standen nun unter dem Vorbehalt der Aufrüstung, so dass alle Landkreise und Kommunalverwaltungen angewiesen wurden, dem Thüringischen Innenministerium über ihre »Maßnahmen zur Durchführung des Vierjahresplans« zu berichten. Unter dem 15. Dezember 1937 vermeldete Staatssekretär Ortlepp dem Reichsstatthalter in Thüringen unter dem Punkt »Förderung des Wohnungsbaus durch Kreise und Gemeinden« überschwänglich: »Die Gemeinnützige Wohnungsfürsorge in Jena, an der die Stadt finanziell maßgeblich beteiligt ist, hat 146 Volkswohnungen errichtet. Weitere 69 Volkswohnungen der Heimstättengenossenschaft und 51 Volkswohnungen der Baugenossenschaft sind von der Stadtverwaltung lebhaft gefördert worden. Die Firma Carl Zeiss hat eine weitere Arbeitersiedlung mit 120 Häusern angelegt, so dass insgesamt 386 Volks- und Werkswohnungen neu entstanden sind oder noch im Laufe des Rechnungsjahres entstehen werden. Der Bauaufwand für diese Wohnungen beläuft sich auf rund 1½ Million Reichsmark […]«[44]

Trotz des Zugangs dieser billigen »Volkswohnungen« stellte sich die Lage auf dem Jenaer Wohnungsmarkt prekär dar, wie ein Schreiben von Lüers an den Jenaer Stadtkämmerer vom 6. März 1937 veranschaulichte. Ein halbes Jahr zuvor hatte der Leiter des Jenaer Stadtbauamtes über die Vergabe der von der Jenaer Gemeinnützigen Wohnungsfürsorge A. G. fertig gestellten 120 Mehrfamilienhäuser berichtet. Um wirklich »die dringlichsten Fälle der Wohnungsnot zu beseitigen«, hielt es Lüers für ratsam, die Bezirksfürsorgerinnen der Nationalsozialistischen Volkswohlfahrt einzubeziehen. Er konsultierte sie, um aus den mehr als 300 Wohnungsgesuchen die bedürftigsten Mieter herausfinden zu können. Die Fürsorgerinnen diskutierten die Dringlichkeit der einzelnen Wohnungsgesuche und zeichneten nach den Worten von Lüers »ein erschütterndes Bild« von der in Jena herrschenden Wohnungsnot. Ihnen sei sehr, sehr häufig berichtet worden, dass nicht selten vier bis fünf Personen in einem Zimmer oder zwei ganz winzigen Räumen lägen, Kinder müssten in Badezimmern oder in den Küchen schlafen, eine Trennung der Geschlechter sei nirgends möglich. Hinzu käme, dass viele dieser Wohnungen kalt, feucht und ungesund seien. Oft wohnten die Eltern und zwei verheiratete Töchter mit den Schwiegersöhnen und mehreren Kindern gemeinsam in einer Wohnung. In vielen Fällen könnten die Männer nicht bei ihren Familien wohnen, so dass an ein richtiges Familienleben nicht zu denken sei.[45]

Nach Ausbruch des Zweiten Weltkrieges wurden die Wohnungsprobleme in Jena nach Einschätzung des Oberbürgermeisters »immer dringender«. Er teilte dem Thüringischen Wirtschaftsminister am 3. August 1940 mit, dass sich der Kreisleiter der NSDAP vor diesem Hintergrund für eine Art Zwangsbewirtschaftung des Wohnungswesens ausgesprochen habe. Die Wohnungshilfe der Stadt solle nicht mehr nur beratend, sondern »aktiver« eingreifen können. Das wiesen Schmidt wie auch Reichsstatthalter und Reichsverteidigungskommissar Sauckel und Marschler zurück. Aber auch der Jenaer Oberbürgermeister räumte ein, es müssten verschiedene Grade der Zwangswirtschaft erwogen werden. Eine gesetzliche Handhabe gebe es dafür allerdings nicht. Aber der Wohnungsbedarf sei größer geworden, weil die Belegschaften der Unternehmen Zeiss und Schott wachsen und auch nach dem Ende des Krieges nicht verkleinert werden würden.[46]

Anschließend gab er seiner vorgesetzten Behörde den folgenden Überblick, aus dem auch der Wohnungsneubau in Jena zwischen 1931 und dem Beginn des Krieges zu entnehmen war.[47]

| Jahr | Neue Wohnungen | Eheschließungen | Geburten |
|---|---|---|---|
| 1928 | – | 454 | 1115 |
| 1929 | – | 504 | 1065 |
| 1930 | – | 488 | 1061 |
| 1931 | 306 | 444 | 1023 |
| 1932 | 287 | 443 | 940 |
| 1933 | 329 | 593 | 882 |
| 1934 | 694 | 706 | 1131 |
| 1935 | 700 | 575 | 1345 |
| 1936 | 357 | 569 | 1304 |
| 1937 | 1016 | 690 | 1481 |
| 1938 | 699 | 705 | 1586 |
| 1939 | 615 | 941 | 1882 |
| 1940 bis 1. Juni | – | 391 | 960 |

Durch den Kriegsausbruch hatte sich die Zahl der so genannten Kriegstrauungen sprunghaft erhöht. So war absehbar, dass viele junge Ehepaare Wohnungen nachfragen würden. Das Jenaer Bauamt schätzte den Fehlbedarf für 1940 auf 2400 und für 1941 auf 3200 Wohnungen. Aufgrund dieser Situation erwog die Stadtverwaltung, »ein Mietamt zu schaffen, das folgende Aufgaben hätte:

1. Zusammenarbeit mit dem Bauamt wegen Planung und Schaffung neuer Wohnungen.

2. Genehmigungsverfahren bei Minderung von Wohnungen.
3. Preisbehördliche Überwachung der Mieten.
4. Verwertung der Judenwohnungen.
5. Verteilung der Wohnungen.
6. Schlichtung in Streitfällen.«[48]

In diesen Überlegungen des Jenaer Oberbürgermeisters klang bereits an, dass die Stadtverwaltung im Herbst 1940 gemeinsam mit der NSDAP-Kreisleitung und dem Wohlfahrtsamt plante, die verbliebenen 30 jüdischen Einwohner der Stadt in »Judenbaracken in einer gut beobachtbaren Gegend« zu internieren. Schmidt schlug dazu vor, diese jüdischen Bürger in den ausrangierten Eisenbahnwagen einzuquartieren, die 1933/34 von der Abt. Wohnungsfürsorge des Stadtbauamtes in der Löbstedter Straße als »Siedlung für Minderbemittelte« eingerichtet worden waren.[49]

## Zusammenfassung

Das Jenaer Stadtbauamt unter dem nationalsozialistischen Oberbürgermeister Armin Schmidt stand nach Erlass der Deutschen Gemeindeordnung vom 30. Januar 1935 vor dem unauflösbaren Dilemma, der aufgestauten Nachfrage auf dem unteren und mittleren Wohnungsteilmarkt entsprechen zu müssen, ohne dafür ordentliche oder außerordentliche Haushaltmittel einsetzen zu können. Die Stadtverwaltung intensivierte zunächst den Kleinsiedlungsbau, improvisierte, indem sie Wohnbaracken einrichten ließ, gründete 1935 eine Wohnungsbaugesellschaft in enger Zusammenarbeit mit den beiden Stiftungsunternehmen und setzte seit 1940 in zunehmendem Maße auf verdeckte Zwangsmaßnahmen. Sie verfiel schon seit Mitte der 1930er Jahre auf die perfide Praxis, gegen jüdische Hauseigentümer oder Mietparteien juristische Zwangsmittel anzudrohen oder anzuwenden. Diese Familien wurden schließlich nach dem antijüdischen Pogrom vom November 1938 nach und nach aus ihren Wohnungen vertrieben. Während des Zweiten Weltkrieges verschärften sich die amtlichen Schikanen gerade gegenüber solchen Wohnungseigentümern, die über keine Lobby im nationalsozialistischen Verwaltungssystem verfügten. Die Landes- und Kommunalbeamten nahmen gezielt größere Wohnungen ins Visier, in denen Witwen, greise Bürger oder pensionierte Pfarrer lebten. Deren Wohnraum sollte in kleinere Einheiten aufgeteilt und an sozial »Minderbemittelte«, Wohnungslose oder ausgebombte Familien vergeben werden, um »den dringendsten Bedarf [zu] decken«.[50] Auf diese Weise wurde zwar keine regelrechte Zwangsbewirtschaftung im Jenaer Wohnungswesen eingeführt. Dafür hatte sich der Kreisleiter der

NSDAP, Paul Müller, 1940 gegenüber dem Oberbürgermeister stark gemacht.[51] Aber vom privatwirtschaftlich dominierten Wohnungsmarkt wurde de facto – nicht de jure – ein Teilbereich abgesondert, auf dem die Kommunalbeamten nur noch mit Anordnungen und amtlichen Zustellungen agierten.

Letztlich gelang es dem Jenaer Stadtbauamt weder vor noch nach dem Kriegsausbruch der anhaltenden Wohnungsnot Herr zu werden. Der jährliche Reinzuwachs an Wohnungen fiel zwar insbesondere 1934/35 und 1937/38 im landesweiten Vergleich außerordentlich hoch aus. Doch konnte dem ungebrochenen Zuzug von Arbeitskräften nach Jena allein durch Neubau nicht angemessen entsprochen werden. Dazu wären auch nachhaltige Investitionen in die Modernisierung des bestehenden Wohnungsbestandes erforderlich gewesen. Das verhinderte ein regelrechter Sparwahn der Stadtverwaltung, der fraglos durch die scharfen Kreditrestriktionen des Reiches befördert wurde.[52] In den Jahren 1940/41 lag dieser Sparwut das Kalkül zugrunde, hohe Rücklagen für die nach einem »siegreichen Ende« des Krieges erwarteten Bauvorhaben der Landesregierung zu bilden.[53] Davon ausgenommen blieben nur die kommunalen Vorleistungen für den Kanal- und Straßenbau, die mit dem Aufbau der neuen Kasernen verbunden waren. Entsprechend dem Gesetz über den Aufbau der Wehrmacht und seiner zahlreichen Durchführungsbestimmungen wurde der Grund und Boden für diese Militärbauten von der Stadt kostenlos zur Verfügung gestellt. Der »Wehrhaftmachung« des Deutschen Reiches kam aus Sicht der nationalsozialistischen Kommunalverwaltung die höchste Priorität zu, nicht einer rückhaltlosen Bekämpfung der grassierenden Wohnungsnot.[54] Die Folgen waren eine unzureichende Instandsetzung der älteren Bausubstanz und jahrelanger Leerstand baufälliger Wohnungen, noch bevor die Jenaer Innenstadt im Frühjahr 1945 durch alliierte Bombenangriffe zerstört wurde.

## Anmerkungen

1. ELSHOFF 1934, S. 10.
2. Zitiert nach HARLANDER 1993, S. 124.
3. ThHStAWeimar, Thüringisches Ministerium des Innern Nr. D 2426, Bl. 79r.
4. Vgl. Der Wohnungsbau 1931, in: Das Volk. Organ der Sozialdemokratischen Partei für das Land Thüringen, Nr. 173 v. 28. Juli 1931.
5. HARLANDER 1995, S. 27–37; zur Errichtung von »Heimen« für Obdachlose in Jena 1933 vgl.: StadtAJ, D I c, Nr. 8, Bl. 109 r.
6. HARLANDER 1995, S. 16 und 31.
7. HEIDEN 1995, S. 352. Der so genannte Reinzugang an Wohnungen bezeichnet den Zugang aus Neu- und Umbau, minimiert um die Zahl der abgerissenen Häuser.
8. KOCH 1996, S. 353.
9. ThHStAWeimar, Bestand Carl Zeiss Jena III/846/1624, n. f.
10. SCHMIDT 1937, S. 716; HARLANDER / HATER / MEIERS 1988, S. 10.
11. Ebenda, S. 9.
12. StadtAJ, D III, Nr. 13.5, n. f.
13. Vgl. Die Stadtrandsiedlungen um Jena. Bei den Stadtrandsiedlern in Burgau, Ammerbach und Jenzig, in: Das Volk, Nr. 283 v. 2. Dezember 1932 (Beilage).
14. StadtAJ, D III, Nr. 13.5, n. f.
15. Vgl. Die Stadtrandsiedlungen um Jena. Bei den Stadtrandsiedlern in Burgau, Ammerbach und Jenzig, in: Das Volk, Nr. 283 v. 2. Dezember 1932 (Beilage).
16. StadtAJ, D I g, Nr. 11, Bl. 1 u. D VI f, Nr. 12, n. f.
17. StadtAJ, D I g, Nr. 11, Bl. 101.
18. StadtAJ, D I g, Nr. 11, Bll. 14–21.
19. StadtAJ, D VI f, Nr. 12, n. f.
20. UNREIN 1953, S. 14; STUTZ 1995, S. 134.
21. HANISCH 2006, S. 15.
22. HARLANDER 1995, S. 85.
23. HANISCH 2006, S. 13 Anm. 61.
24. Vgl. StadtAJ, D III 13/8, n. f., Schreiben von Stadtoberbaurat Lüers an das Thüringische Wirtschaftsministerium v. 16. Januar 1939. Formell wurde der Carl-Zeiss-Stiftung erst mit diesem Antrag aus dem Jahre 1939 die Trägerschaft der Siedlung in der Ringwiese übertragen.
25. WIEDEMANN 1936, S. 35 u. 121. Das Buch erschien zwar im Verlag des Vereins Deutscher Ingenieure. Ihm war aber ein Vorwort des Beauftragten für das Siedlungswesen im Stab des Stellvertreters des Führers und Leiters des Reichsheimstättenamtes der Deutschen Arbeitsfront, J. Wilhelm Ludowici, vorangestellt worden. Es trug damit parteioffiziösen Charakter.
26. Ebenda, S. 60.
27. CZA, Bestand BACZ, Nr. 1384, Vortrag von Friedrich Schomerus »Lehren aus der Siedlungstätigkeit der Firma Carl Zeiss Jena« v. 13. Juli 1935. Während des Aufmarsches zum

»Tag der nationalen Arbeit« trug ein Festwagen des Unternehmens Carl Zeiss 1934 die Aufschrift: »`Siedlung Grenzland` werd` ich genannt, verwurzle Zeissianer im Vaterland«. Vgl. Zeiss Werkzeitung 2 (1934), Foto: »Festumzug zum 1. Mai 1934«.

28 CZA, Bestand BACZ, Nr. 9505, n. f.
29 STUTZ 1997, S. 96–119 und 306 f.
30 ThHStAWeimar, Thüringisches Ministerium des Innern Nr. A 660/Teil 1 u. 2, Bl. 44 r. Der Verfasser dankt Herrn Dr. Eberhart Schulz für den Hinweis auf diese Quelle.
31 SCHULZ 2007, S. 142.
32 Vgl. zur Siedlerauswahl PELTZ-DRECKMANN 1978, S. 398–403.
33 CZA, Bestand BACZ, Nr. 22811, n. f., Besprechung von Kotthaus mit von Werne, Röhrig und Storch am 18. 1. 1935.
34 GRUNER 2002, S. 6974.
35 HEIDEN 1995, S. 349.
36 WIEDEMANN 1936, S. 31.
37 ThHStAWeimar, Thüringisches Wirtschaftsministerium Nr. 2241, Bl. 27 r.
38 Ebenda, Bl. 45 r.
39 Ebenda, Bl. 47 r.
40 ThHStAW, Thüringisches Wirtschaftsministerium Nr. 2241, Bll. 45 r.+v., 49 r.+v. u. 50 r.
41 Vgl. Adreßbuch der Stadt Jena. 44. Folge 1941/42, Dritter Teil, S. 43 u. Adreßbuch der Stadt Jena 1948/49, Jena 1948, Erster Teil, S. 4.
42 HEIDEN 1995, S. 349.
43 StadtAJ, D I a, Nr. 8, n. f.
44 ThHStAW, Thüringisches Ministerium des Innern Nr. D 1638, Bll. 68 v.–77 r., zit. nach Bl. 71 v.
45 StadtAJ, D VII, Nr. 24, n. f.
46 ThHStAW, Thüringisches Wirtschaftsministerium Nr. 1553, Bll. 4 r.–5 v., zit. nach Bl. 4 r.
47 Ebenda, Bl. 4 r.+v.
48 Ebenda, Bl. 5 r.
49 Zitiert nach GRUNER 2002, S. 275.
50 ThHStAWeimar, Thüringisches Ministerium des Innern Nr. D 1674/Teil 1, n. f., »Ausschnitt aus der Niederschrift über die Tagung der Thüringer Oberbürgermeister am 11. und 12. Februar 1942 in Gera«.
51 ThHStAWeimar, Thüringisches Wirtschaftsministerium Nr. 1553, Bl. 5 r.
52 MATZERATH 1970, S. 358–368.
53 CZA, Bestand BACZ, Nr. 18530, n. f., »Aktenvermerk des Betriebsführers und Ratsherren Dipl.-Ing. Kotthaus vom 26. September 1940 über die vertrauliche Ratsherrensitzung vom 25. September mit Angriffen gegen die Finanzpolitik der Stadt Jena und Erwiderungen des Oberbürgermeisters und anderer«; und ebenda, Nr. 18796, n. f.
54 ThHStAWeimar, Thüringisches Ministerium des Innern Nr. D 1658, Bll. 6 r.–12 v.

*Ulrike Janetzki*

## *Jenaer Siedlungsgebiete im Vergleich von Gestern und Heute anhand von Fotografien*

### Die Gartenstadt im Ziegenhainer Tal

Unter dem Motto »Licht und Luft« sollte Anfang des 20. Jahrhunderts eine Art des Wohnens entstehen, welche die Wohnung als Heimstätte in natürlicher Umgebung verstand. Zu diesem Zweck wurde am 12. Juli 1911 die Heimstätten-Genossenschaft gegründet, die den Bau einer Gartenstadtsiedlung in Auftrag gab. 1913 begann der Bau der Heimstätten-Genossenschaftssiedlung, der 1940 nach fünf Bauphasen abgeschlossen werden konnte.

Bei der Begehung der Siedlung im Frühjahr 2011 fiel zunächst auf, dass sich das Gebiet in seiner Art und Form kaum verändert hat. Kleine Reliefmedaillons allegorischen Inhalts aus Werk- oder Kunststein schmücken vereinzelte Häuser. Darüber hinaus sind die Vorgärten, Nutzgärten und die Freilandgestaltung prägende Elemente der in Hanglage errichteten Siedlung, die in ihrer Geschlossenheit ein kulturgeschichtliches Zeugnis der sozialhistorischen Entwicklung ist.

Der Aufbau und der Grundgedanke einer Gartenstadtsiedlung sind sehr deutlich zu erkennen. Auch die Abgeschlossenheit des Quartiers macht sich noch bemerkbar, da man am Baustil der Gebäude sehr gut erkennt, wann man die Siedlung betritt und wann man sie wieder verlässt. Die auffälligsten sichtbaren Veränderungen sind an den Gebäuden in der Friedrich-Engels-Str. 85, an den Etagenmietshäusern in der Friedrich-Engels-Straße und in der Dreßlerstraße 39–41 auszumachen. In der Friedrich-Engels-Straße 85, welche als Zweifamilienhaus mit einer Bäckerei im Jahre 1928 errichtet worden ist, wurde in den 1990er Jahren zusätzliche Wohnfläche geschaffen, indem der Balkon zu einem Zimmer umgebaut wurde. Heute befindet sich anstelle der Bäckerei eine Gaststätte. In der Dreßlerstraße 39/41 wurde 1981 ein Hauseingangsvorbau vorgenommen, den man auch bei einigen Häusern in der Heimstättenstraße beobachten kann. Weitere Baumaßnahmen, wie der Ausbau von Dachgeschossen (Friedrich-Engels-Straße), der Anbau von Windfängen (Dreßlerstraße)

*Baugruppe Ecke Ziegenhainer- und Schützenstraße (heute Friedrich-Engels-Str. 85), 1931*

*Friedrich-Engels-Str. 85, 2011*

*Friedrich-Ebert-Straße (Dreßlerstraße) 39/41, 1931*   *Dreßlerstraße 39/41, 2011*

oder der Neubau von Balkonen sind im gesamten Viertel vorgenommen worden – Baumaßnahmen, die den ursprünglichen Charakter der Gartenstadt nicht schädigen. Grund für die Geringfügigkeit dieser Veränderungen ist die Denkmalschutzauflage für das Gebiet vom Jahr 1993.

## Die Siedlung an der Ringwiese

In den 1930er Jahren entstand in Jena eine weitere geschlossene Siedlung. Die Carl-Zeiss-Stiftung, Bauherr sowie Eigentümer, versuchte aufgrund der wachsenden Belegschaft des Stiftungsbetriebes neuen Wohnraum zu schaffen. Ziel war die Errichtung und Bewirtschaftung einfacher und zweckmäßiger Wohnungen sowie Gartenanlagen, die als Nutzfläche dienen sollten. Die Carl-Zeiss-Stiftung beschäftigte einen eigenen Hausarchitekten, der die Wünsche und Vorstellungen des Bauherrn umsetzte. Die Siedlung an der Ringwiese ist heute durch ihre nach Pflanzen benannten Straßen gekennzeichnet. Bevor 1945 ein Benennungsschema eingeführt wurde, waren die Straßen nach Gebieten benannt, die nach Auffassung der nationalsozialistischen Führung zum Deutschen Reich gehörten, wie zum Beispiel Su-

*Blick in die Heimstättenstraße, 1931*

*Blick in die Friedrich-Engels-Straße, 2011*

*Jenaer Siedlungsgebiete im Vergleich von Gestern und Heute*

Grenzlandsiedlung »Im Banat«, heute Günselweg – Blick auf die Häuserrückseiten in den Danziger Weg, heute Distelweg, um 1936

Günselweg – Blick auf die Häuserrückseiten im Distelweg, 2011

*Grenzlandsiedlung, Schlesischer Weg 1/2, heute Birkenweg, um 1935*

*Birkenweg 1/2 – Blick von »An der Ringwiese«, 2011*

detenweg oder Südtiroler Weg. Heute tragen diese Namen wie Lilienweg, Kornblumenweg oder Birkenweg.

Im Gegensatz zur Siedlung im Ziegenhainer Tal kann man in der Siedlung an der Ringwiese von größeren baulichen Veränderungen in den letzten Dezennien sprechen. Der Denkmalschutz schob hier keinen Riegel vor die Ideenvielfalt und Entfaltungsmöglichkeiten jedes Einzelnen. Erhaltenswerte Substanzen mussten deren Erneuerungswillen weichen. Aus den schlichten und zweckmäßigen Gebäuden wurden individuelle Wohnstätten nach den Vorstellungen der Menschen des 21. Jahrhunderts. Hand in Hand mit der Modernisierung einzelner Gebäude ging auch die Ära der Fensterläden zu Ende. Abgelöst wurden diese von der optisch weniger ansprechenden Außenjalousie. Weitere zu beobachtende Veränderungen sind der Ausbau von Dachgeschossen, Hauseingangsvorbauten und verglaste Fassaden. Während auf den Fotografien der 1940er Jahre alles recht kahl wirkte, wird die Sicht aus heutigem Blickwinkel meist durch wuchernde Hecken und meterhohe Bäume eingeschränkt. Bei freiem Blick fällt weiter auf, dass in diesem Viertel noch nicht alle Gebäude saniert und erneuert worden sind. Neben den Schmuckstücken der Moderne lassen sich immer noch Häuser finden, die den alten Charme »versprühen« und von der Zeit ihrer Entstehung erzählen.

## *Die Siedlung am Schlegelsberg*

Nachdem 1935 die gemeinnützige Siedlungsgesellschaft Carl-Zeiss-Siedlung GmbH gegründet worden war, erwarb diese im Jahre 1937 neuen Baugrund unterhalb des Fuchsturms. Gemeinsam mit der »Gagfah« (Gemeinnützige Aktien-Gesellschaft für Angestellten-Heimstätten) wurden von Juni 1937 bis Dezember 1942 am Schlegelsberg 382 Eigenheime, acht Mietshäuser, 40 Wohnungen und vier Geschäftshäuser errichtet.

In den letzten Jahrzehnten sind neben baulichen Veränderungen wie An-und Vorbauten in der Siedlung am Schlegelsberg auch die Fassaden völlig neu gestaltet worden. Farbe hat Einzug gehalten und den grauen Wänden ein neues Flair verliehen. Besonders gut zu beobachten ist dieser Wandel »Am Steinborn« und in der »Brändströmstraße«, beides Straßenzüge zwischen »Adlerstieg« und »Lerchenstieg«. Die vorher sehr einheitlich wirkenden Straßenzüge sind Ausdruck individueller Gestaltungsvorstellungen geworden. Erhebliche optische Veränderungen sind auch in der Berthold-Delbrück-Straße 22 24 zu erkennen. Die ehemalige Ladenstraße (mit Schumacher, Bäckerei, Kolonialwaren und Friseur) ist heute nicht mehr als diese auszu-

*Am Steinborn – Straßenzug zwischen Adlerstieg und Lerchenstieg, um 1936*

*Am Steinborn – Straßenzug zwischen Adlerstieg und Lerchenstieg, 2011*

*Ehemalige Ladenstraße, heute Berthold-Delbrück-Straße 22/24, um 1940*

*Berthold-Delbrück-Straße 22/24, 2011*

*Häuser der oberen Hanglage, Netzstraße und Carl-Blomeyer-Straße, um 1944*

*Häuser der oberen Hanglage, Netzstraße und Carl-Blomeyer-Straße, 2011*

machen. Neben der Entfernung der alten Schriftzüge musste in Nr. 22 auch eine Tür weichen, was man noch sehr gut an dem helleren Mauerwerk unterhalb des Fensters erkennen kann. Vergleicht man die heutigen Häuser der oberen Hanglage mit den damaligen (Netzstraße und Carl-Blomeyer-Straße), so fällt auf, dass diese schwarz angestrichen waren. Ihre dunkle Fassade, die ihnen im Volksmund die Bezeichnung »Negerhäuser« verlieh, diente als Schutz vor Bombenangriffen. Heute ist von diesen Sicherheitsmaßnahmen nichts mehr zu erkennen. Die Ein-und Mehrfamilienhäuser unterhalb des Fuchsturms erinnern eher an einen bunten Mix aus Alt und Neu, was hier im Gegensatz zu den beiden anderen Siedlungen besonders deutlich wird. Neben modernisierten und neu gestalteten, farbenprächtigen Gebäuden findet man hier noch Häuser, an denen bis jetzt jede Sanierungsmaßnahme unterblieben ist.

Zusammenfassend ist zu sagen, dass in allen drei Siedlungen Veränderungen zu beobachten sind. Die Gartenstadt im Ziegenhainer Tal weist auf Grund des Denkmalschutzes die wenigsten Veränderungen auf. In den Siedlungsgebieten an der Ringwiese und am Schlegelsberg, die nicht unter Denkmalschutz stehen, sind gravierendere Unterschiede festzustellen. Ein Grund dafür ist die Entwicklung von Baustoffen und deren Verfügbarkeit in den unterschiedlichen Zeitepochen, die große Bedeutung für die optische Erscheinung der Bauten hatte. Moderne Materialien und deren Vielfalt in Form und Farbe ermöglichen es den Anwohnern, den Traum vom Wohnen nach eigenem Belieben zu gestalten.

*Kathrin Meißner*

# Auswertung der Jenaer Adressbücher zur demographischen und gewerblichen Entwicklung Jenas 1871–1945

In den Anfangsjahren des Deutschen Reiches besaß die Stadt Jena keine besondere Bedeutung in Wirtschaft oder Handel, sondern war lediglich durch die Universität bekannt. Erst mithilfe der sich ausbreitenden Industrialisierung, der Entwicklung der Infrastruktur und des Aufschwungs der Hochschule konnte Jena als Stadt an Entwicklungsdynamik gewinnen.[1]

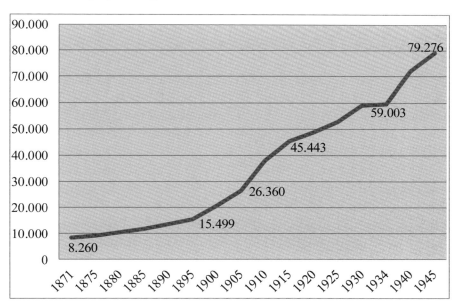

Abb. 1: Die Entwicklung der Einwohnerzahl Jenas 1871–1945
nach ADRESSBUCH 1923 und SCHULTZE 1955, S. 79

## Von der Reichsgründung bis zur Jahrhundertwende

Im Jahre 1871 war die Universitätsstadt mit ihren 8260 Einwohnern eine Kleinstadt2, die durch ihr langsames Wachstum für das Deutsche Reich kein größeres Gewicht besaß.[3] Erst mit dem Bau der Saalbahn von Großheringen nach Saalfeld 1874 und der Bahnlinie Gera-Weimar 1876 wurde die Stadt zu einem Verkehrsknotenpunkt.[4] Zu dieser Zeit setzte sich Jena aus der Altstadt und den schon leicht gewachsenen Vorstädten zusammen.[5] Camsdorf, Wenigenjena und die anderen Gemeinden existierten noch völlig getrennt voneinander.

In der Altstadt, d. h. in den Grenzen der ehemaligen Stadtmauer, sammelten sich vorwiegend Nahrungs- und Genussmittelgewerbe, zahlreiche Handwerker und Dienstleistungsläden. Auch die Konzentration an Geschäften des Druckerei- und Vervielfältigungsgewerbe war in der Innenstadt am höchsten. Erstaunlicherweise gab es zu diesem Zeitpunkt keinerlei Arztpraxen oder Anwaltskanzleien in diesem Stadtteil. Weiterhin ist wichtig, dass das Gaststättengewerbe noch kaum in der Jenaer Altstadt angesiedelt war. Vielmehr konzentrierte sich dieser Gewerbzweig auf die Innenvorstadt, das südliche Jena entlang der heutigen Neugasse. In diesem Stadtbereich gab es gehäuft Handwerker und Dienstleister, Unternehmen aus dem Druckerei- und Verlagswesen und auch eine überdurchschnittliche Anzahl von Ärzten bzw. Anwälten. Die Innenvorstadt war aufgrund ihrer zentralen Lage und der Nähe zur Universität für Geschäfte begehrt und besaß einige freie Flächen für Neubauten.

Das Westviertel einschließlich des Klinikums in der Bachstraße wies die höchste Konzentration an Arztpraxen in ganz Jena auf. Der Stadtteil besaß auch die zweitgrößte Anhäufung von Handwerksbetrieben und Gaststätten. Demgegenüber waren weitere Dienstleistungen und das Druckereigewerbe kaum vertreten. Nördlich des Fürstengrabens entlang der späteren Dornburger Straße siedelten vor allem Handwerker und Dienstleister. Die Reichweite der Stadt in östliche Richtung erstreckte sich bis zum Camsdorfer und Wenigenjenaer Ufer. Für diesen Stadtteil waren besonders kleinere handwerkliche Betriebe und Dienstleistungsgeschäfte von Bedeutung. Es existierten mehrere Lebensmittelgeschäfte und ein Gasthof, jedoch keine Arztpraxen, Anwaltskanzleien, Verlags- und Druckereibetriebe. Das Viertel versorgte sich bezüglich des täglichen Bedarfs selbst, seine ökonomische Bedeutung dürfte vergleichsweise gering gewesen sein.

Ein Unternehman, das die weitere Stadtentwicklung entscheidend beeinflusste, war die im Jahr 1846 von Carl Zeiss gegründete optischen Werkstatt. Unter maßgeblicher Mitwirkung von Ernst Abbe ging aus ihr ab 1866 jene Firma der Feinmechanik und Optik hervor, die durch die Zusammenarbeit mit Otto Schott in dem seit

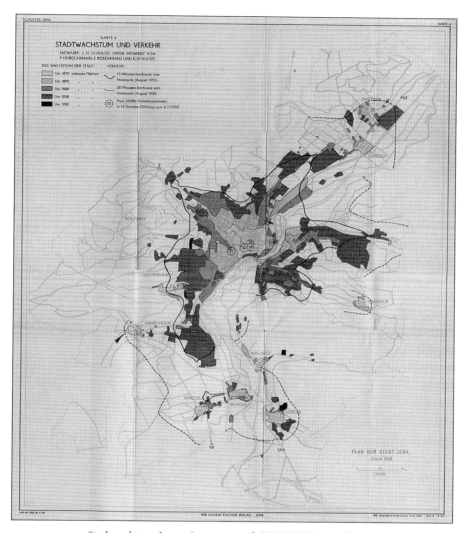

*Stadtwachstum Jenas 1870–1950 nach SCHULTZE 1955, Karte 6*

1884 aufgebauten Glaswerk einen wesentlichen Impuls für den weiteren Aufstieg Jenas gab.[6] Im Jahre 1879 waren bereits acht Glaser und zwei Glasschleifer sowie ein Betrieb mit Optikern sowie Mechanikern verzeichnet und bis 1902 hatte sich die Zahl der Glaser schon auf zwölf erhöht. Hinzu kamen noch ein Glastechniker und drei optische Warengeschäfte sowie die Glasfabrik Schott.[7] Die städtische Bevölkerung stieg von 10 326 Einwohnern im Jahr 1880 auf 13 449 im Jahr 1890.[8]

– 195 –

Ein weiterer Auslöser für die rasche Bevölkerungszunahme war die Universität. Seit Mitte des 19. Jahrhunderts weitete die Hochschule ihre differenzierten Forschungszweige u. a. in den Naturwissenschaften immer weiter aus. Aufgrund dessen wuchs nicht nur die Zahl der Lehrenden und Studierenden, auch die Vielfalt der Gewerbe nahm zu. Das Druckerei- und Vervielfältigungsgewerbe war schon seit der Reformation und der Universitätsgründung fest in der städtischen Wirtschaft verankert. Die Reichsgründung, die wachsende Industrie sowie die zunehmende Bedeutung der Hochschule und die Vergrößerung des Zeitungsabsatzes boten scheinbar einen hervorragenden Nährboden für die Ausweitung dieser Berufsgruppe.[9] Die relativ hohe Anzahl von elf Buchbindern im Jahre 1865 stieg bis 1902 allerdings nur gering auf 15 an. Ein ähnliches Bild boten die Buchdruckereien, die zwischen vier und sechs Geschäften schwankten. Demgegenüber wuchs die Zahl der Buchhandlungen seit 1865 von fünf auf 15 Geschäfte bis 1879. Im Jahre 1902 wurden erstmals vier Antiquariate erwähnt.[10]

Die Beschäftigtenzahlen des öffentlichen Dienstes nahmen aufgrund der wachsenden Verwaltungsanforderungen stark zu und auch das Konsumverhalten der Einwohner veränderte sich zusehends.[11] Dabei stellte das Nahrungs- und Genussmittelgewerbe einen der wichtigsten Wirtschaftszweige dar. Die Anzahl von Bäckereien stieg von 20 im Jahr 1865 auf 39 im Jahr 1902 kontinuierlich an. Eine ähnliche Bilanz erreichte das Fleischerhandwerk, in dem die Zahl um 17 Betriebe anwuchs (1865 22, 1902 39). Konditoreien führte erstmals das Adressbuch der Stadt Jena von 1879 auf, 1902 gab es bereits zehn davon. Seit 1902 spezialisierten sich Delikatesswarenhandlungen in der Lebensmittelbranche.[12]

Aufgrund einer nur zweitrangigen Verkehrsanbindung Jenas und fehlenden größeren Flüssen, die zum Transport oder als Energieträger verwendet werden könnten, waren die Möglichkeiten einer überregionalen Versorgung mit haltbaren Nahrungsmitteln gering. Durch den starken Bevölkerungszuwachs war die eigene örtliche Versorgung kaum noch gegeben, die Einfuhr von Lebensmitteln konkurrierte mit den ortsansässigen Kleinbetrieben. Die Brauereien produzierten allerdings größere Mengen, vor allem wohl wegen der hohen Studentenzahlen. Außerdem boten ab 1883 Flaschenbierhandlungen Bier an, im Jahr 1902 bereits 36 Geschäfte.[13] Aufgrund des relativ hohen Lebensstandards der Jenaer Einwohner etablierte sich das Gaststätten- und Verpflegungsgewerbe entsprechend schnell.[14] Bereits 1865 existierten elf Gasthöfe, ihre Zahl stieg bis zum Jahr 1902 kontinuierlich auf 35 an. Ebenfalls sind ab 1883 durchgehend drei Herbergen verzeichnet.[15]

Das Bekleidungsgewerbe sowie die Schuhwaren- und Textilerzeugung, die seit Jahrhunderten einen Großteil der Handwerker Jenas beschäftigten, differenzierten sich. Während die Textilerzeugung aufgrund schlechter Rohstoffbedingungen und hoher Konkurrenz in Jena keinen geeigneten Standort mehr fand, wurden die verfügbaren Arbeitskräfte besonders in der aufblühenden optischen Industrie angestellt. Das Bekleidungsgewerbe dagegen entwickelte sich zu einem der wichtigsten Wirtschaftszweige Jenas. Neben dem traditionellen Schneiderhandwerk spezialisierten sich qualitativ hochwertige Gewerbe, die sich sowohl hinsichtlich ihrer Verarbeitungsstoffe als auch ihrer Erzeugnisse voneinander unterschieden. So traten Geschäftsbezeichnungen wie Tuchhändler, Wasch- und Plättanstalten sowie Wäschegeschäfte vermehrt auf.[16] Das Schuhmacherhandwerk, das auf den lokalen Bedarf ausgerichtet war, konnte sich gegen Ende des 19. Jahrhunderts aufgrund des wachsenden regionalen Wettbewerbs nicht mehr halten. Gelernte Maßarbeiter führten meist nur noch Reparaturen und Ausbesserungen durch. Die Zahl der Schuhmacher stieg zwar mit dem städtischen Wachstum langsam an, verlor aber an Bedeutung.[17] So existierten im Jahr 1865 69 Schuhmacherläden, deren Zahl stieg bis 1889 sogar auf 80 Betriebe an. In den nächsten zehn Jahren war jedoch der langsame Wandel dieses Gewerbes vom Produzenten zum Dienstleister an der sinkenden Anzahl an Geschäften ablesbar.[18]

Aufgrund der hohen Zahl an Zuwanderern und der ständigen Erweiterung der Universität musste Jena städtebaulich erweitert werden, wovon natürlich das Baugewerbe profitierte. Im Jahre 1865 existierte nur ein Architektenbüro, während sich 1902 bereits sieben Baumeister niedergelassen hatten.[19] Der gegenseitige Einfluss von Wissenschaft und technologischer Entwicklung begünstigte den Aufstieg Jenas in den Bereichen Wirtschaft und Forschung auch weiterhin. Die Stadt fasste im Jahr 1900 bereits 20 686 Einwohner, deren Zahl steigerte sich innerhalb von fünf Jahren um weitere 5674 Bürger[20], was in etwa einen Zuwachs um 25% bedeutete.[21]

## Vom Beginn des zwanzigsten Jahrhunderts bis 1918

Um die Jahrhundertwende hatte Jena sein Einzugsgebiet stark erweitert[22], sodass sich die Verteilung der Gewerbe auf die einzelnen Stadtteile wandelte. So wurde die Altstadt auch zum gastronomischen Mittelpunkt Jenas. Die Zahl der Handwerker, Dienstleister und Druckereigeschäfte, aber auch der Nahrungs- und Genussmittelbereich entwickelten sich im Stadtzentrum stetig weiter. Auch Arztpraxen und Anwaltskanzleien konnten sich hier rasch etablieren. Die Bedeutung der Innenvorstadt, die sich bis 1900 kaum vergrößerte, ging unterdessen stark zurück. Den größten flächenmäßigen Zuwachs erfuhr das Westviertel, da hier die Bebauung des Mühltals und des unteren

Landgrafenstieges begann. So konnten sich hier handwerkliche und Dienstleistungsbetriebe mit der zweithöchsten Konzentration von ganz Jena festsetzen. Aufgrund des Klinikums in der Bachstraße überstieg die Anzahl der Arztpraxen alle anderen Stadtviertel um ein Vielfaches. Das Verlagswesen, das bisher vor allem in der Innenstadt zu finden war, dehnte sich auf das Westviertel aus.

Jena-Nord konnte sich entlang der Camburger und Löbstedter Straße ausbreiten. Die gewerbliche Funktion hatte sich gegenüber 1871 kaum verändert, lediglich die Zahl der einzelnen Gewerbezweige hatte aufgrund des Bevölkerungswachstums stark zugenommen. Die Handwerker nahmen neben den Dienstleistungsbetrieben aber immer noch eine führende Rolle ein. Das Druckerei- und Vervielfältigungsgewerbe ließ sich neu in diesem Stadtviertel nieder, jedoch ohne eine übergeordnete Bedeutung zu erlangen.

Im Osten Jenas waren Camsdorf und Wenigenjena unterdessen zusammengewachsen. Einzelne Gewerbezweige konnten hier zwar ein Wachstum verzeichnen, jedoch blieb deren Bedeutung für die Universitätsstadt gering. Ein komplett neues Stadtviertel entstand durch die Ausdehnung der Firma Schott und Miethäusern entlang des Magdelstiegs, von der Otto-Schott-Straße bis zur Mühlenstraße. Das Arbeiterviertel zeichnete sich durch zahlreiche Handwerker- und Dienstleistungsbetriebe aus. Durchschnittliche Zahlen in den Bereichen der Lebensmittelversorgung, Gaststätten, Ärzte und Anwaltspraxen lassen auf eine selbständige Deckung der täglichen und regelmäßigen Bedürfnisse schließen. Die Ansiedlung des Druckerei- und Vervielfältigungsgewerbes erklärt sich aus der Nähe zum Schottunternehmen.

Zu Beginn des 20. Jahrhunderts setzten die feinmechanisch-optische sowie die Glasindustrie ihr dynamisches Wachstum fort. 1910 zählte die städtische Bevölkerung Jenas bereits 38 000 Einwohner, wobei berücksichtigt werden muss, dass Wenigenjena ein Jahr zuvor mit etwa 4 500 Einwohnern eingemeindet worden war. Bis 1914 wuchs die Bevölkerung auf 48 659 Bewohner an[23], wobei die Eingemeindungen von Lichtenhain und Ziegenhain im Jahr zuvor mit insgesamt etwa 2 500 Einwohnern eine wichtige Rolle spielten.[24]

Durch den stetigen Bevölkerungszuwachs Jenas konnte das Baugewerbe seine Tätigkeit seit der Jahrhundertwende stark erweitern und sich zunehmend spezialisieren. 1907 waren zehn und 1917 bereits 17 Architekten in Jena verzeichnet und es bildeten sich weitere Berufsgruppen von Zulieferern bzw. im Baunebengewerbe heraus (Bauunternehmer, Bauartikelhändler, Zementlagerbesitzer sowie Zementbetonwarenfabrikanten).[25] Hinzu kamen technische Neuerungen und eine Ausweitung des regionalen Einzugsgebietes. Es kam einerseits zum Verschwinden einzelner Gewerbe und andererseits auch zur Umfunktionierung bestehender Handwerke sowie

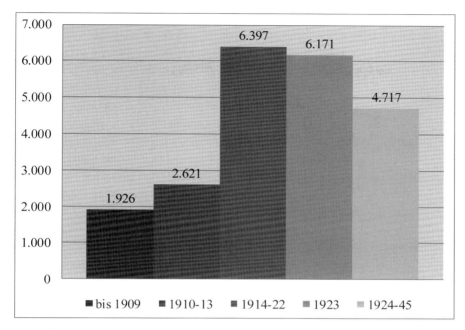

Abb. 2: Das Wachstum des Jenaer Stadtkreises in Hektar nach SCHULTZE 1955, S. 93

zur Ausbildung von Nischengewerben. Breit entfaltete sich das Baunebengewerbe, das später auch Wartungs- und Installationsaufgaben übernahm, zu dem Maler, Klempner und Installateure zählten.[26]

Der wachsende Lebensstandard sorgte auch für eine Zunahme im Bereich der Nahrungs- und Genussmittelversorgung und im Gaststättengewerbe.[27] So stieg die Anzahl der Bäckereien von 1907 bis 1917 von 36 auf 53 Geschäfte an, die der Fleischereien stagnierte. Im Bereich der Delikatessengeschäfte (Schokoladen- und Zuckerwarenläden) ist ein eindeutiger Zuwachs um bis zu 50% festzustellen. Die Anzahl an Flaschenbier- und Weinhandlungen blieb in diesem Zeitraum relativ konstant. Die Gasthöfe und Kaffeehäuser aber erlebten einen enormen Zuwachs, 1907 existierten bereits 16 Kaffeestuben und 36 Gasthäuser, bis 1917 kamen nochmals elf bzw. sieben hinzu.[28]

Das Bekleidungsgewerbe stabilisierte sich, da vermehrter Wohlstand und häufige Modewechsel das städtische Leben bestimmten. Die Zahl der Schneidereibetriebe blieb konstant, jedoch nahmen die Wäschegeschäfte deutlich zu (1907: 25, 1917: 38).[29] Die Erzeugnisse der Kleinwerkstätten wurden in weite Teile des Deutschen Reichs und auch ins Ausland verschickt.[30] Im Bereich des Druckerei- und Vervielfältigungsgewerbe erhöhte sich die Anzahl der Buchdruckereien und -handlungen (1907: 6 Druckereien und 14 Buchhandlungen, 1917: 12 Druckereien und 17 Buchläden).[31]

Im Ersten Weltkrieg konnte sich die feinmechanische und optische Großindustrie weiter entwickeln und gehörte zu den wichtigsten deutschen Produzenten von rüstungs- und kriegsrelevanten Gütern.[32] Die Anzahl der optischen Warengeschäfte wuchs zwischen 1907 und 1917 um 50 % an. Weiterhin konnte sich die Zahl der selbständigen Mechaniker und Optiker von drei auf sechs vergrößern.[33] Die anderen Gewerbe verkrafteten die militärwirtschaftliche Ausrichtung der Industrie weniger gut. Jena blieb jedoch von Schäden des Ersten Weltkrieges weitestgehend verschont. Nach dem Ende des Krieges knüpfte die gesamte städtische Wirtschaft schnell wieder an den Vorkriegszustand an.[34] Auch die Einwohnerzahl Jenas ging bis 1918 nur gering zurück[35], sie zählte bei Kriegsende 45 828 Bürger.[36] Die Einwohnerzahl Jenas war zwischen 1914 und 1918 um 1459 Bürger gesunken.[37]

## *Von den »Goldenen Zwanzigern« bis zum Ende der Weimarer Republik*

In den Jahren der Weimarer Republik wuchs die Wirtschaft weiter und die Spezialisierung der Gewerbe schritt ebenfalls voran. So erlebte die Eisen- und Metallverarbeitung aufgrund des Reichsbahnausbesserungswerks (RAW)[38] und der erhöhten Produktion von Stahl- und Eisenwaren einen ungeahnten Aufschwung. Die Erzeugnisse der eisen- und metallverarbeitenden Betriebe fanden nicht nur im deutschen Reichsgebiet, sondern u. a. auch in den Niederlanden und der Schweiz ihre Abnehmer.[39] Bezüglich der feinmechanisch-optischen Industrie konnte ein leichter Rückgang von Optikern und Mechanikern festgestellt werden, da ein Teil der Produktionsschritte aufgrund von Platzproblemen in andere Städte verlagert wurde. Die Zahl der optischen Werkstätten stieg von sechs Betrieben 1917 auf 16 im Jahr 1929. Ein leichtes Wachstum erfuhr in den 1920er Jahren auch das Druckerei- und Vervielfältigungsgewerbe. Zwischen 1917 und 1929 eröffneten fünf weitere Buchhandlungen. Das Bekleidungsgewerbe konnte sich weiter ausbreiten und zusätzlich auch spezialisieren. Die Zahl der Schuhmacherbetriebe stieg innerhalb des genannten Zeitraums von 67 auf 87 Geschäfte an. Auch die Zahl der Schneidereien stieg von 70 auf 91. Zu den bisherigen Läden kamen nun noch Tuchgroßhandlungen sowie Leinen- und Wäschehandlungen hinzu.[40]

1921 wuchs die Bevölkerung besonders rasch, die Stadtgrenzen dehnten sich erheblich aus.[41] In der Innen- und Innenvorstadt kam es zu keinen bedeutenden Veränderungen im Verhältnis der Gewerbe zueinander. Lediglich die Ärzte und Anwälte konnten sich in der Altstadt weiter festsetzen. Das Westviertel wuchs bis Anfang der 1920er Jahre besonders stark, da die beginnende Bebauung der Sonnenberge und des Landgrafen sowie entlang des Mühltals weiter voranschritt. Handwerker und Dienstleister stellten hier den größten Teil an Gewerbeunternehmen, wobei die zweitgenannte Branche im Vergleich der Stadtteile hier die höchste Konzentration erreichte. Das Schottviertel weitete sich in südliche Richtung bis nach Lichtenhain aus. In diesem Stadtteil war die Zahl an Arbeitern im feinmechanisch-optischen sowie im Glasindustriesektor besonders hoch. In der nördlichen Stadt blieb die Dominanz der Handwerker und Dienstleistungsbetriebe bestehen, das Lebensmittel- und Gaststättengewerbe entwickelte sich proportional zur Bevölkerung. Das Verlagswesen konnte sich in diesem Stadtgebiet enorm ausdehnen. Jena-Ost stieß bis in das Gembdental vor. Während sich das Versorgungs- und Gaststättengewerbe proportional zum demographischen Anstieg entwickelte, erlebten die Druckereigeschäfte einen Aufschwung. Aufgrund der Eingemeindung Ziegenhains 1913 wuchs das Kernbergviertel entlang der Friedrich-Engels-Straße.[42]

Mit der Vereinigung der thüringischen Staaten 1920 wurde Jena Teil des Landes Thüringen und als Stadt 1922 kreisfrei. Im selben Jahr kam es zu einer Gemeindereform und schließlich zum Anschluss von Ammerbach, Burgau, Löbstedt, Winzerla und Zwätzen.[43] Auch Göschwitz, Lobeda, Kunitz und Wöllnitz schlossen sich der Gemeinschaft an, verließen diese jedoch 1924 wieder und existierten zunächst weiter als selbstständige Gemeinden.[44] Aufgrund des starken Bevölkerungszuwachses in Jena konnte das Baugewerbe erneut expandieren, die Zahl der Architekten stieg auf 16. Das Baunebengewerbe, besonders Elektrotechniker und -installateure, verzeichnete hingegen kaum erkennbare Veränderungen.[45] Im Jahre 1925 umfasste die städtische Bevölkerung bereits 52 559 Bürger, fünf Jahre später 59 003 Bürger.[46]

Bezüglich des Nahrungs- und Genussmittelgewerbes kann deren deutliches Wachstum in direktem Zusammenhang mit den verbesserten Lebensverhältnissen gesehen werden. So konnte sich die Zahl der Bäckergeschäfte von 53 im Jahre 1917 auf 77 Läden bis 1929 vergrößern, während die Zahl der Fleischereien von 51 auf 66 anwuchs. Die Bezeichnung »Gasthof« wurde oft durch »Schankwirtschaft« ersetzt, die sich mit einer Anzahl von 103 im Jahre 1917 großer Beliebtheit erfreuten. Der schnelle Rückgang auf 70 Gaststätten bis 1929 ist mit der Wirtschaftskrise zu begründen. Der Zigarren- und Weinhandel konnte jedoch trotz der sinkenden Wirtschaftskonjunktur stetig wachsen.[47]

## Die Zeit des Nationalsozialismus

Zu Beginn der nationalsozialistischen Diktatur 1933 veränderte sich die städtische Wirtschaft merklich. Im Bereich der Wirtschaft wurden viele Großbetriebe zu kleinen und mittleren Unternehmen umstrukturiert. Der chemischen Industrie kam durch den schnellen Aufschwung der Pharmazie eine besondere Bedeutung zu.[48] Aufgrund des Zweiten Weltkrieges 1939–1945 verschlechterte sich die Gesamtsituation für Jena aber erheblich. Die Dienstleistungen in der Automobilindustrie vermehrten sich zwar in den Vorkriegsjahren rasch (Autogeschäfte, Reparaturwerkstätten, Lackierereien, Fahrschulen, Bereifungsgeschäfte), jedoch wurden diese Gewerbe aufgrund der Kriegswirtschaft bald wieder in den Hintergrund verdrängt.[49] Das Baugewerbe war besonders hart getroffen, da ein Mangel an Fachkräften, Rohstoffen und Baumaterialien sowie Kapital, Transportmitteln und Maschinen bestand.[50] Auch das Gaststätten- und Verpflegungsgewerbe ging infolge von Kriegswirtschaft, Zerstörungen durch Bombenangriffe, der Verknappung von Nahrungs- und Genussmitteln, hohen Bier- und Getränkesteuern sowie der Verringerung des Reiseverkehrs und der Geldknappheit stetig zurück.[51] Bäckereien und Fleischerbetriebe erlitten dagegen statistisch nur geringe Einbußen. Im Bereich des Genussmittelgewerbes, wie Konditoreien, Kaffeehäuser und Schokoladengeschäfte sowie Tabakwarenhandlungen, sank die Anzahl der Läden jeweils um 20–25%.[52] Auch das Druckerei- und Vervielfältigungsgewerbe blieb nicht verschont. Die Menge der Buchbindereien ging bis 1941/42 von 14 auf elf Geschäfte zurück. Ähnlich erging es auch den Buchhandlungen, von denen es 1935 22, 1941/42 aber nur noch 17 gab. Ebenso kam es zu starken Einbußen im Bekleidungsgewerbe, die Anzahl der Schneidereien schrumpfte von 101 auf 72 zusammen. Dementsprechend reduzierte sich die Zahl der Wäschegeschäfte um etwa 50%, ebenso die der Wasch- und Plättanstalten um 25%. Die Schuhmachereien erlitten ein ähnliches Schicksal, ihre Zahl reduzierte sich von 96 im Jahr 1935 auf 74 bis 1941/42.[53]

Lediglich das Carl-Zeiss-Unternehmen bildete eine Ausnahme, da es zu den wichtigsten Produzenten in der deutschen Rüstungsindustrie gehörte. Die Zahl der mechanisch-optischen Werkstätten sowie Warengeschäfte blieb während des gesamten NS-Regimes relativ konstant (1935: 15, 1939: 13, 1941/42: 13), ähnlich wie die der glastechnischen Betriebe (1935: 9, 1939: 8, 1941/42: 9).[54]

Am Ende des Zweiten Weltkrieges richteten die alliierten Bombenangriffe zahlreiche Zerstörungen an. Trotz der rund 2800 getöteten Stadtbewohner zwischen 1939 und 1945 wuchs die Einwohnerzahl in diesen Jahren um 11 130 auf 79 276 Personen.[55]

## Zusammenfassung

Jena entwickelte sich innerhalb von 74 Jahren von einer Kleinstadt zu einer bedeutenden Industrie- und Universitätsstadt. Räumlich vergrößerte sie sich vom Gebiet der mittelalterlichen Stadtmauer über die Bebauung der angrenzenden Berghänge bis hin zum Zusammenschluss mit den umliegenden Dörfern und Gemeinden. Neben der baulichen Erweiterung veränderte sich aber auch das wirtschaftliche und gewerbliche Gesicht Jenas, sichtbar im schnellen Wandel von Manufakturen zur industriellen Produktion in Fabriken sowie der Umstrukturierung der Handwerksbetriebe hin zu Dienstleistungsunternehmen. Die Einwohnerzahl wuchs in diesem Zeitraum fast um das Zehnfache. Von großer Bedeutung war die Kooperation von Carl Zeiss, Ernst Abbe und Otto Schott, die Jena zu einem Vorreiter im Bereich der feinmechanisch-optischen Industrie werden ließ. Auch die Universität und das Universitätsklinikum besaßen ihren Anteil am Wachstum der Stadt. Somit war Jena innerhalb weniger Generationen der Aufstieg zur thüringischen Großstadt[56] sowie zum Wissenschaftszentrum gelungen.

*Tabelle 1: Vergleich der Einwohnerzahlen der zehn größten Städte Thüringens 1939 (Quelle: ORTSVERZEICHNIS 1939)*

| Städte Thüringens 1939 | Einwohnerzahlen 1939 |
|---|---|
| Erfurt | 165 615 |
| Gera | 83 436 |
| Jena | 70 632 |
| Weimar | 65 363 |
| Gotha | 54 830 |
| Eisenach | 52 826 |
| Altenburg | 45 850 |
| Mühlhausen | 41 493 |
| Greiz | 38 951 |
| Apolda | 27 941 |

## Anmerkungen

1. Das letzte Werk, das sich mit den Veränderungen der Bevölkerung und des Wirtschaftsgefüges in Jena auseinandersetzte – »Jena. Werden, Wachstum und Entwicklungsmöglichkeiten der Universitäts- und Industriestadt« – stammt aus dem Jahr 1955. Autor war Prof. Dr. Schultze, ehemaliger Direktor des Geographischen Instituts. Die Unterteilung in einzelne Stadtgebiete wurde daraus übernommen. Die Erschließung der Entwicklung der Wirtschaft Jenas sowie die Entwicklung der einzelnen Gewerbezweige wurden weitestgehend anhand der jährlich erscheinenden Adressbücher der Residenz- und Universitätsstadt Jena durchgeführt. Aufgrund des Zweiten Weltkrieges wurden zwischen 1941/42 und 1948/49 keine Verzeichnisse veröffentlicht und somit enden die folgenden Auswertungen bereits 1942.
2. ADRESSBUCH 1923, S. 1.
3. Vgl. Abb. 1: Die Entwicklung der Einwohnerzahl Jenas 1871–1945.
4. KOCH 1996, S. 252.
5. Vgl. Karte 1: Stadtwachstum Jenas.
6. HELLMUTH / MÜHLFRIEDEL 1996, S. 305.
7. Vgl. Verzeichnis der Geschäfts- und Gewerbetreibenden in den Adreßbüchern der Stadt Jena 1865 bis 1902.
8. ADRESSBUCH 1923, S. 1, Vgl. Abb. 1: Die Entwicklung der Einwohnerzahl Jenas 1871–1945.
9. SCHULTZE 1955, S. 163.
10. Vgl. Verzeichnis der Geschäfts- und Gewerbetreibenden in den Adreßbüchern der Stadt Jena 1865 bis 1902.
11. SCHULTZE 1955, S. 163–170.
12. Vgl. Verzeichnis der Geschäfts- und Gewerbetreibenden in den Adreßbüchern der Stadt Jena 1865 bis 1902.
13. Vgl. ebenda.
14. SCHULTZE 1955, S. 164–166.
15. Vgl. Verzeichnis der Geschäfts- und Gewerbetreibenden in den Adreßbüchern der Stadt Jena 1865 bis 1902.
16. Vgl. ebenda.
17. SCHULTZE 1955, S. 158–161.
18. Vgl. Verzeichnis der Geschäfts- und Gewerbetreibenden in den Adreßbüchern der Stadt Jena 1865 bis 1902.
19. Vgl. ebenda.
20. ADRESSBUCH 1923, S. 1.
21. Vgl. Abb. 1: Die Entwicklung der Einwohnerzahl Jenas 1871–1945.
22. Vgl. Karte 1: Stadtwachstum Jenas.
23. ADRESSBUCH 1923, S. 1, Vgl. Abb. 1: Die Entwicklung der Einwohnerzahl Jenas 1871–1945.
24. Vgl. Abb. 2: Das Wachstum des Jenaer Stadtkreises in Hektar.
25. Vgl. Verzeichnisse der Geschäfts- und Gewerbetreibenden in den Adreßbüchern der Stadt Jena 1907 bis 1917.

26 SCHULTZE 1955, S. 148–150.
27 Ebenda, S. 176.
28 Vgl. Verzeichnisse der Geschäfts- und Gewerbetreibenden in den Adreßbüchern der Stadt Jena 1907 bis 1917.
29 Ebenda.
30 SCHULTZE 1955, S. 160.
31 Vgl. Verzeichnisse der Geschäfts- und Gewerbetreibenden in den Adreßbüchern der Stadt Jena 1907 bis 1917.
32 WALTER 2000, S. 74.
33 Vgl. Verzeichnisse der Geschäfts- und Gewerbetreibenden in den Adreßbüchern der Stadt Jena 1907 bis 1917.
34 SCHULTZE 1955, S. 122.
35 Vgl. Abb. 1: Die Entwicklung der Einwohnerzahl Jenas 1871–1945.
36 ADRESSBUCH 1923, S. 1.
37 SCHULTZE 1955, S. 79.
38 Die Deutsche Reichsbahn führte 1924 den Begriff Eisenbahnausbesserungswerk (EAW) sowie 1927 Reichsbahnausbesserungswerk (RAW) ein.
39 SCHULTZE 1955, S. 153–157.
40 Vgl. Verzeichnisse der Geschäfts- und Gewerbetreibenden in den Adreßbüchern der Stadt Jena 1917 bis 1929.
41 Vgl. Karte 1: Stadtwachstum Jenas.
42 Vgl. ebenda.
43 Vgl. Abb. 2: Das Wachstum des Jenaer Stadtkreises in Hektar.
44 COSACK / JOHNSCHER 1995, S. 1f.
45 Vgl. Verzeichnisse der Geschäfts- und Gewerbetreibenden in den Adreßbüchern der Stadt Jena 1917 bis 1929.
46 SCHULTZE 1955, S. 79, Vgl. Abb. 1: Die Entwicklung der Einwohnerzahl Jenas 1871–1945.
47 Vgl. Verzeichnisse der Geschäfts- und Gewerbetreibenden in den Adreßbüchern der Stadt Jena 1917 bis 1929.
48 SCHULTZE 1955, S. 145.
49 Vgl. Verzeichnisse der Geschäfts- und Gewerbetreibenden in den Adreßbüchern der Stadt Jena 1935 bis 1941/42.
50 SCHULTZE 1955, S. 149.
51 Ebenda, S. 168.
52 Vgl. Verzeichnisse der Geschäfts- und Gewerbetreibenden in den Adreßbüchern der Stadt Jena 1935 bis 1941/42.
53 Vgl. Verzeichnisse der Geschäfts- und Gewerbetreibenden in den Adreßbüchern der Stadt Jena 1917 bis 1929.
54 Vgl. Verzeichnisse der Geschäfts- und Gewerbetreibenden in den Adreßbüchern der Stadt Jena 1935 bis 1941/42
55 SCHULTZE 1955, S. 79, Vgl. Abb. 1: Die Entwicklung der Einwohnerzahl Jenas 1871–1945.
56 Vgl. Tabelle 1: Vergleich der Einwohnerzahlen der zehn größten Städte Thüringens 1939.

*Katrin Fügener*

## Überblick zum Jenaer Genossenschafts-, Siedlungs- und Kleinwohnungsbau
### Häuserlisten der Bauträger

### Übersicht der Häuser der Jenaer Baugenossenschaft bis 1945

| Bau-antrag | Fertig-stellung | Lage der Wohnungen – Straße | Hausnummern | Wohnhaustyp | Bemerkungen / Straßen-name zur Bauzeit |
|---|---|---|---|---|---|
| 1897 | 1898 | Magdelstieg | 60, 62, 64 | Mehrfamilienhaus | |
| 1898 | 1899 | Magdelstieg | 70, 72, 74 | Mehrfamilienhaus | |
| 1899 | 1900 | Magdelstieg | 88, 90 | Mehrfamilienhaus | |
|  | 1900 | Dornburger Straße | 77, 79 | Mehrfamilienhaus | |
| 1901 | 1902 | Okenstraße | 26, 28 | Mehrfamilienhaus | Häuser abgebrochen |
|  | 1902 | Dornburger Straße | 69, 71, 73, 75 | Mehrfamilienhaus | |
| 1902 | 1903 | Okenstraße | 30, 32 | Mehrfamilienhaus | |
| 1904 | 1905 | Okenstraße | 21, 23 | Mehrfamilienhaus | |
| 1908 | 1909 | Dornburger Straße | 81, 83 | Mehrfamilienhaus | |
|  | 1909 | Okenstraße | 25, 27 | Mehrfamilienhaus | |
| 1909 | 1910 | Magdelstieg | 58 | Mehrfamilienhaus | |
| 1911 | 1912 | Gustav-Fischer-Straße | 1, 3, 5, 7, 9 | Mehrfamilienhaus | Häuser 1, 3 und 5 abgebrochen |
| 1913 | 1914 | Am Birnstiel | 7, 9 | Mehrfamilienhaus | |
|  | 1914 | Lutherstraße | 154, 156, 158 | Mehrfamilienhaus | |
|  | 1914 | Okenstraße | 3 | Mehrfamilienhaus | |
|  | 1914 | Reinhold-Härzer-Straße | 7, 9, 11 | Mehrfamilienhaus | Jansonstraße |
|  | 1914 | Schleidenstraße | 24 | Mehrfamilienhaus | |
| 1919 | 1920 | Am Birnstiel | 3, 5 | Mehrfamilienhaus | |
| 1920 | 1921 | Am Birnstiel | 1 | Mehrfamilienhaus | Städtisches Eigentum |
|  | 1921 | Fichteplatz | 1 | Mehrfamilienhaus | Städtisches Eigentum |
|  | 1921 | Talstraße | 87, 89, 91 | Mehrfamilienhaus | |
| 1921 | 1922 | Golmsdorfer Straße | 16, 18 | Mehrfamilienhaus | Städtisches Eigentum |
| 1922 | 1923 | Rosenstraße | 10, 12, 14 | Mehrfamilienhaus | Städtisches Eigentum |

| Bau-antrag | Fertig-stellung | Lage der Wohnungen – Straße | Hausnummern | Wohnhaustyp | Bemerkungen / Straßenname zur Bauzeit |
|---|---|---|---|---|---|
| 1925 | 1926 | Beutnitzer Straße | 3, 5 | Mehrfamilienhaus | |
| 1926 | 1926 | Beutnitzer Straße | 1 | Mehrfamilienhaus | |
| | 1926 | Schlippenstraße | 15, 17, 19 | Mehrfamilienhaus | |
| 1927 | 1928 | Magdelstieg | 87, 89, 91, 93, 95, 97 | Mehrfamilienhaus | |
| | 1928 | Tatzendpromenade | 11, 13 | Mehrfamilienhaus | |
| | 1928 | Moritz-Seebeck-Straße | 2, 4, 6, 8 | Mehrfamilienhaus | Haus 8 abgebrochen |
| | 1928 | Döbereinerstraße | 30 | Mehrfamilienhaus | Eduard-Rosenthal-Straße |
| 1928 | 1929 | Tatzendpromenade | 15, 17 | Mehrfamilienhaus | |
| | 1929 | Magdelstieg | 106, 108, 110, 112, 114, 116, 118 | Mehrfamilienhaus | |
| | 1929 | Döbereinerstraße | 32, 34 | Mehrfamilienhaus | Eduard-Rosenthal-Straße |
| 1929 | 1929 | Döbereinerstraße | 33, 35 | Mehrfamilienhaus | Eduard-Rosenthal-Straße |
| | 1930 | Golmsdorfer Straße | 24, 26, 28, 30 | Mehrfamilienhaus | |
| | 1930 | Magdelstieg | 118 | Mehrfamilienhaus | |
| | 1929 | Wilhelm-Rein-Straße | 1 | Mehrfamilienhaus | |
| 1930 | 1931 | Schlippenstraße | 10, 12 | Mehrfamilienhaus | |
| | 1931 | Tatzendpromenade | 16, 18, 20 | Mehrfamilienhaus | |
| | 1931 | Magdelstieg | 83 | Mehrfamilienhaus | |
| 1931 | 1931 | Otto-Schott-Straße | 56 | Mehrfamilienhaus | Reichshilfewohnungen |
| | 1931 | Okenstraße | 2, 4, 6 | Mehrfamilienhaus | |
| | 1932 | Tatzendpromenade | 8, 10, 12, 14 | Mehrfamilienhaus | |
| 1932 | 1932 | Tatzendpromenade | 4, 6, 14a | Mehrfamilienhaus | |
| 1933 | 1933 | Gustav-Fischer-Straße | 26, 28, 30, 32 | Mehrfamilienhaus | |
| 1934 | 1934 | Gustav-Fischer-Straße | 18, 20, 22, 24 | Mehrfamilienhaus | |
| | 1935 | Wilhelm-Rein-Straße | 2, 2a, 4, 4a | Mehrfamilienhaus | |
| 1935 | 1935 | Schulstraße | 9, 9a | Mehrfamilienhaus | |
| | 1935 | Wenigenjenaer Platz | 11, 12, 13 | Mehrfamilienhaus | |
| 1936 | 1936 | Breite Straße | 18 | Mehrfamilienhaus | |
| 1937 | 1938 | Am Birnstiel | 23 | Mehrfamilienhaus | |
| | 1937 | Magdelstieg | 92, 94, 96 | Mehrfamilienhaus | |
| | 1937 | Tatzendpromenade | 22 | Mehrfamilienhaus | |
| | 1938 | Döbereinerstraße | 36, 38, 40, 42, 44, 46, 48, 50, 52, 54 | Mehrfamilienhaus | Eduard-Rosenthal-Straße |

*Überblick zum Jenaer Genossenschafts-, Siedlungs- und Kleinwohnungsbau*

| Bau-antrag | Fertig-stellung | Lage der Wohnungen – Straße | Hausnummern | Wohnhaustyp | Bemerkungen / Straßen-name zur Bauzeit |
|---|---|---|---|---|---|
| 1938 | 1939 | Gustav-Fischer-Straße | 15, 17 | Mehrfamilienhaus | |
| | 1939 | Okenstraße | 14, 16 | Mehrfamilienhaus | |
| | 1939 | Rolfinkstraße | 16, 18, 20 | Mehrfamilienhaus | |
| | 1939 | Döbereinerstraße | 37, 39, 41, 43, 45 | Mehrfamilienhaus | |
| 1939 | 1940 | Gustav-Fischer-Straße | 19, 21, 23 | Mehrfamilienhaus | |
| | 1940 | Okenstraße | 8, 10, 12 | Mehrfamilienhaus | |
| | 1940 | Rolfinkstraße | 15, 17, 19 | Mehrfamilienhaus | |

## Übersicht der Häuser der Heimstättengenossenschaft bis 1945

| Bau-antrag | Fertig-stellung | Lage der Wohnungen- Straße | Hausnummern | Wohnhaustyp | Bemerkungen / Straßenname zur Bauzeit |
|---|---|---|---|---|---|
| 1913 | 1914 | Heimstättenstraße | 23, 25, 27, 29, 31, 33, 35, 36, 37, 38, 39, 40, 41, 42, 43, 44, 45, 46, 47, 48, 49, 50, 51, 52, 53, 54, 55, 56, 57, 58, 59, 60, 61, 62, 63, 64, 65, 66, 67, 68, 69, 70, 71, 72, 73, 74, 75, 76, 77, 78 | Reihenhaus | |
| 1914 | 1915/16 | Heimstättenstraße | 1, 2, 3, 4, 5, 6, 7, 8, 9, 10, 11, 12, 13, 14, 15, 16, 17, 18, 19, 20, 21, 22, 24, 26, 28, 30, 32, 34, 79, 81, 83, 85, 87 | Reihenhaus | |
| | 1914/15 | Dreßlerstraße | 1, 2, 3, 4, 5, 6, 7, 8, 9, 10, 11, 12, 13, 14, 15, 16, 17, 18, 19, 20, 21, 22, 23, 24, 25, 26, 27, 28, 29, 30, 31, 32, 33, 34, 35, 36, 37, 38, 39, 40, 41, 42, 43, 44, 45, 46, 47, 48, 49, 50, 51, 52, 53 | Reihenhaus | Obere Heimstättstraße |

| Bau-antrag | Fertig-stellung | Lage der Wohnungen-Straße | Hausnummern | Wohnhaustyp | Bemerkungen / Straßenname zur Bauzeit |
|---|---|---|---|---|---|
| 1919 | 1919/20 | Friedrich-Engels-Straße | 69, 71, 73, 75, 77, 79, 81, 83 | Mehrfamilien-haus | Schützenstraße |
| 1920 | 1921 | Friedrich-Engels-Straße | 53, 55, 57, 59, 61, 63, 65, 67 | Mehrfamilien-haus | Schützenstraße |
| 1921 | 1922/23 | Friedrich-Engels-Straße | 56, 58, 60, 62, 64, 66, 68, 70, 72, 74 | Mehrfamilien-haus | Schützenstraße |
| 1922 | 1923 | Am Johannisberg | 15, 17 | Mehrfamilien-haus | |
| | 1923 | Friedrich-Engels-Straße | 76, 78 | Mehrfamilien-haus | Schützenstraße |
| 1924 | 1925 | Haydnstraße | 1 | Mehrfamilien-haus | |
| 1925 | 1925 | Friedrich-Engels-Straße | 80, 82, 84 | Mehrfamilien-haus | Schützenstraße |
| 1926 | 1926 | Friedrich-Engels-Straße | 86, 88, 90, 92, 94, 96 | Mehrfamilien-haus | Schützenstraße |
| 1927 | 1927-29 | Döbereinerstraße | 1, 2, 3, 4, 5, 6, 7, 8, 9, 10, 11, 12, 13, 15 | Mehrfamilien-haus | Eduard-Rosenthal-Straße |
| | 1927 | Ernst-Pfeiffer-Straße | 1, 3, 5, 7, 9, 11 | Mehrfamilien-haus | |
| | 1928/29 | Friedrich-Körner-Straße | 5, 6, 7, 8, 9 | Mehrfamilien-haus | Karl-Marx-Straße |
| | 1927 | Lichtenhainer Oberweg | 2, 4, 6, 8 | Mehrfamilien-haus | August-Bebel-Straße |
| 1928 | 1928 | Friedrich-Engels-Straße | 85 | Mehrfamilien-haus | Schützenstraße |
| | 1928 | Ziegenhainer Straße | 46, 48, 50 | Mehrfamilien-haus | mit Bäckerei |
| 1929 | 1930 | Heimstättenstraße | 80, 82, 84, 86, 88, 90, 92 | Reihenhaus | |
| | 1930 | In der Doberau | 1, 3, 5, 7, 9, 11 | Mehrfamilien-haus | |
| | 1931 | Ziegenhainer Straße | 19, 21, 23, 25 | Mehrfamilien-haus | |
| 1930 | 1930 | Dreßlerstraße | 59, 61 | Mehrfamilien-haus | Friedrich-Ebert-Straße |
| 1934 | 1934/35 | Dreßlerstraße | 54, 55, 56, 57, 58, 60, 63, 64, 65, 66, 67, 68, 69 | Mehrfamilien-haus/Doppelhaus | Schlageterstraße |

## Überblick zum Jenaer Genossenschafts-, Siedlungs- und Kleinwohnungsbau

| Bau-antrag | Fertig-stellung | Lage der Wohnungen-Straße | Hausnummern | Wohnhaustyp | Bemerkungen / Straßenname zur Bauzeit |
|---|---|---|---|---|---|
| 1934 | 1934 | Heimstättenstraße | 15a | Einfamilienhaus | Schlageterstraße |
|  | 1935 | Ziegenhainer Straße | 34, 34a | Mehrfamilienhaus |  |
| 1936 | 1937 | Luise-Seidler-Straße | 2, 4, 5, 6, 7, 8, 9, 10, 11, 12, 13, 14,15, 16, 17, 18, 19, 20, 21, 22, 23, 24, 25, 26, 27, 28, 29, 30, 31, 32, 33, 34, 35, 36, 37, 39 | Reihenhaus |  |
|  | 1937 | Dreßlerstraße | 62, 64 | Doppelhaus | Schlageterstraße |
|  | 1937 | Neunkirchnerstraße | 1, 2, 3, 4, 5, 6, 7, 8, 9, 10, 11, 12 | Reihenhaus |  |
|  | 1937 | St.-Wendel-Stieg | 1, 3, 5, 7, 9, 11, 13, 15 | Reihenhaus |  |
| 1937 | 1938 | Leo-Sachse-Straße | 48, 50, 52, 54, 56, 58, 60, 62 63, 64, 65, 66, 67, 68, 69, 70, 71, 72, 73, 74, 75, 76, 77, 78, 79, 80, 81, 82, 83, 84, 85, 86, 87, 89, 91, 93, 95, 97 99, 101 | Reihenhaus |  |
|  | 1937 | Dreßlerstraße | 70, 72 | Doppelhaus | Schlageterstraße |
|  | 1938 | Haydnstraße | 2, 3, 4, 5, 6, 7 | Reihenhaus und Mehrfamilienhaus |  |
| 1938 | 1939 | Friedrich-Körner-Straße | 14, 16, 18, 20, 22 | Mehrfamilienhaus | Horst-Wessel-Straße |
|  | 1939 | Lichtenhainer Oberweg | 10, 12, 14 | Mehrfamilienhaus | Rosenweg |
|  | 1939 | Philipp-Müller-Straße | 1, 2, 3, 4, 5, 6, 7, 8, 9, 10, 11, 13, 15 | Mehrfamilienhaus | Planettastraße |
| 1939 | 1940 | Döbereinerstraße | 17, 19, 21, 23, 25, 27 | Mehrfamilienhaus |  |
|  | 1940 | Friedrich-Körner-Straße | 11, 13 | Mehrfamilienhaus | Horst-Wessel-Straße |
|  | 1941 | Haydnstraße | 9 | Mehrfamilienhaus |  |

| Bau-antrag | Fertig-stellung | Lage der Wohnungen-Straße | Hausnummern | Wohnhaustyp | Bemerkungen / Straßenname zur Bauzeit |
|---|---|---|---|---|---|
| 1939 | 1940 | Moritz-Seebeck-Straße | 11, 13 | Mehrfamilienhaus | |
| | 1940 | Philipp-Müller-Straße | 12, 14, 16, 17, 19, 21, 23 | Mehrfamilienhaus | Planettastraße |

## Übersicht der Häuser des Beamtenwohnungsvereins bis 1945

| Bau-antrag | Fertig-stellung | Lage der Wohnungen – Straße | Hausnummern | Wohnhaustyp | Bemerkungen / Straßenname zur Bauzeit |
|---|---|---|---|---|---|
| 1919 | 1920 | Dornburger Straße | 41, 43, 45, 47, 49, 51, 53, 55, 57, 59, 61, 63, 65, 67 | Mehrfamilienhaus | |
| 1921 | 1922 | Friedrich-Schelling-Straße | 2 | Mehrfamilienhaus | |
| | 1922 | Johann-Friedrich-Straße | 33 | Mehrfamilienhaus | |
| | 1922 | Katharinenstraße | 24, 26 | Mehrfamilienhaus | |
| 1922 | 1923 | Wartburgstraße | 2, 4, 6 | Mehrfamilienhaus | |
| 1925 | 1926 | Am Kochersgraben | 16 | Mehrfamilienhaus | |
| | 1925 | Wartburgstraße | 5 | Mehrfamilienhaus | |
| 1926 | 1927 | Friedrich-Schelling-Straße | 4, 6 | Mehrfamilienhaus | |
| 1927 | 1928 | Schweizerhöhenweg | 1, 2 | Mehrfamilienhaus | |
| 1928 | 1928 | Johann-Friedrich-Straße | 35 | Mehrfamilienhaus | |
| 1929 | 1929 | Schweizerhöhenweg | 3, 3a | Mehrfamilienhaus | |
| 1930 | 1930 | Dornburger Straße | 89, 91, 93 | Mehrfamilienhaus | |
| 1934 | 1935 | Pfälzer Straße | 2, 6, 8, 10, 12, | Einfamilienhaus | |
| | 1935 | Munketal | 7, 9 | Einfamilienhaus | |
| 1935 | 1935/36 | Pfälzer Straße | 1, 3, 4, 5, 7, 9, 11, 13, 15, 17, 19, 22, 31, 33 | Einfamilienhaus | |
| | 1935/36 | Munketal | 3, 5 | Einfamilienhaus | |
| 1935 | 1935 | Dornburger Straße | 97, 99 | Mehrfamilienhaus | |
| 1936 | 1936 | Dornburger Straße | 95 | Mehrfamilienhaus | |
| | 1936 | Schützenhofstraße | 1 | Mehrfamilienhaus | |
| | 1936/37 | Pfälzer Straße | 14, 16, 18, 20, 21, 25, 27, 29 | Einfamilienhaus | |

*Überblick zum Jenaer Genossenschafts-, Siedlungs- und Kleinwohnungsbau*

| Bau-antrag | Fertig-stellung | Lage der Wohnungen – Straße | Hausnummern | Wohnhaustyp | Bemerkungen / Straßenname zur Bauzeit |
|---|---|---|---|---|---|
| 1937 | 1937 | Dornburger Straße | 85, 87 | Mehrfamilienhaus | |
| 1938 | 1938 | Freiligrathstraße | 8 | Mehrfamilienhaus | |

## Übersicht der Häuser der Carl Zeiss-Siedlung GmbH (bzw. Firma Carl Zeiss) bis 1945

| Bau-antrag | Fertig-stellung | Lage der Wohnungen-Straße | Hausnummern | Wohnhaustyp | Bemerkungen / Straßenname zur Bauzeit |
|---|---|---|---|---|---|
| 1933 | 1934 | Ahornstraße | 27, 28, 29 | Wohn- und Geschäftshaus | Grenzlandsiedlung, mit Bäckerei, Fleischerei und Lebensmittelladen, Grenzlandstraße |
| | 1934 | Ammerbacher Straße | 1, 3, 5, 7, 9, 11, 13, 15, 17, 19 | Doppelhaus | Grenzlandsiedlung |
| | 1934 | An der Ringwiese | 5, 7, 9, 11, 13, 15, 17, 19, 21, 23 | Doppelhaus | Grenzlandsiedlung |
| | 1934 | Aspenweg | 5, 13, 15 | Doppelhaus | Grenzlandsiedlung, Askanierstraße |
| | 1934 | Birkenweg | 1, 2, 3, 4, 5, 6, 7, 8, 9, 10, 11, 12, 13, 14, 15, 16, 17, 18, 19, 20, 21, 22, 23, 24, 25, 26, 27, 28, 29, 30, 31, 32, 34, 36 | Doppelhaus | Grenzlandsiedlung, Schlesischer Weg |
| | 1934 | Distelweg | 2, 4, 5, 6, 7, 8, 9, 10, 11, 12, 13, 14, 15, 16, 17, 18, 19, 20, 21, 23, 25, 27 | Doppelhaus | Grenzlandsiedlung, Danziger Weg |
| | 1933/34 | Eibenweg | 1, 2, 3, 4, 5, 6, 7, 8, 9, 10, 11, 12, 13, 14, 15, 16, 17, 18, 19, 20 | Doppelhaus | Grenzlandsiedlung, Masurenweg |
| | 1934 | Eichenweg | 5, 6, 7, 8, 9, 10, 11, 12 | Doppelhaus | Grenzlandsiedlung, Salzburger Weg |
| | 1934 | Gladiolenweg | 1, 2, 3, 4, 5, 6, 7, 8, 9, 10, 11, 12, 13, 14, 15, 16, 17, 18, 19, 20 | Doppelhaus | Grenzlandsiedlung, Eupener Weg |
| | 1934 | Kerbelweg | 2, 4, 6, 8, 10, 12, 14, 16, 18, 20, 22, 24 | Doppelhaus | Grenzlandsiedlung, Malmedyweg |
| | 1934 | Kornblumenweg | 1, 2, 3, 4, 5, 6, 7, 8, 9, 10, 11, 12, 13, 15, 17, 19, 21, 23 | Doppelhaus | Grenzlandsiedlung, Deutschbaltenweg |

| Bau-antrag | Fertig-stellung | Lage der Wohnungen-Straße | Hausnummern | Wohnhaustyp | Bemerkungen / Straßenname zur Bauzeit |
|---|---|---|---|---|---|
| 1933 | 1934 | Lilienweg | 1, 2, 3, 4, 5, 6, 7, 8, 9, 10, 11, 12, 13, 14, 15, 16, 17, 18, 19, 20, 21, 22, 23, 24 | Doppelhaus | Grenzlandsiedlung, Hultschiner Weg |
| | 1934 | Malvenweg | 1, 2, 3, 4, 5, 6, 7, 8, 9, 10, 11, 12, 13, 14, 15, 16 | Doppelhaus | Grenzlandsiedlung, Lothringer Weg |
| | 1934 | Nelkenweg | 1, 2, 3, 4, 5, 6, 7, 8, 9, 10, 11, 12, 13, 14, 15, 16 | Doppelhaus | Grenzlandsiedlung, Elsässer Weg |
| | 1934 | Quendelweg | 13, 14, 15, 16 | Doppelhaus | Grenzlandsiedlung, Deutschritterweg |
| | 1933/34 | Thymianweg | 1, 2, 3, 4, 5, 7, 8, 9, 10, 11, 12, 13, 14, 15, 16, 17, 18, 19, 20, 22, 24, 26, 28 | Doppelhaus | Grenzlandsiedlung, Posener Weg |
| | 1934 | Tulpenweg | 5, 6, 7, 8, 9, 10, 11, 12, 13, 14, 15, 16, 17, 18, 19, 20, 22, 24 | Doppelhaus | Grenzlandsiedlung, Nordschleswigweg |
| | 1934 | Weissdornweg | 1, 2, 3, 4, 5, 6, 7, 8, 9, 10 | Doppelhaus | Grenzlandsiedlung, Vogesenweg |
| 1934 | 1935 | Ahornstraße | 30, 31 | Doppelhaus | Grenzlandsiedlung, Grenzlandstraße |
| | 1934 | Aspenweg | 1, 2, 3, 4, 6, 7, 8, 9, 10, 11, 12, 14, 16 | Doppelhaus | Grenzlandsiedlung, Askanierstraße |
| | 1934/35 | Asternweg | 2, 4, 5, 6, 7, 8, 9, 10, 11, 12, 13, 14, 15, 16, 17, 18, 19, 20, 21, 22, 23, 24 | Doppelhaus | Grenzlandsiedlung, Memeler Weg |
| | 1934/35 | Distelweg | 1, 3, 29, 31 | Doppelhaus | Grenzlandsiedlung, Danziger Weg |
| | 1934/35 | Eichenweg | 1, 2, 3, 4, 14, 16 | Doppelhaus | Grenzlandsiedlung, Salzburger Weg |
| | 1935 | Haselstrauchweg | 1, 3, 5, 7 | Doppelhaus | Grenzlandsiedlung, Westpreußenweg |
| 1934 | 1936 | Hermann-Löns-Straße | 82a | Doppelhaus | Grenzlandsiedlung, Dietrich-Eckart-Straße |
| | 1935 | Holunderweg | 1, 2, 3, 4, 5, 6, 7, 8 | Doppelhaus | Grenzlandsiedlung, Pommerellenweg |
| | 1935 | Hopfenweg | 1, 3, 5, 7, 9, 11, 13, 15, 17, 19 | Doppelhaus | Grenzlandsiedlung, Südtiroler Weg |
| | 1934 | Quendelweg | 1, 2, 3, 4, 5, 6, 7, 8, 9, 10, 11, 12 | Doppelhaus | Grenzlandsiedlung, Deutschritterweg |

*Überblick zum Jenaer Genossenschafts-, Siedlungs- und Kleinwohnungsbau*

| Bau-antrag | Fertig-stellung | Lage der Wohnungen-Straße | Hausnummern | Wohnhaustyp | Bemerkungen / Straßen-name zur Bauzeit |
|---|---|---|---|---|---|
| 1934 | 1935 | Tulpenweg | 1, 2, 3, 4 | Doppelhaus | Grenzlandsiedlung, Nord-schleswigweg |
| 1935 | 1935/36 | Adolf-Reichwein-Straße | 31, 33, 34, 35, 36, 37, 38, 40, 42, 44 | Doppelhaus und Einfamilienhaus | Grenzlandsiedlung, Diet-rich-Eckart-Straße |
| | 1936 | Ahornstraße | 13, 14, 15, 16, 17, 18, 19, 20, 21, 22, 23, 24 | Doppelhaus | Grenzlandsiedlung, Grenz-landstraße |
| | 1936 | An der Ringwiese | 1 | Zweifamilien-haus mit Polizei-station | Grenzlandsiedlung |
| | 1935 | Distelweg | 22, 24, 26, 28 | Doppelhaus | Grenzlandsiedlung, Danzi-ger Weg |
| | 1935/36 | Eibenweg | 21, 22, 23, 24, 25, 26, 27, 28 | Doppelhaus | Grenzlandsiedlung, Masu-renweg |
| | 1935 | Ginsterweg | 1, 2, 3, 4, 5, 6, 7, 8, 9, 10, 11, 12, 13, 14, 15, 16, 18, 20 | Doppelhaus | Grenzlandsiedlung, Sieben-bürgenweg |
| | 1935 | Günselweg | 1, 3, 5, 7, 9, 11, 13, 15 | Doppelhaus | Grenzlandsiedlung, Im Ba-nat |
| | 1936 | Haselstrauchweg | 2, 4, 6, 8, 10, 12, 14, 16 | Doppelhaus | Grenzlandsiedlung, West-preußenweg |
| | 1935/36 | Hermann-Löns-Straße | 80, 82, 84 | Doppelhaus | Grenzlandsiedlung |
| | 1935/36 | Thymianweg | 21, 23, 25, 27 | Doppelhaus | Grenzlandsiedlung, Posener Weg |
| | 1935 | Veilchenweg | 2, 4, 6, 8, 10, 12, 14, 16, 18, 20, 22, 24 | Doppelhaus | Grenzlandsiedlung, Tan-nenbergweg |
| 1936 | 1937 | Ammerbacher Straße | 2, 4, 6, 8 | Doppelhaus | Grenzlandsiedlung |
| | 1936 | Asternweg | 1, 3 | Doppelhaus | Grenzlandsiedlung, Meme-ler Weg |
| | 1937 | Brehmstraße | 1, 2, 3, 4, 5, 6, 7, 8, 9, 10 | Einfamilienhaus | Grenzlandsiedlung, Walter-Flex-Straße |
| 1936 | 1937 | Buchenweg | 2, 4, 6, 8, 10, 12, 14, 16, 18, 20, 22, 24, 26, 28 | Doppelhaus | Grenzlandsiedlung, Sude-tenweg |
| | 1937 | Gustav-Freytag-Straße | 1, 3, 5, 7, 9 | Einfamilienhaus | Grenzlandsiedlung |
| | 1937 | Haselstrauchweg | 9, 11, 13, 15, 17, 18, 19, 20, 21, 22, 23, 24, 25, 26, 27, 28, 29, 30, 31, 32, 34, 36, 38, 40 | Doppelhaus | Grenzlandsiedlung, West-preußenweg |

| Bau-antrag | Fertig-stellung | Lage der Wohnungen-Straße | Hausnummern | Wohnhaustyp | Bemerkungen / Straßen-name zur Bauzeit |
|---|---|---|---|---|---|
| 1936 | 1937 | Hermann-Löns-Straße | 85, 87, 89, 91, 93, 95, 99, 103 | Einfamilienhaus und Doppelhaus | Grenzlandsiedlung, Droge-rie |
|  | 1937 | Nesselweg | 2, 4, 6, 8, 10, 12, 14, 16 | Doppelhaus | Grenzlandsiedlung, Iglauer Weg |
|  | 1937 | Windröschenweg | 1, 2, 3, 4, 5, 6, 7, 8, 9, 10, 11, 12, 13, 14, 15, 16, 17, 18, 19, 20, 22, 24, 26, 28, 30, 32, 34, 36, 38, 40, 42, 44 | Doppelhaus | Grenzlandsiedlung, In der Zips |
| 1937 | 1937 | Ahornstraße | 25, 26 | Mehrfamilien-haus | Grenzlandsiedlung |
|  | 1938 | August-Gärtner-Straße | 2, 4, 6, 8, 10, 12, 14, 16, 18, 20, 22, 24, 26, 28, 30, 32 | Doppelhaus | Siedlung am Schlegelsberg (ab 9. 2. 1942 »August-Kott-haus-Siedlung«), Andreas-Bauriedl-Straße |
|  | 1938 | Berthold-Delbrück-Straße | 2, 4, 6, 8, 9, 10, 11, 12, 13, 14, 15, 16, 17, 18, 19, 21, 23, 25, 27, 29, 30, 31, 32, 33, 34, 35, 36, 37, 38, 39, 40, 41, 42, 43, 44, 50, 52 | Doppelhaus, Mehrfamilien-haus | Siedlung am Schlegelsberg (ab 9. 2. 1942 »August-Kott-haus-Siedlung«), Hans-Rickmers-Straße |
|  | 1938 | Hermann-Löns-Straße | 101 | Doppelhaus | Grenzlandsiedlung |
|  | 1938 | Im Ritzetal | 7, 9, 11, 13, 15, 17, 19, 21, 23, 25, 26, 27, 28, 29, 30, 31, 32, 33, 35, 36, 37, 38, 39, 40, 41, 42, 43, 44, 45, 46, 47, 48, 49, 50, 51, 52, 54, 56, 58 | Doppelhaus, Mehrfamilien-haus | Siedlung am Schlegelsberg (ab 9. 2. 1942 »August-Kott-haus-Siedlung«) |
|  | 1938 | Julius-Schaxel-Straße | 1, 2, 3, 4, 5, 6, 7, 8, 9, 10, 11, 12, 13, 14, 15, 16, 17, 18, 19, 20, 21, 22, 23, 24, 25, 26, 27, 28, 29, 31, 33, 35 | Doppelhaus | Siedlung am Schlegelsberg (ab 9. 2. 1942 »August-Kott-haus-Siedlung«), Wilhelm-Ehrlich-Straße |
|  | 1938 | Rheinlandstraße | 29, 30 | Mehrfamilien-haus |  |
| 1938 | 1940 | August-Gärtner-Straße | 29, 31, 33, 35 | Doppelhaus | Siedlung am Schlegelsberg (ab 9. 2. 1942 »August-Kott-haus-Siedlung«), Andreas-Bauriedl-Straße |

## Überblick zum Jenaer Genossenschafts-, Siedlungs- und Kleinwohnungsbau

| Bau-antrag | Fertig-stellung | Lage der Wohnungen-Straße | Hausnummern | Wohnhaustyp | Bemerkungen / Straßen-name zur Bauzeit |
|---|---|---|---|---|---|
| 1938 | 1939/40 | Berthold-Delbrück-Straße | 22, 24, 26, 28, 45, 46, 47, 48, 49, 51, 53, 54, 55, 56, 57, 58, 59, 60, 62, 64, 66, 68, 70, 72, 74, 76, 80, 82, 84, 86, 88, 90, 92 | Doppelhaus, Mehrfamilien-haus | Siedlung am Schlegelsberg (ab 9. 2. 1942 »August-Kott-haus-Siedlung«), Hans-Rickmers-Straße |
| | 1940 | Eugen-Diederichs-Straße | 58, 60 | Doppelhaus | Siedlung am Schlegelsberg (ab 9. 2. 1942 »August-Kott-haus-Siedlung«), Ritter-von-Stransky-Straße |
| | 1940 | Netzstraße | 1, 2, 3, 4, 5, 6, 7, 8, 9, 10, 11, 12, 13, 14, 15, 16, 17, 18, 19, 20, 21, 22, 23, 24, 25, 26, 27, 28, 29, 30, 31, 32, 33, 34, 35, 36, 37, 38, 39, 40, 41, 42, 43, 44, 45, 46, 47, 48, 49, 50, 51, 52, 54, 56, 58, 59, 60, 61, 62, 64, 65, 66, 67, 68, 69, 77, 79 | Doppelhaus, Mehrfamilien-haus | Siedlung am Schlegelsberg (ab 9. 2. 1942 »August-Kott-haus-Siedlung«), Klaus-von-Pape-Straße |
| | 1940 | Oskar-Zachau-Straße | 1, 3, 5, 7, 8, 9, 10, 11, 12, 13, 14, 15, 16, 18, 20, 22, 24, 26, 28, 30, 34 | Doppelhaus | Siedlung am Schlegelsberg (ab 9. 2. 1942 »August-Kott-haus-Siedlung«), Wilhelm-Wolf-Straße |
| 1939 | 1941/43 | Carl-Blomeyer-Straße | 1, 2, 3, 4, 5, 6, 7, 8, 9, 10, 11, 12, 13, 14, 15, 16, 17, 18, 19, 20, 21, 22, 23, 24, 25, 26, 27, 28, 29, 30, 31, 32, 33, 34, 35, 36, 37, 39 | Doppelhaus | Siedlung am Schlegelsberg (ab 9. 2. 1942 »August-Kott-haus-Siedlung«), Karl-Kuhn-Straße |
| | 1941 | Eugen-Diederichs-Straße | 66, 68, 70, 72, 74, 76 | Doppelhaus | Siedlung am Schlegelsberg (ab 9. 2. 1942 »August-Kott-haus-Siedlung«), Ritter-von-Stransky-Straße |
| | 1940/43 | Franz-Liszt-Straße | 49, 51, 53, 55, 57, 59, 61, 63, 65, 67, 69, 71, 73, 75, 77, 79, 81, 83 | Doppelhaus | Siedlung am Schlegelsberg (ab 9. 2. 1942 »August-Kott-haus-Siedlung«), Rudolf-Eck-Straße |
| | 1940/41 | Fritz-Reuter-Straße | 38, 40, 42, 44, 46, 48, 50, 52, 54 | Mehrfamilien-haus | Siedlung »Forst 1« (25 Häu-ser mit 88 Wohnungen) |

| Bau-antrag | Fertig-stellung | Lage der Wohnungen-Straße | Hausnummern | Wohnhaustyp | Bemerkungen / Straßen-name zur Bauzeit |
|---|---|---|---|---|---|
| 1939 | 1940–43 | Karl-Rothe-Straße | 1, 2, 3, 4, 5, 6, 7, 8, 9, 10, 11, 12, 13, 15, 17, 19, 20, 21, 22, 23, 24, 25, 26, 27, 28, 29, 30, 31, 32, 33, 34, 35, 37, 39, 41, 43, 45, 47, 49, 51, 53, 55 | Doppelhaus | Siedlung am Schlegelsberg (ab 9. 2. 1942 »August-Kott-haus-Siedlung«), Karl-La-force-Straße |
| | 1943 | Netzstraße | 53, 55, 57, 63, 70, 71, 72, 73, 74, 75, 76, 78, 80, 82, 84, 86, 88, 90, 92, 94, 96, 98, 100 | Doppelhaus, Einfamilienhaus | Siedlung am Schlegelsberg (ab 9. 2. 1942 »August-Kott-haus-Siedlung«), Klaus-von-Pape-Straße |
| | 1940 | Oskar-Zachau-Straße | 17, 19, 21, 23, 25, 27, 29, 31, 32, 36, 38, 40, 42, 44, 46 | Doppelhaus | Siedlung am Schlegelsberg (ab 9. 2. 1942 »August-Kott-haus-Siedlung«), Wilhelm-Wolf-Straße |
| | 1940/41 | Scheidlerstraße | 51, 53, 55 | Mehrfamilien-haus | Siedlung »Forst 1« (25 Häu-ser mit 88 Wohnungen) |
| | 1940/41 | Tatzendpromenade | 36, 38, 40, 42 | Mehrfamilien-haus | Siedlung »Forst 1« (25 Häu-ser mit 88 Wohnungen) |
| | 1940/41 | Victor-von-Scheffel-Weg | 5, 6, 7, 8, 9, 10, 11, 12, 13, 14 | Mehrfamilien-haus | Siedlung »Forst 1« (25 Häu-ser mit 88 Wohnungen) |
| 1941 | 1944 | Tatzendpromenade | 27, 29, 31, 33, 35, 37, 39, 41, 43 | Mehrfamilien-haus | Siedlung »Forst 2«, Häuser für Rüstungsarbeiter der Fa. Zeiss |

## Übersicht der Häuser der Gemeinnützigen Aktien-Gesellschaft für Angestellten-Heimstätten (Gagfah) bis 1945

| Bau-antrag | Fertig-stellung | Lage der Wohnungen – Straße | Hausnummern | Wohnhaustyp | Bemerkungen / Stra-ßenname zur Bauzeit |
|---|---|---|---|---|---|
| 1929 | 1929 | Friesweg | 27, 28, 29, 30, 31, 32, 33, 34, 35, 36, 38, 40 | Doppel- und Rei-henhaus | |
| 1931 | 1931 | Johann-Griesbach-Straße | 15, 17, 19, 21, 23, 24, 25, 26, 28, 30, 32, 34 | Doppelhaus | |
| 1932 | 1933 | Spitzweidenweg | 7, 9 | Mehrfamilienhaus | |
| 1933 | 1934 | Spitzweidenweg | 3, 5 | Mehrfamilienhaus | |
| | 1934 | Dornburger Straße | 2 | Mehrfamilienhaus | |

*Überblick zum Jenaer Genossenschafts-, Siedlungs- und Kleinwohnungsbau*

| Bau-antrag | Fertig-stellung | Lage der Wohnungen – Straße | Hausnummern | Wohnhaustyp | Bemerkungen / Straßenname zur Bauzeit |
|---|---|---|---|---|---|
| 1935 | 1935 | Zillestraße | 7, 8, 9, 10, 11, 12, 13, 14, 15, 16, 17, 18, 19, 20, 21, 22, 23, 24, 25, 26, 27, 28, 29, 30, 31, 32, 33, 34, 35, 36 | Doppelhaus | Lodystraße |
| 1936 | 1937 | August-Gärtner-Straße | 1, 3, 5, 6, 7, 9, 11, 13, 15, 17, 19, 21, 23, 25, 27 | Doppelhaus | Andreas-Bauriedl-Straße |
| | 1937 | Bernhard-Schultze-Straße | 1, 3, 5, 7, 9, 11, 13, 15, 17, 19, 21, 23, 25, 27, 29, 31 | Doppelhaus | Felix-Allfarth-Straße |
| | 1937 | Brändströmstraße | 29, 31, 33, 35, 54, 56, 57, 58, 59, 60, 61, 62, 63, 64, 65, 66, 67, 68, 69, 71, 73, 75, | Doppelhaus | |
| | 1937 | Carl-von-Brueger-Straße | 1, 2, 3, 4, 5, 6, 7, 8, 9, 10, 11, 12, 13, 14, 15, 16, 17, 18, 19, 20, 21, 22, 23, 24, 25, 26, 27, 28, 29, 30, 31, 32, 33, 34, 35, 36, 37, 38, 39, 40, 41, 42, 43, 44, 45, 46, 47, 48, 49, 51, 53, 55, 57, 59 | Doppelhaus | Von-der-Pfordten-Straße |
| | 1937 | Eugen-Diederichs-Straße | 2, 4, 6, 8, 10, 12, 14, 16, 18, 20, 22, 24, 26, 28, 30, 32, 34, 36, 38, 40, 42, 44, 46, 48, 50, 52, 54, 56, | Doppelhaus | Ritter-von-Stransky-Straße |
| | 1937 | Franz-Gresitza-Straße | 1, 2, 3, 4, 5, 6, 7, 8, 9, 10, 11, 12, 13, 14, 15, 16, 17, 18, 19, 20, 22, 24, 26, 28, 30, 32, 34, 36 | Doppelhaus | Von-Scheubner-Richter-Straße |
| | 1937 | Heinrich-von-Eggeling-Straße | 1, 2, 3, 4, 5, 6, 7, 8, 9, 10, 11, 12, 13, 14, 15, 16, 17, 18, 19, 20, 21, 22, 23, 24, 25, 27, 29, 31, 33, 35 | Doppelhaus | Theodor-Casella-Straße |
| 1938 | 1939 | Camburger Straße | 5, 7, 9, 11, 13, 15, 17, 19, 21, 23, 25, 27, 29, 31, 33, 35, 37, 39, 41, 43, 45 | Wohnblock | |
| | 1940 | Carl-Blomeyer-Straße | 41, 43, 45, 47, 49, 51, 53, 55, 57, 59, 61, 63, 65, 67 | Doppelhaus | Karl-Kuhn-Straße |
| | 1940 | Clara-Zetkin-Straße | 7, 9 | Wohnblock | |
| | 1940 | Eduard-Rosenthal-Straße | 1, 2, 3, 4, 5, 6, 7, 8, 9, 10, 11, 12, 13, 14, 15, 16, 17, 18, 19, 20, 21, 22, 23, 24, 25, 26, 27 | Doppelhaus | Oskar-Körner-Straße |

| Bau-antrag | Fertig-stellung | Lage der Wohnungen – Straße | Hausnummern | Wohnhaustyp | Bemerkungen / Straßenname zur Bauzeit |
|---|---|---|---|---|---|
| 1938 | 1940 | Jacob-Michelsen-Straße | 1, 2, 3, 4, 5, 6, 7, 8, 9, 10, 11, 12, 13, 14, 15, 16, 17, 18, 19, 20, 21, 22, 23, 24, 25, 27 | Doppelhaus | Anton-Hechenberger-Straße |
| | 1939 | Scharnhorststraße | 12, 14 | Mehrfamilienhaus | |

## Übersicht der Häuser der Gemeinnützigen Reichsbundkriegersiedlung GmbH Berlin bis 1945

| Bau-antrag | Fertig-stellung | Lage der Wohnungen – Straße | Hausnummern | Wohnhaustyp | Bemerkungen / Straßenname zur Bauzeit |
|---|---|---|---|---|---|
| 1926 | 1927 | Burgweg | 4, 6 | Doppelhaus | |
| | 1927 | Maurerstraße | 10, 12 | Doppelhaus | |
| 1927 | 1928 | Ernst-Pfeiffer-Straße | 10, 12 | Doppelhaus | Straße Nr. 279 |
| | 1928 | Friedrich-Körner-Straße | 1, 3 | Doppelhaus | Straße Nr. 227 |
| | 1928 | Tatzendpromenade | 5, 7 | Doppelhaus | |
| 1929 | 1930 | Freiheitsstraße | 2, 4, 6, 8, 10, 12, 14, 16, 18, 20, 22, 24, 26, 28, 30, 32 | Reihenhaus | |
| | 1930 | Friedenstraße | 24, 26, 28, 30, 32, 34, 36, 38, 40, 42, 44, 46, 48, 50, 52, 54, 56, 58, 60 | Reihenhaus | |

## Übersicht der Häuser der Gemeinnützigen Kriegersiedlung der NSKOV Berlin bis 1945

| Bau-antrag | Fertig-stellung | Lage der Wohnungen – Straße | Hausnummern | Wohnhaustyp | Bemerkungen / Straßenname zur Bauzeit |
|---|---|---|---|---|---|
| 1935 | 1935 | Ahornstraße | 1, 2, 3, 4, 5, 6, 7, 8, 9, 10, 11, 12 | Doppelhaus | Frontkämpfersiedlung Jena-Süd |
| | 1935 | An der Ringwiese | 12 | Doppelhaus | Frontkämpfersiedlung Jena-Süd |
| | 1935 | Damaschkeweg | 7, 9, 11, 13 | Doppelhaus | Frontkämpfersiedlung Jena-Süd |
| | 1935 | Enzianweg | 1, 2, 3, 4, 5, 6, 7, 8, 9 | Doppelhaus | Frontkämpfersiedlung Jena-Süd, Ypernweg |

| Bau- antrag | Fertig- stellung | Lage der Wohnungen – Straße | Hausnum- mern | Wohnhaustyp | Bemerkungen / Straßenname zur Bau- zeit |
|---|---|---|---|---|---|
| 1935 | 1935 | Margeritenweg | 1, 2, 3, 4, 5, 6, 7, 8 | Doppelhaus | Frontkämpfersiedlung Jena-Süd, Isonzo- weg |
| | 1935 | Veilchenweg | 1, 3, 5, 7, 9, 11 | Doppelhaus | Frontkämpfersiedlung Jena-Süd |

## Übersicht der Häuser des Luftfahrtfiskus, Deutsches Reich bis 1945

| Bau- antrag | Fertig- stellung | Lage der Wohnungen – Straße | Hausnum- mern | Wohnhaustyp | Bemerkungen / Straßenname zur Bau- zeit |
|---|---|---|---|---|---|
| 1939 | 1939/40 | Paul-Weber-Straße | 1, 2, 3, 4, 5, 6, 7, 8, 9, 10, 12, 14, 16 | Mehrfamilien- haus | Luftwaffensiedlung, General-Wever- Straße |

## Übersicht der Häuser des N. S. Deutschen Frontkämpferbundes (Stahlhelm)

| Bau- antrag | Fertig- stellung | Lage der Wohnungen – Straße | Hausnum- mern | Wohnhaustyp | Bemerkungen / Straßenname zur Bau- zeit |
|---|---|---|---|---|---|
| 1935 | 1936 | Siedlung Sonnenblick | 22, 23, 24, 25, 26, 27, 28, 29, 30, 31, 32, 33, 34, 35, 36, 37, 38, 39, 40, 41, 42, 43, 44, 45, | Doppelhaus | »Stahlhelmsiedlung am Jenzig« |

## Übersicht der städtischen Kleinsiedlungsbauten bis 1945

| Bau- antrag | Fertig- stellung | Lage der Wohnungen- Straße | Hausnum- mern | Wohnhaustyp | Bemerkungen / Straßenname zur Bau- zeit |
|---|---|---|---|---|---|
| 1913 | 1913 | Am Steinborn | 4, 6, 8, 10, 12, 14, 16, 18, 20, 22, 24, 26, 28, 30, 32, 34, 36, 38, 40, 42, 44 | Reihen- und Doppelhaus | »Steinbornkolonie«, 1. Teil (62 Häuser), Städtischer Kleinwohnungsbau |

| Bau-antrag | Fertig-stellung | Lage der Wohnungen-Straße | Hausnum-mern | Wohnhaustyp | Bemerkungen / Straßenname zur Bauzeit |
|---|---|---|---|---|---|
| 1913 | 1913/14 | Drosselstraße | 1, 2, 3, 4, 5, 6, 7, 8, 9, 10, 11 | Doppelhaus | »Steinbornkolonie«, 1. Teil (62 Häuser), Städtischer Kleinwohnungsbau |
| | 1913/14 | Jenaprießnitzer Straße | 1, 2, 3, 5, 6, 7, 8, 9, 10, 11, 12, 13, 14, 15, 16, 17, 18, 19, 20, 21, 22, 23, 25 | Doppelhaus | »Steinbornkolonie«, 1. Teil (62 Häuser), Städtischer Kleinwohnungsbau |
| | 1913/14 | Rabenstieg | 1, 2, 3, 4, 5, 6 | Doppelhaus | »Steinbornkolonie«, 1. Teil (62 Häuser), Städtischer Kleinwohnungsbau |
| 1914 | 1914/15 | Am Steinborn | 68, 70, 72, 74, 76, 78 | Reihen- und Doppelhaus | »Steinbornkolonie«, 2. Teil (68 Häuser), Städtischer Kleinwohnungsbau |
| | 1914/15 | Lerchenstieg | 2, 4, 6, 8, 10 | Reihenhaus | »Steinbornkolonie«, 2. Teil (68 Häuser), Städtischer Kleinwohnungsbau |
| | 1914/15 | Sperlingsweg | 2, 3, 4, 5, 6, 7, 8, 10 | Doppelhaus | »Steinbornkolonie«, 2. Teil (68 Häuser), Städtischer Kleinwohnungsbau |
| | 1914/15 | Wogauer Straße | 1, 2, 3, 4, 5, 6, 7, 8, 9, 10, 11, 12, 13, 14, 15, 16 | Reihen- und Doppelhaus | »Steinbornkolonie«, 2. Teil (68 Häuser), Städtischer Kleinwohnungsbau |
| | 1914/15 | An der Trebe | 17, 19, 21, 23, 25, 27 | Reihen- und Doppelhaus | »Steinbornkolonie«, 2. Teil (68 Häuser), Städtischer Kleinwohnungsbau |
| 1915 | 1915 | Amselweg | 1, 2, 3, 4, 5, 6, 7, 8, 9, 10, 11, 12, 13, 14, 15 | Doppelhaus | »Steinbornkolonie«, 2. Teil (68 Häuser), Städtischer Kleinwohnungsbau |
| 1916 | 1916 | Am Steinborn | 80, 82, 84, 86, 88, 90, 92, 94, 96, 98, 100 | Reihen- und Doppelhaus | »Steinbornkolonie«, 2. Teil (68 Häuser), Städtischer Kleinwohnungsbau |
| | 1916 | Sperlingsweg | 1 | Doppelhaus | »Steinbornkolonie«, 2. Teil (68 Häuser), Städtischer Kleinwohnungsbau |
| 1920 | 1920 | Am Steinborn | 46, 48, 50, 52, 54, 56, | Doppelhaus mit Stall | »Steinbornkolonie«, 3. Teil ( Häuser), Städtischer Kleinwohnungsbau |
| | 1920/21 | An der Trebe | 12, 14, 16 | Doppelhaus | »Steinbornkolonie«, 3. Teil (26 Häuser), Städtischer Kleinwohnungsbau |
| | 1921 | Felsenkellerstraße | 7, 8 | Mehrfamilienhaus | Städtischer Wohnungsbau |
| | 1920/21 | Jenaprießnitzer Straße | 24, 26, 27, 28, 29, 30, 31, 32, 33, 34, 35, 36, 37, 38, 39, 40, 41 | Doppelhaus | »Steinbornkolonie«, 3. Teil (26 Häuser), Städtischer Kleinwohnungsbau |

## Überblick zum Jenaer Genossenschafts-, Siedlungs- und Kleinwohnungsbau

| Bau-antrag | Fertig-stellung | Lage der Wohnungen-Straße | Hausnummern | Wohnhaustyp | Bemerkungen / Straßenname zur Bauzeit |
|---|---|---|---|---|---|
| 1921 | 1922/23 | Karl-Liebknecht-Straße | 108, 110, 112, 114, 116, 118, 120, 122, 124, 126, 128, 130, 132, 134, 136, 138, 140, 142, 144, 146, 148, 150 | Doppel- und Reihenhaus | Städtischer Wohnungsbau, 5. Teil, Eisenberger Straße |
| | 1922/23 | Eschenplatz Löbichauer Straße | 1, 2, 3, 4, 5, 6 1, 35 | Doppel- und Reihenhaus | Städtischer Wohnungsbau, 5. Teil |
| 1922 | 1922 | Nollendorferstraße | 33, 35 | Mehrfamilienhaus | Städtischer Kleinwohnungsbau |
| | 1923 | Theo-Neubauer-Straße | 17 | Mehrfamilienhaus | Städtischer Kleinwohnungsbau, Karolinenstraße |
| | 1922/23 | Thomas-Mann-Straße | 18, 32 | Mehrfamilienhaus | Städtischer Kleinwohnungsbau, Unterer Philosophenweg |
| 1926 | 1926 | Löbichauer Straße | 1, 3, 5, 7, 9, 11, 13, 15, 17, 19, 21, 23, 25, 27, 29, 31, 33 | Reihenhaus | Städtischer Kleinwohnungsbau |
| 1927 | 1928 | An der Trebe | 18, 20 | Doppelhaus | Städtischer Kleinwohnungsbau |
| | 1928 | Lerchenstieg | 12 | Doppelhaus | Städtischer Kleinwohnungsbau |
| | 1928 | Wogauer Straße | 17, 18, 19, 20, 21, 22, 23, 24, 25, 26, 27, 28, 29, 30, 32, 34, 36, 38, 40 | Reihenhaus, Doppelhaus | Städtischer Kleinwohnungsbau |
| 1928 | 1928 | Finkenweg | 6, 8, 10, 12 | Doppelhaus | |
| 1929 | 1929 | Magdelstieg | 39 | Mehrfamilienhaus | |
| 1930 | 1930 | Gustav-Fischer-Straße | 33, 35, 37 | Mehrfamilienhaus | |
| | 1931 | An der Trebe | 1, 3, 5, 7, 9, 11, 13, 15 | Reihen- und Mehrfamilienhaus | |
| | 1931 | Falkenstieg | 10, 12, 14, 16, 18 | Reihenhaus | |
| 1931 | 1931/32 | Eschenplatz | 7, 8, 9 | Mehrfamilienhaus | Städtischer Wohnungsbau am Eschenplatz |

| Bau-antrag | Fertig-stellung | Lage der Wohnungen-Straße | Hausnum-mern | Wohnhaustyp | Bemerkungen / Straßenname zur Bauzeit |
|---|---|---|---|---|---|
| 1932 | 1933 | An der Ringwiese | 20, 22, 24, 26, 28, 30, 32, 34, 36, 38, 40, 42, 44, 46, 48, 50, 52, 54, 56, 58 | Doppelhaus | »Siedlung Ringwiese«, 40 Wohnungen (20 Doppelhäuser) mit Damaschkeweg |
| | 1932/33 | Damaschkeweg | 15, 17, 19, 21, 23, 25, 27, 29, 31, 33, 35, 37, 39, 41, 43, 45, 47, 49, 51, 53 | Doppelhaus | »Siedlung Ringwiese«, 40 Wohnungen (20 Doppelhäuser) mit An der Ringwiese, Nr. 27, 29 und 35 abgebrochen |
| | 1932 | Grüne Aue | 1, 2, 3, 4, 5, 6, 7, 8, 9, 10, 11, 12, 13, 14, 15, 16, 17, 18, 19, 20, 21, 22, 23, 24, 25, 26, 27, 28, 29, 30, 31, 32, 33, 34, 35, 36, 37, 38, 39, 40 | Doppelhaus | »Siedlung Grüne Aue«, 40 Wohnungen (20 Doppelhäuser), Häuser Nr. 18 und 20 sind abgebrochen |
| | 1932 | Siedlung Sonnenblick | 1, 2, 3, 4, 5, 6, 7, 8, 9, 10, 11, 12, 13, 14, 15, 16, 17, 18, 19, 20 | Doppelhaus | Vorstädtische Kleinsiedlung »Sonnenblick«, 20 Häuser |
| 1933 | 1934 | Am Loh | 1, 2, 3, 4, 5, 6, 7, 8, 9, 10, 11, 12, 13, 14, 15, 16, 18, 20 | Doppelhaus mit Stall | |
| | 1934 | An der Trebe | 32, 33, 34, 35, 36, 37, 38, 39, 40, 41, 42, 43, 44, 45, 46, 47 | Doppelhaus | Notstandswohnungen |
| | 1934 | Löbichauer Straße | 37, 39, 41, 43, 45, 47, 49, 51, 53, 55, 57, 59, 61, 63 | Doppelhaus | Nr. 49, 51. 53 und 55 Totalbombenschäden |
| 1934 | 1935 | Löbichauer Straße | 56, 58, 60, 62, 64, 66, 68, 70 | Doppelhaus | |

## Übersicht der Häuser des Gemeinnützigen Kleinsiedlungsvereins Wilhelmshöhe bis 1945

| Bau-antrag | Fertig-stellung | Lage der Wohnungen- Straße | Hausnummern | Wohnhaustyp | Bemerkungen / Straßenname zur Bauzeit |
|---|---|---|---|---|---|
| 1921 | 1921 | Schlendorfer Straße | 1, 2, 3, 4, 5, 6, 7, 8, 9, 11 | Doppelhaus | |
| 1923 | 1925 | Am Gänseberg | 23, 25 | Doppelhaus | Schlendorfer Straße |
| 1924 | 1925 | Schlendorfer Oberweg | 1, 3 | Doppelhaus | |
| 1925 | 1925–28 | Schlendorfer Oberweg | 2, 4, 5, 7, 9, 11 | Doppelhaus | |
| 1928 | 1929 | Schlendorfer Oberweg | 6, 8, 10, 12 | Doppelhaus | |
| 1929 | 1929 | Schlendorfer Oberweg | 14, 16 | Doppelhaus | |
| 1930 | 1930 | Schlendorfer Oberweg | 13, 15, 17, 19 | Doppelhaus | |
| 1930 | 1931 | Windbergstraße | 1, 3, 4, 5, 6, 7, 8, 10 | Doppelhaus und Reihenhaus | |
| 1932 | 1932 | Windbergstraße | 12, 14 | Doppelhaus | |
| 1933 | 1934 | Am Gänseberg | 1, 3, 9, 11, 13, 15 | Doppelhaus | |
| 1934 | 1935 | Windbergstraße | 9, 11, 13, 15, 17, 19 | Doppelhaus | |
| 1935 | 1935 | Am Gänseberg | 2, 4, 5, 7, 17, 19 | Doppelhaus | |
| 1935 | 1935 | Greifbergstraße | 6 | Doppelhaus | |
| 1935 | 1935 | Kirchbergstraße | 2, 8, 10, 12, 14, 16, 18 | Doppelhaus | |
| 1935 | 1936 | Windbergstraße | 16, 18 | Doppelhaus | |
| 1938 | 1938 | Kirchbergstraße | 3, 5 | Doppelhaus | |

Katrin Fügener

## *Häuser der Jenaer Gemeinnützigen Wohnungsfürsorge A. G. (WOFAG) bis 1945*

| Bau-antrag | Fertig-stellung | Lage der Wohnungen – Straße | Hausnummern | Wohnhaustyp | Bemerkungen / Straßen-name zur Bauzeit |
|---|---|---|---|---|---|
| 1935 | 1935 | Am Heiligenberg | 1, 2, 3, 4, 5, 6, 7, 8, 9, 10, 11, 12, 13, 14, 15, 16, 17, 18, 19, 20, 21, 22, 23, 24, 25, 26, 27, 28, 29, 30, 31, 32, 33, 34, 35, 36, 37, 38, 39, 40, 41, 42, 43, 44, 45, 46, 47, 48, 49, 50, 51, 52, 53, 54, 55, 56, 57, 58 | Einfamilien- und Doppel-haus | |
| | 1935 | Am Steinborn | 73, 75, 77, 79, 81, 83, 85, 87, 89, | Doppelhaus / Reihenhaus | »Volkswohnungen« |
| | 1935 | Brändströmstraße | 53, 55; 70, 72 74, 76, 78, 80, 82, 84, 86 | Reihenhaus Mehrfamilien-haus | »Volkswohnungen« |
| 1936 | 1936 | Maurerstraße | 15, 16, 18, 20 | Mehrfamilien-haus | Beamtenwohnungen |
| | 1937 | Adlerstieg | 11 | Mehrfamilien-haus | »Volkswohnungen« |
| | 1936 | Eisenberger Straße | 17, 19, 21, 23, 25, 27, 29, 31, 33, 35, 37, 39, 41, 43, 45, 47 | Doppelhaus | Kleinhaussiedlung an der Eisenberger Straße, »Sied-lung für Kinderreiche« |
| | 1937 | Hermann-Stapff-Straße | 1, 2, 3, 4, 5, 6, 7, 8, 9, 10, 11 | Mehrfamilien-haus | »Volkswohnungen«, Theo-dor-Fritsch-Straße |
| | 1937 | Klopffleischstraße | 3, 5, 7, 14, 16, 18, 20, 22, 24 | Mehrfamilien-haus | »Volkswohnungen«, Mar-tin-Faust-Straße |
| | 1937 | Leipziger Straße | 28; 30, 32, 34 | Mehrfamilien-haus | »Volkswohnungen« |
| | 1937 | Scharnhorststraße | 8, 10 | Mehrfamilien-haus | |
| | 1937 | Stifterstraße | 4, 6, 8, 10, 12, 14, 16, 18 | Vierfamilien-haus | Unteroffizierswohnungen, Litzmannstraße |
| 1937 | 1938 | Am Steinborn | 118, 120, 122, 124 | Dreifamilien-haus als Dop-pelhaus | »Volkswohnungen« |
| | 1938 | Camburger Straße | 36, 38, 40, 42, 44, 46, 48, 50, 52, 54, 56, 58 | Mehrfamilien-haus | »Volkswohnungen« |
| | 1938 | Inselplatz | 15 | Mehrfamilien-haus | |

*Überblick zum Jenaer Genossenschafts-, Siedlungs- und Kleinwohnungsbau*

| Bau-antrag | Fertig-stellung | Lage der Wohnungen – Straße | Hausnummern | Wohnhaustyp | Bemerkungen / Straßenname zur Bauzeit |
|---|---|---|---|---|---|
| 1937 | 1938 | Klopffleischstraße | 2, 4, 6, 8, 10, 12 | Dreifamilienhaus als Doppelhaus | »Volkswohnungen«, Martin-Faust-Straße |
| | 1938 | Steubenstraße | 1, 3 | Mehrfamilienhaus | Altersheime mit Kleinwohnungen, Haus 1 ist abgebrochen |
| | 1937/38 | Stifterstraße | 1, 3, 7, 9, 11, 13, 15, 20, 22, 24, 26 | Mehrfamilienhaus | »Volkswohnungen«, Litzmannstraße |
| 1938 | 1939 | Am Rähmen | 1 | Mehrfamilienhaus | |
| | 1939 | Herderstraße | 32, 34 | Mehrfamilienhaus | »Volkswohnungen« für Kinderreiche |
| | 1940 | Hermann-Löns-Str. | 24, 26, 28, 30, 32, 34 | Mehrfamilienhaus | »Volkswohnungen« |
| | 1939 | Karl-Liebknecht-Straße | 152, 154, 156, 158, 160, 162 | Mehrfamilienhaus | »Volkswohnungen«, Straße der SA |
| | 1939 | Karl-Liebknecht-Straße | 12, 14, 16, 18 | Mehrfamilienhaus | Straße der SA |
| | 1939 | Leipziger Straße | 18 | Mehrfamilienhaus | Beamtenwohnungen |
| | 1939 | Steinweg | 31, 33, 35, 37 | Mehrfamilienhaus | |
| | 1938 | Stifterstraße | 17, 17a, 17b, 17c | Mehrfamilienhaus | »Volkswohnungen« für Kinderreiche, Litzmannstraße |
| 1939 | 1940 | Dornburger Straße | 103, 105, 107, 109, 111, 113; 139; 141; 145, 147, 149, 151, 153, 155 | Mehrfamilienhaus | »Volkswohnungen« |
| | 1940/41 | Eichendorff-Weg | 1, 2, 3, 4, 5, 6, 7, 8, 9, 10, 11, 12, 14, 16, 18, 20, 22, 24, 26, 28 | Mehrfamilienhaus | »Volkswohnungen« |
| | 1940 | Freiheitsstraße | 1, 3 | Mehrfamilienhaus | |
| | 1940 | Friedenstraße | 8, 10, 12, 14, 16, 18, 20, 22 | Mehrfamilienhaus | »Volkswohnungen« |
| | 1941 | Hermann-Löns-Str. | 3, 5, 7 | Mehrfamilienhaus | »Volkswohnungen« |
| | 1941 | Leipziger Straße | 12, 14, 16 | Mehrfamilienhaus | »Volkswohnungen« |
| 1942 | 1943 | Hermann-Löns-Str. | 8, 10, 12, 14 | Mehrfamilienhaus | »Volkswohnungen« |

# Literatur · Quellen

ABBE 1896 – Abbe, Ernst: Die in Jena akut gewordene Wohnungsnot, Jena 1896
ABBE 1921 – Abbes sozialpolitische Schriften, Jena 1921
ADRESSBUCH 1923 – Adreßbuch der Stadt Jena, Jena 1923
AMANN 2001 – Amann, Renate: Adolf Otto. Wohn- und Sozialreformer – Eine Biografie im Spiegel der Zeit, Berlin 2001
BEGER 2008 – Beger, Claudia: Gartenstadt Hellerau. Architekturführer, München 2008
BITNER-NOWAK 2006 – Bitner-Nowak, Anna: Wohnungspolitik und Wohnverhältnisse in Posen in den Jahren 1990–1939. In: Janatková, Alena / Kozinska-Witt, Hanna (Hrsg.): Wohnsituation und Modernisierung im europäischen Vergleich, Stuttgart 2006, S. 151–178
BLUMENROTH 1975 – Blumenroth, Ulrich: Deutsche Wohnungspolitik seit der Reichsgründung. Darstellung und kritische Würdigung, Münster 1975
BREDE 1993 – Brede, Christoph: »Solidarismus« im Spektrum der Lösungsansätze zur Sozialen Frage. In: Jahresbericht 1992/93 des Rudolf-Diesel-Gymnasiums Augsburg, S. 64–70
BRÖNNER 1994 – Brönner, Wolfgang: Die bürgerliche Villa in Deutschland 1830–1890, Worms 1994
COSACK / JOHNSCHER 1995 – Cosack, Gerhard / Johnscher, Reinhard: Von Ammerbach bis Zwätzen. Aus der Geschichte der Jenaer Vororte (= Reihe des Stadtarchivs Jena 2), Jena 1995
DEINHARDT 1916 – Deinhardt, Richard (Hrsg.): Deutscher Rechtsfriede. Beiträge zur Neubelebung des Güteverfahrens, Leipzig 1916
DÖBLER 1994 – Döbler, Joachim: Wohnen im Nachkriegs-Hamburg. Wohnungszwangswirtschaft in der rechtshistorischen Entwicklung bis 1945, Abschlussbericht an die Deutsche Forschungs-Gemeinschaft [DFG], (Typoskript Az.: Re 407/5–1), Hamburg 1994
EICHSTÄDT 2007 – Eichstädt, Andreas: Heimstättensiedlung Ziegenhainer Tal in Jena. Ein Zwischenbericht zur Sanierung. In: Veröffentlichungen des Museums für Naturkund der Stadt Gera, 33/34, Gera 2007, S. 159–169
ELSHOFF 1934 – Elshoff, Friedrich: Zwei Jahre vorstädtische Kleinsiedlung. Eine Untersuchung über die wirtschaftliche Lage und das Ergebnis der Stadtrandsiedlung, Münster 1934
FISCHER 1900 – FISCHER, Gustav: Die Jenaer Baugenossenschaft (G. G. m. b. H.) und ihre bisherige Thätigkeit, Jena, 1900
GIESSELMANN 1896 – Gießelmann, Gustav: Die Verhältnisse des Baugewerbes in der Stadt und dem Amtsbezirk Jena, Leipzig 1896
GREBING / EUCHNER 2005 – Grebing, Helga / Euchner, Walter: Geschichte der sozialen Ideen in Deutschland. Sozialismus – Katholische Soziallehre – Protestantische Sozialethik: Ein Handbuch, Wiesbaden 2005

GROSSHANS 1991 – Großhans, Hartmut: Die Erhaltung, Erneuerung und Entwicklung der Siedlung der 20er Jahre. In: Siedlungen der 20er Jahre. Dokumentation der Tagung des Deutschen Nationalkomitees für Denkmalschutz, Bonn 1991

GRUNER 2002 – Gruner, Wolf: Öffentliche Wohlfahrt und Judenverfolgung. Wechselwirkungen lokaler und zentraler Politik im NS-Staat (1933–1942), München 2002

HANISCH 2006 – Hanisch, Norbert: Das nationalsozialistische Kleinsiedlungsprogramm. Ein propagiertes Ideal im Kontext kriegswirtschaftlicher Restriktionen und der Nachrangigkeit von Wohnungspolitik, Studienarbeit, MS., Dresden 2006

HARLANDER / HATER / MEIERS 1988 – Harlander, Tilman / Hater, Katrin / Meiers, Franz: Siedeln in der Not. Umbruch von Wohnungspolitik und Siedlungsbau am Ende der Weimarer Republik (= Stadt Planung Geschichte 10), Hamburg 1988

HARLANDER 1993 – Harlander, Tilman: Kleinsiedlungspolitik zwischen 1930 und 1950 – eine deutsche Geschichte. In: Schulz, Günther (Hrsg.): Wohnungspolitik im Sozialstaat. Deutsche und europäische Lösungen 1918–1960 (= Forschungen und Quellen zur Zeitgeschichte 22), Düsseldorf 1993, S. 123–139

HARLANDER 1995 – Harlander, Tilman: Zwischen Heimstätte und Wohnmaschine. Wohnungsbau und Wohnungspolitik in der Zeit des Nationalsozialismus (= Stadt Planung Geschichte 18), Basel / Berlin / Boston 1995

HARTMANN 1976 – Hartmann, Christiana: Deutsche Gartenstadtbewegung. Kulturpolitik und Gesellschaftsreform, München 1976

HÄUSSERMANN / SIEBEL 2000 – Häußermann Hartmut / Siebel, Walter: Soziologie des Wohnens. Eine Einführung in Wandel und Ausdifferenzierung des Wohnens, Weinheim, München 2000

HEIDEN 1995 – Heiden, Detlev: Von der Kleinsiedlung zum Behelfsheim. Wohnen zwischen Volksgemeinschaft und Kriegsalltag. In: Heiden, Detlev / Mai, Günther (Hrsg.): Nationalsozialismus in Thüringen, Weimar / Köln / Wien 1995

HEIMSTÄTTEN 1986 – Jubiläumsschrift 75 Jahre Heimstätten, o. O. 1986

HELLMUTH / MÜHLFRIEDEL 1996 – Hellmuth, Edith / Mühlfriedel, Wolfgang: Zeiss 1846–1905. Vom Atelier für Mechanik zum führenden Unternehmen des optischen Gerätebaus, Weimar / Köln / Wien 1996

HILDEBRANDT 1921 – Hildebrandt, Karl: Die Finanzierung eingetragener Genossenschaften, Berlin / Leipzig, 1921

HIRSCH 1911 – Hirsch, Ludwig: Grundsätze für die Errichtung billiger Kleinwohnungen und Arbeiter-Heimstätten unter besonderer Berücksichtigung einer in Apolda zu gründenden Arbeitersiedlung, Jena 1911

JÄGER 2001 – Jäger, Wilhelm: Die Genossenschaft in der Auseinandersetzung um die Legitimation des Führungshandelns, Münster 2001

KESSLER 1919 – Kessler, Gerhard: Jubiläumsschrift Jenaer Heimstätten-Genossenschaft, Jena 1919

KOCH 1996 – Koch, Herbert: Geschichte der Stadt Jena. Unveränderter Nachdruck der Ausgabe von 1966. Mit einem Nachwort von Jürgen John und einer Bibliographie zur Jenaer Stadtgeschichte von Reinhard Jonscher, Jena 1996

KUHN 1993 – Kuhn, Gerd: Die kommunale Regulierung des Wohnungsmangels. Aspekte der sozialstaatlichen Wohnungspolitik in Frankfurt am Main. In: Hofmann, Wolfgang / Kuhn, Gerd (Hrsg.): Wohnungspolitik und Städtebau 1900–1930, Berlin 1993, S. 109–138

KURZE / MEURER / GROHÉ 1999 – Kurze, Bertram / Meurer, Cornelia / Grohé, Stefan u. a.: Architektur und Städtebau – Das Büro Schreiter & Schlag 1919–1951, Jena 1999

LANGE 1910 – Lange, Willy: Land- und Gartensiedlungen, Leipzig 1910

LONGERICH 1992 – Longerich, Peter (Hrsg): Die Erste Republik. Dokumente zur Geschichte des Weimarer Staates, München 1992, S. 290–293

LUTZ 1930 – Lutz, Siegismund: Wohnungsnotrecht und Enteignung, Leipzig 1930

MATZERATH 1970 – Matzerath, Horst: Nationalsozialismus und kommunale Selbstverwaltung, Stuttgart / Berlin / Köln / Mainz 1970

MEBES 1908 – Mebes, Paul: Um 1800, München 1908

NIETHAMMER MARSCH 1979 – Niethammer, Lutz: Ein langer Marsch durch die Institutionen. Zur Vorgeschichte des preußischen Wohnungsgesetzes von 1918. In: NIETHAMMER WOHNEN 1979, S. 363–384

NIETHAMMER WOHNEN 1979 – Niethammer, Lutz (Hrsg.): Wohnen im Wandel. Beiträge zur Geschichte des Alltags in der bürgerlichen Gesellschaft, Wuppertal 1979

NITSCHKE 2009 – Nitschke, Thomas: Geschichte der Gartenstadt Hellerau, Dresden 2009

NOVY 1985 – Novy, Klaus (Hrsg.): Anders leben. Geschichte und Zukunft der Genossenschaftskultur. Beispiele aus Nordrhein-Westfalen, Berlin 1985

ORTSGESETZE 1909 – Sammlung der Ortsgesetze und wichtigeren Verordnungen für die Universitäts- und Residenzstadt Jena. Band 2, Jena 1909

ORTSVERZEICHNIS 1939 – Thüringisches Statistisches Landesamt (Hrsg.): Ortsverzeichnis des Landes Thüringen nach den Ergebnissen der Volkszählung vom 17. Mai 1939, Weimar 1940

PELTZ-DRECKMANN 1978 – Peltz-Dreckmann, Ute: Nationalsozialistischer Siedlungsbau. Versuch einer Analyse der die Siedlungspolitik bestimmenden Faktoren am Beispiel des Nationalsozialismus, München 1978

PILTZ 1897 – Piltz, Ernst: Über die industriellen und gewerblichen Verhältnisse der Stadt Jena und ihrer nächsten Umgebung. Sonderabdruck aus dem Neunten Bericht der Gewerbekammer für das Großherzogtum Sachsen-Weimar-Eisenach für die Jahre 1895 und 1896, Weimar 1897

REMER 1998 – Remer, Gertrude: Sozialer Wohnungsbau in Jena nach dem »Ulmer System«. Zur Entstehung der städtischen Siedlung »Eigenheim« in Jena-Ost (1913–1921), Jena 1998

SÄNGER 1931 – Sänger, Max: Die Heimstättengenossenschaft Jena 1911–1931, Düsseldorf / Küßnacht / Wien (1931)

SCHEIDT 1920 – Scheidt, Adolf: Handbuch für Baugenossenschaften, Berlin 1920

SCHILDT 1998 – Schildt, Axel: Wohnungspolitik. In: Hockerts, Hans Günter (Hrsg.): Drei Wege deutscher Sozialstaatlichkeit. NS-Diktatur, Bundesrepublik und DDR im Vergleich, München 1998, S. 151–190

SCHMALENBACH 1915 – Schmalenbach, Eugen: Finanzierungen, Leipzig 1915

SCHMIDT 1937 – Schmidt, Friedrich: Die spezifischen Aufgaben von Reich, Ländern und Gemeinden im Wohnungs- und Siedlungswesen. In: Zur Frage der Betreuung des Siedlungs- und Wohnungswesens, Münster 1937, S. 7–31

SCHOMERUS 1908 – Schomerus, Friedrich: Wege und Ziele der Baugenossenschaften. Nach einem Vortrag gehalten am 5. Februar 1908 im Auftrag der Jenaer Baugenossenschaft, Jena 1908

SCHOMERUS 1935 – Schomerus, Friedrich: Aus der Siedlungstätigkeit der Fa. Carl Zeiss. In: Führer für Industrie und Handel, Fachblatt für das Wirtschaftsgebiet Mitteldeutschland, Heft 18, o. O. 1935

SCHOMERUS 1936 – Schomerus, Friedrich: Das Arbeitsverhältnis im Jenaer Zeiss-Werk, Jena 1936

SCHULZ 1993 – Schulz, Günter: Perspektiven europäischer Wohnungspolitik 1918–1960. In: Schulz, Günter (Hrsg.), Wohnungspolitik im Sozialstaat – deutsche und europäische Lösungen 1918–1960, Düsseldorf 1993, S. 11–47.

SCHULZ 1997 – Schulz, Günter: Wohnungspolitik in Deutschland und England 1900–1933. Generelle Linien und ausgewählte Beispiele, in: ZIMMERMANN 1997, S. 153–165.

SCHULZ 2007 – Schulz, Eberhart: Verfolgung und Vernichtung. Rassenwahn und Antisemitismus in Jena 1933 bis 1945, (= Bausteine zur Jenaer Stadtgeschichte 11), Weimar 2007

SCHULTZE 1955 – Schultze, Joachim H.: Jena. Werden, Wachstum und Entwicklungsmöglichkeiten der Universitäts- und Industriestadt, Jena 1955

STEINHAGE 1911 – Steinhage, Albert: Deutschlands, Oesterreich-Ungarns und der Schweiz Gelehrte, Künstler und Schriftsteller in Wort und Bild, Hannover 1911

STUTZ 1995 – Stutz, Rüdiger: Im Schatten von Zeiss. Die NSDAP in Jena. In: HEIDEN 1995, S. 119–142

STUTZ 1997 – Stutz, Rüdiger: Der ungeliebte »Nationalsozialistische Musterbetrieb«. Carl Zeiss und die Deutsche Arbeitsfront. In: Markowski, Frank (Hrsg.): Der letzte Schliff. 150 Jahre Arbeit und Alltag bei Carl Zeiss, Berlin 1997, S. 96–119

UNREIN 1953 – Unrein, Hans: Die Bevölkerungsentwicklung in Thüringen 1910–1949. Eine regionale Studie, Dissertation, MS., Jena 1953

VOGEL 2009 – Vogel, Kerstin: Karl Heinrich Ferdinand Streichhan. Architekt und Oberbaudirektor im Großherzogtum Sachsen-Weimar-Eisenach, Weimar 2009

WALTER 2000 – Walter, Rolf: Zeiss 1905–1945, Köln 2000

WECKHERLIN 2006 – Weckherlin, Gernot: Ziegenhainer Tal. Die Sanierung der Heimstättensiedlung in Jena. In: Bauwelt 34, 2006, S. 20–25

WEBER 1902 – Weber, Paul: Moderner Städtebau und der Bebauungsplan der Stadt Jena. Vortrag gehalten im Jenaer Hausbesitzer-Verein am 3. Juli 1902, Leipzig 1902

WIEDEMANN 1936 – Wiedemann, Waldemar: Industrielle Heimstättensiedlung. Der Weg zur Krisenfestigkeit des deutschen Arbeiters, Berlin 1936

WITT 1979 – Witt, Peter-Christian: Inflation, Wohnungszwangswirtschaft und Hauszinssteuer. Zur Regelung von Wohnungsbau und Wohnungsmarkt in der Weimarer Republik. In: NIETHAMMER WOHNEN 1979, S. 385–407

WOLFF 1929 – Wolff, Max J.: Zwangswirtschaft und Wohnungswesen, Berlin 1929

ZIMMERMANN 1991 – Zimmermann, Clemens: Von der Reformbewegung zur Wohnungspolitik. Die Reformbewegung in Deutschland 1845–1914, Göttingen 1991

ZIMMERMANN 1997 – Zimmermann, Clemens (Hrsg.): Europäische Wohnungspolitik in vergleichender Perspektive 1900–1939, Stuttgart 1997

## *Abbildungsverzeichnis*

Stadtarchiv Apolda: 152
Bauaktenarchiv Jena: 11, 14 unten, 16, 17, 18, 19, 20, 21, 26, 27, 28, 32, 33, 41, 47, 50, 51, 53, 57, 58, 59, 64, 65, 68, 165, 180 oben, 183 oben, 184 oben, 186 oben, 187 oben, 188 oben
Heimstätten-Genossenschaft Jena eG: Umschlag hinten, Klappe vorn, Frontispiz, 102, 109, 112, 113, 116, 117, 118, 119, 121, 122, 123, 124, 125, 126, 127, 128, 129, 130, 181 links, 182 oben
Jenaer Baugenossenschaft: 42, 43, 44, 49, 66, 136, 137, 140, 141, 142, 143, 146, 146,
Stadtarchiv Jena: 55, 85, 111
Stadtmuseum Jena: 14 oben, 24, 25, 31, 48, 67, 86, 88, 91, 150, 151, 162, 163, 164, 169,
Ulrike Janetzki: 180 unten, 181 rechts, 182 unten, 183 unten, 184 unten, 186 unten, 187 unten, 188 unten
Privat: Umschlag vorn, Klappe hinten, 28, 61, 63

## *Abkürzungsverzeichnis*

| | | |
|---|---|---|
| StadtAA | – | Stadtarchiv Apolda |
| CZA | – | Carl-Zeiss-Archiv Jena |
| BauAJ | – | Bauaktenarchiv Jena |
| StadtAJ | – | Stadtarchiv Jena |
| SMJ | – | Stadtmuseum Jena |
| ThHStAWeimar | – | Thüringisches Hauptstaatsarchiv Weimar |

## Die Autorinnen und Autoren

*Katrin Fügener,*
Historikerin, Leiterin Bauktenarchiv Jena

*Birgitt Hellmann,*
Historikerin/Museologin, wiss. Mitarbeiterin Stadtmuseum Jena

*Ulrike Janetzki,*
Studentin Volkskunde/Kulturgeschichte

*Dr. Matias Mieth,*
Germanist, Direktor Städtische Museen Jena

*Kathrin Meißner,*
Studentin Geschichte und Humangeografie

*Dr. Angelika Steinmetz-Oppelland,*
Kunstwissenschaftlerin, Freie Autorin

*Dr. Rüdiger Stutz,*
Historiker, Stadthistoriker Jena

*Doris Weilandt,*
Kunstwissenschaftlerin, Freie Autorin

## Personenregister

**A**bbe, Ernst (1840–1905), Physiker, Sozialreformer   41, 42, 52, 58, 78, 106–108, 133, 134, 137, 194, 203

**B**andtlow, Oskar (1867–1932), Stadtbaudirektor   26, 27, 32, 34, 39, 88
Bauch, Bruno (1877–1942), Rektor   94
Berner, Reinhold, Architekt   151
Bornschein, Karl (1869–1961), Bauunternehmer   25
Botz, Carl (1804–1890), Baurat   12, 13, 17
Brüning, Heinrich (1885–1970), Reichskanzler   97, 157
Bunnenberg, Alfred (geb. 1901), Architekt   65

**C**oels von der Brügghen, Franz (1858–1945), Jurist   82
Coudray, Clemens Wenzeslaus (1775–1845), Architekt   11
Czapski, Siegfried (1861–1907), Physiker   58

**D**amaschke, Adolf (1865–1935), Pädagoge   81
Deinhardt, Richard (1865–1942), Oberlandesgerichtsrat   83, 99
Diez, Alfred, Stadtbaumeister   100
Dorst, Architekt   119, 135
Dreßler, Otto (1880–1916), Begründer Heimstättengenossenschaft   107, 108

**E**berhardt, Edeltraut (1898–1975), Schuhmacher   172, 173
Ellinger, Oswald, Bauunternehmer   32
Elsner, Alexander (1881–1945), Stadtbaudirektor und Stadtdirektor   158

Engelhardt, Paul (geb. 1882), Architekt   9, 44, 53, 64, 67, 108, 110, 112, 116, 117, 118, 119, 123, 129, 135, 151–153, 155, 156
Engelhardt, Walter, Architekt   15

**F**ischer, Gustav (1845–1910), Verleger   17, 41, 42, 137, 136, 138, 140, 146, 229
Fricke, Heinrich (1879–1937), Architekt   51, 64, 75, 151
Frommelt, Helmuth (geb. 1907), Konstrukteur   169, 171, 172
Fuchs, Theodor (1861–1933), Oberbürgermeister   82, 83, 89, 94, 95, 99, 108

**G**iese, Wilhelm sen. (1837–1921), Bauunternehmer   32
Glaue, Paul (1872–1944), Theologe   83
Gretscher, Carl, Bauunternehmer   25
Greuner, Rudolph, Oberlandesgerichtsrat   24

**H**ädrich, Emil (1874–1949), Optiker, Stadtrat   83, 86, 87–92, 100
Hartenstein, Gustav (1808–1890), Philosoph   140, 146
Henrici, Karl (1842–1927), Architekt   13
Hirsch, Ludwig (1856–1941), Architekt   15, 17, 18, 21, 23, 151–156, 230
Hirschowitz, Elias (geb. 1885), Mechaniker   171
Hoffmann, Wilhelm, Bauunternehmer   32, 39, 108
Höllein, Emil (1880–1929), Handwerker, Politiker   96
Hörchner, Hugo, Ofenbauer   163
Howard, Ebenezer (1850–1928), Erfinder der Gartenstadt   109, 110

Hübscher, Hermann (1864–1918), Maurermeister und Bauunternehmer  26

Ilmer, Friedrich sen. (1856–1931), Bauunternehmer  26, 28, 29, 39

Jahn, Karl, Bauunternehmer  26

Keilig, Erich, Arbeiterrat  169
Kessler, Gerhard (1883–1963), Sozialwissenschaftlerer, Ökonom  39, 96, 101, 125, 230
Knorr, Ludwig (1859–1921), Chemiker  140
Kotthaus, August (1884–1941), Vorstandschef Carl Zeiss  169, 171, 180
Krieger, Friedrich (1841–1896), Oberlandesgerichtsrat  41

Leber, Hermann (1860–1940), Metallarbeiter  42
Lent, Friedrich (1882–1960), Jurist  83, 99
Lerch, Otto (1876–1935), Bürgermeister  80
Linz, Otto (1879–1976), Baugewerkemeister  25
Lüers, Georg, Stadtbaurat  60–62, 64, 75, 161, 162, 173, 175, 179

Mebes, Paul (1872–1938), Architekt  128
Müller, Karl, Bürgermeister  79
Müller, Adolf (1873–1932), Bauunternehmer  32
Müller, Fritz, Werkmeister  83
Müller, Paul (geb. 1916), Kreisleiter NSDAP  178

Netz, Gustav (1855–1929), Fabrikant  83
Neuenhahn, Gustav (1843–1922), Druckereibesitzer  79, 83, 100

Olivier, René (1888–1962), Philologe, Romanist  95
Otto, Adolf, Sozialreformer  109

Pauly, Max (1849–1917), wissenschaftl. Mitarbeiter  23
Pfeiffer, Ernst, Architekt  64, 65
Pierstorff, Julius (1851–1926), Nationalökonom  41
Pitt, Wilhelm (1862–1935), Gemeinderatsvorsitzender  94

Rauch, Karl (1880–1953), Jurist  82, 83
Rosenthal, Eduard (1853–1926), Jurist  42, 137, 140
Ruprecht, Wilhelm, Ökonom  42

Sauckel, Fritz (1894–1946), NSDAP-Gauleiter und Reichsstatthalter in Thüringen  169, 176
Schlag, Hans (1890–1970), Architekt  51
Schlag, Bernhard (1856–1925), Hofzimmermeister  99
Schmidt, Armin (1888–1978), Oberbürgermeister  68, 69, 171, 173, 176, 177
Schmidt, Gustav, Rentner  83
Schmidt, Walter, Schlosser  86
Schott, Otto (1851–1935), Glaschemiker, Unternehmer  42, 137, 140, 146, 203
Schreiter, Johannes (1872–1957), Architekt  26, 32, 51, 151
Schröer, Max (geb. 1883), Leiter Wohnungsamt  86
Sellier, August Louis Philippe (1819–1896), Rentier  15, 17
Singer, Heinrich (1854–1927), Oberbürgermeister  14, 27
Slotty, Friedrich, (1881–1963), Philologe  94
Staude, Karl, Bauunternehmer  32
Staude, Paul, Architekt  151, 155
Straubel, Rudolf (1864–1943), Physiker  23, 58
Streichhan, Carl Heinrich Ferdinand (1814–1884), Architekt  11, 232
Strupp, Max (1864–1943), Rechtsanwalt  24

Trenn, Paul, Ingenieur (geb. 1878)  108, 109, 134

Uhlitzsch, Carl (1827–1891), Stadtbaumeister  12

Vossler, Heinrich, Architekt  117

Wagner, Paul, Rechtsanwalt  83
Walther, Feodor, Künstler  123
Weber, August (1886–1955), Architekt  26
Weber, Paul (1868–1930), Kunsthistoriker  13, 14, 32, 232

Witzmann, Emil, Rechtsanwalt  83, 151, 156
Wohlfarth, Paul (1874–1946), Architekt  26, 48, 151
Woitzan, Reinhold (geb. 1897), Aufsichtsratsmitglied  68

Zeiß, Carl (1816–1888), Mechaniker, Unternehmer  41
Zeiß, Roderich (1850–1919), Unternehmer  41
Zipler, Max, Vorsitzender Betriebsausschuss Zeiss  169